ELOGIOS PARA
EMPRESAS QUE CURAM

"*Empresas que Curam* se baseia em uma revelação simples e profunda: negócios que operam com amor e fazem da evolução humana sua prioridade enriquecerão as vidas de todos os interessados, gerarão uma abundância mais sustentável e ajudarão a resolver muitas de nossas crises atuais. Raj Sisodia e Michael J. Gelb dão vida a essa ideia capaz de mudar o mundo com histórias emocionantes sobre o despertar da consciência."

— Deepak Chopra, MD, autor de *Metahuman*

"Este livro é uma contribuição vital e ajudará a acelerar a criação de um futuro genuinamente humano. Raj Sisodia e Michael J. Gelb escreveram um guia poderoso para despertar a consciência com base no novo paradigma de equilíbrio entre as energias feminina e masculina. Quando essas energias estão em harmonia, todos experimentamos a cura — em termos pessoais, organizacionais e sociais. *Empresas que Curam* é essencial para todos os líderes e aspirantes a líderes altamente conscientes!"

— Kristin Engvig, fundadora e CEO, WIN and WINConference, vencedora do International Alliance of Women (IAW)

"Um livro ótimo — e importante! Em essência, *Empresas que Curam*, de Raj Sisodia e Michael J. Gelb, é um livro profundamente espiritual que mostra aos líderes que caminho seguir para transformar a empresa e ser capaz de curar os males sociais, enquanto cria riqueza para todos os interessados. Se seguir seus sábios conselhos, construirá organizações que tornam esse mundo um lugar melhor para todos viverem."

— Bill George, membro sênior da Harvard Business School, ex-presidente e CEO da Medtronic, e autor de *Discover Your True North*

"*Empresas que Curam* é um guia transformacional fora de série que revela como empresas podem aliviar o sofrimento e aumentar a alegria. Raj Sisodia e Michael J. Gelb trazem uma rara combinação de insights acadêmicos e guia prático neste poderoso *tour de force*. Esta é uma leitura essencial para todos que aspiram a posições de liderança."

— Marshall Goldsmith, PhD, autor do best-seller nº 1 do *New York Times Triggers*, e de *MOJO* e *What Got You Here Won't Get You There*

"Leitura obrigatória, em especial, para todos os líderes e políticos, de todos os níveis! Este livro extremamente necessário mostra como reunir direita e esquerda ao transformar o modo de pensar sobre o relacionamento entre expandir a prosperidade e o bem social. *Empresas que Curam* anuncia uma nova época, uma ideia poderosa para tornar o mundo melhor, cujo momento é agora."

— Kerry Healey, PhD, presidente do Babson College, ex-vice-governador de Massachusetts

"Se deseja se destacar fazendo o bem, se quer alinhar sua empresa a um propósito maior, se quer ser um líder que faz uma contribuição realmente positiva para seu povo e sua comunidade, este livro é para você! *Empresas que Curam* é um divisor de águas. Raj e Michael mostram o caminho para a próxima evolução do capitalismo consciente."

— John Hope Bryant, CEO de Operation HOPE, Bryant Group Ventures e The Promise Homes Company

"Neste livro muito bem escrito e indispensável, Raj Sisodia e Michael J. Gelb apresentam argumentos para uma reformulação radical do pensamento sobre as possibilidades e propósitos dos negócios. Ela é feita por meio de uma análise sucinta e incisiva da evolução do capitalismo contemporâneo. Os autores esclarecem a genialidade de Adam Smith, reconsiderando *A Riqueza das Nações* à luz de *A Teoria dos Sentimentos Morais*. Em seguida, eles nos contam uma série de histórias sinceras, instigantes e profundamente inspiradoras, que mostram o que é possível quando essa síntese impulsiona o espírito heroico dos negócios. Finalmente, apresentam um guia, um manual e um Juramento para aspirantes a Líderes da Cura. Analise o guia. Siga o manual. Faça o Juramento. Ajude a fazer do mundo um lugar melhor."

— John Mackey, cofundador e CEO da Whole Foods Market, coautor de *Capitalismo Consciente: Como Libertar o Espírito Heroico dos Negócios*

"*Empresas que Curam* é uma obra profundamente comovente, inspiradora e importante. Ela mostra o processo histórico, filosófico, e, mais importante, humano e emocional para se chegar à próxima evolução natural do capitalismo.

Gelb e Sisodia apresentam ÓTIMAS IDEIAS de um jeito convincente, esclarecedor e envolvente. Mais do que um livro de negócios, é um manifesto que oferece esperança de uma nova visão que pode curar a desagregação de nossa sociedade.

Como livro de negócios, é imprescindível, principalmente para a geração de empreendedores emergentes a quem atendo como investidor, consultor estratégico e mentor. Eles querem gerar riqueza fazendo uma diferença positiva no mundo. Querem viver com um sentido de significado e propósito. Querem enriquecer a vida de todas as partes interessadas. *Empresas que Curam* mostra como isso pode ser feito, como está sendo feito e por que, em prol da humanidade, precisa ser feito agora!"

— Jonathan Miller, CEO da Integrated Media Co. e ex-CEO da AOL

"Sisodia e Gelb são mestres em contar histórias, e este livro surpreendente mostra o potencial das empresas de promoverem o bem em nosso mundo. É o ápice da inspiração ler sobre empresas como o Union Square Hospitality Group, de Danny Meyers, que transforma as vidas de seus colaboradores, ao mesmo tempo em que geram mais lucro do que empresas menos voltadas ao bem maior. Este livro trouxe lágrimas a meus olhos, novas ideias a minha mente e esperança a meu coração — é leitura obrigatória para todos os aspirantes e graduados em escolas de negócios."

— Karen Page, MBA, autora premiada de *The Flavor Bible*
e *What to Drink with What You Eat*

"Uma obra maravilhosa, com uma mensagem poderosa, e muito necessária nesses tempos, para iluminar o desenvolvimento do progresso em um mundo confuso. Ela me lembra de uma observação de Buda sobre ver um lótus crescer na lama: 'Om Mani Padme Hum.' Este livro está repleto de insights para criar uma sociedade mais esclarecida com base em negócios lucrativos, com valores mais sustentáveis e solidários. É um trabalho envolvente, que nos inspira a mudar e a propagar sua mensagem."

— Ketan Patel, autor de *The Master Strategist*,
fundador e CEO da Greater Pacific Capital

"Qual é o papel das empresas em um mundo imperfeito? Em todo o mundo, líderes políticos, acionistas de empresas ou cidadãos comuns pensam nessa questão. É uma questão para qual Sisodia e Gelb oferecem uma resposta provocante: empresas podem — e devem — ajudar a curar os males da sociedade. Este livro inteligente e relevante o inspirará a levar sua organização a um patamar de alegria, saúde e, sim, lucratividade, que poderá proporcionar maior bem-estar a empregados, comunidades e ao planeta."

— Daniel H. Pink, autor de *QUANDO* e *DRIVE*

"Mudanças climáticas e desigualdade generalizada ameaçam o mundo natural e o futuro da humanidade. Com o tempo se esgotando antes que possamos resolver pontos críticos irreversíveis, as empresas precisam tomar a dianteira para curar nosso mundo com investimento em nossos recursos mais importantes: o capital natural e humano. Este livro apresenta motivos convincentes para que isso aconteça agora e, mais importante, passos práticos para isso ser alcançado. Altamente recomendado!"

— Paul Polman, ex-CEO da Unilever

"Neste livro maravilhoso, Michael J. Gelb e Raj Sisodia esclarecem os sustentáculos históricos, psicológicos e filosóficos do capitalismo contemporâneo e apresentam argumentos válidos para reimaginar o propósito fundamental das empresas. Os negócios são uma linha reta entre onde nos encontramos agora, como sociedade, e o ponto em

que tornaremos o mundo um lugar melhor. Se quer melhorar o mundo, leia este livro e repasse-o a todas as pessoas influentes que conhece."
— Kip Tindell, cofundador e presidente de The Container Store, copresidente da Conscious Capitalism, Inc.

"Este livro brilhante conta uma história nova e emergente sobre dinheiro e negócios com base em suposições mais sensatas sobre as possibilidades humanas. Os autores mostram como empresas com um propósito mais elevado, uma benevolência básica e preocupação com o bem-estar das partes interessadas, incluindo comunidades e a própria Terra, estão prosperando. Em vez de causar sofrimento exacerbado, essas empresas o evitam e até o aliviam. Ao atender às necessidades reais e agir com base no amor, e não no medo, essas companhias aumentam a alegria e geram retornos financeiros excepcionais. Este é um guia prático que inspira e alimenta a alma para transformar o papel das empresas na sociedade para o bem de todos."
— Lynne Twist, autora de *A Alma do Dinheiro*, cofundadora de The Pachamama Alliance

EMPRESAS QUE CURAM

Raj Sisodia *e* Michael J. Gelb

EMPRESAS QUE CURAM

Despertando a
Consciência dos Negócios para
Ajudar a Salvar o Mundo

Empresas que Curam
Copyright © 2020 da Starlin Alta Editora e Consultoria Eireli. ISBN: 978-85-508-1514-5

Translated from original The Healing Organization © 2019 by Raj Sisodia and Michael J. Gelb. ISBN 978-0-8144-3981-4. This translation is published and sold by permission of HarperCollins Leadership, an imprint of HarperCollins Focus LLC, the owner of all rights to publish and sell the same. PORTUGUESE language edition published by Starlin Alta Editora e Consultoria Eireli, Copyright © 2020 by Starlin Alta Editora e Consultoria Eireli.

Todos os direitos estão reservados e protegidos por Lei. Nenhuma parte deste livro, sem autorização prévia por escrito da editora, poderá ser reproduzida ou transmitida. A violação dos Direitos Autorais é crime estabelecido na Lei nº 9.610/98 e com punição de acordo com o artigo 184 do Código Penal.

A editora não se responsabiliza pelo conteúdo da obra, formulada exclusivamente pelo(s) autor(es).

Marcas Registradas: Todos os termos mencionados e reconhecidos como Marca Registrada e/ou Comercial são de responsabilidade de seus proprietários. A editora informa não estar associada a nenhum produto e/ou fornecedor apresentado no livro.

Impresso no Brasil — 1ª Edição, 2020 — Edição revisada conforme o Acordo Ortográfico da Língua Portuguesa de 2009.

Produção Editorial Editora Alta Books **Gerência Editorial** Anderson Vieira **Gerência Comercial** Daniele Fonseca	**Produtor Editorial** Illysabelle Trajano Juliana de Oliveira Thiê Alves **Assistente Editorial** Keyciane Botelho	**Marketing Editorial** Lívia Carvalho marketing@altabooks.com.br **Coordenação de Eventos** Viviane Paiva eventos@altabooks.com.br	**Editores de Aquisição** José Rugeri j.rugeri@altabooks.com.br Márcio Coelho marcio.coelho@altabooks.com.br
Equipe Editorial Adriano Barros Ian Verçosa Laryssa Gomes Leandro Lacerda Maria de Lourdes Borges	Raquel Porto Rodrigo Dutra Thales Silva	**Equipe de Design** Ana Carla Fernandes Larissa Lima Paulo Gomes Thais Dumit Thauan Gomes	
Tradução Edite Siegert	**Copidesque** Carolina Gaio	**Revisão Gramatical** Fernanda Lutfi Paola Gousain	**Diagramação** Lucia Quaresma

Publique seu livro com a Alta Books. Para mais informações envie um e-mail para autoria@altabooks.com.br

Obra disponível para venda corporativa e/ou personalizada. Para mais informações, fale com projetos@altabooks.com.br

Erratas e arquivos de apoio: No site da editora relatamos, com a devida correção, qualquer erro encontrado em nossos livros, bem como disponibilizamos arquivos de apoio se aplicáveis à obra em questão.

Acesse o site www.altabooks.com.br e procure pelo título do livro desejado para ter acesso às erratas, aos arquivos de apoio e/ou a outros conteúdos aplicáveis à obra.

Suporte Técnico: A obra é comercializada na forma em que está, sem direito a suporte técnico ou orientação pessoal/exclusiva ao leitor.

A editora não se responsabiliza pela manutenção, atualização e idioma dos sites referidos pelos autores nesta obra.

Ouvidoria: ouvidoria@altabooks.com.br

Dados Internacionais de Catalogação na Publicação (CIP) de acordo com ISBD

S623e   Sisodia, Raj
          Empresas que curam: despertando a Consciência nos Negócios para Ajudar a Salvar o Mundo / Raj Sisodia, Michael J. Gelb. - Rio de Janeiro : Alta Books, 2020.
          304 p. : 16cm x 23cm.

          Tradução de: The Healing Organization
          Inclui índice.
          ISBN: 978-85-508-1514-5

          1. Administração. 2. Empresas. 3. Negócios. 4. Consciência. 5. Responsabilidade social. I. Gelb, Michael J. II. Título.

                                              CDD 658.408
2020-610   CDU 65.012.28

Elaborado por Vagner Rodolfo da Silva - CRB-8/9410

Rua Viúva Cláudio, 291 — Bairro Industrial do Jacaré
CEP: 20.970-031 — Rio de Janeiro (RJ)
Tels.: (21) 3278-8069 / 3278-8419
www.altabooks.com.br — altabooks@altabooks.com.br
www.facebook.com/altabooks — www.instagram.com/altabooks

IN MEMORIAM

Comemoramos e celebramos a vida de dois líderes extraordinários que inspiraram o ideal de *Empresas que Curam*.

Herb Kelleher (1931–2019) nos ensinou que "o negócio dos negócios são as pessoas — ontem, hoje e sempre". Herb era sábio e divertido, determinado e generoso: um homem íntegro, um ser humano completo, uma referência para todos nós.

Bernie Glassman (1939–2018) nos ensinou a ser testemunhas do sofrimento e a usar o poder dos negócios com criatividade para elevar seres humanos e oferecer uma "primeira chance" aos que têm dificuldade na vida.

DEDICATÓRIA

Raj: Com amor e gratidão a Zahir Ahmed Quraeshi. Nos últimos 34 anos, você me inspirou continuamente com sua dignidade, bondade e comprometimento com o dever. Seu calor, humor irreprimível, delicadeza e generosidade o tornaram uma presença curativa na vida de todos que tiveram a alegria de conhecê-lo.

Michael: Com amor e gratidão a Deborah Domanski. Este livro é sobre Verdade, Beleza e Bondade, e você traz essas qualidades para minha vida todos os dias. Ouvir sua encantadora voz, enquanto eu escrevia, elevava meu espírito e inspirava minha criatividade. O mundo é abençoado e curado por seu talento, graça, humor, inteligência e delicadeza.

AGRADECIMENTOS

RAJ

Sou grato a meus sábios e adoráveis amigos Nilima Bhat, Louisa e Ilan Bohm, e Lynne Twist, que ajudaram a guiar minha jornada pessoal de cura e me aconselharam a avaliar meu íntimo com tranquilidade e a aprender mais sobre a cura, além de curar a mim mesmo em preparação para escrever este livro. Postergamos o livro vários meses para que eu pudesse fazer um retiro silencioso no norte do estado de Nova York, uma estadia espiritual em Ladakh, no alto Himalaia, e uma viagem às profundezas da floresta amazônica com a Aliança Pachamama que incluiu várias experiências xamânicas de cura. Cada uma dessas experiências produziu insights e revelações profundas sobre o significado da vida e a verdadeira natureza dos negócios, e como ambos acabam unidos pelo amor. Sou profundamente agradecido a minha mãe, Usha, por sua presença amorosa e curadora incondicional em minha vida desde o início. Minha irmã, Manjula, e seu marido, Sangram, delicadamente me guiaram pela exploração espiritual. Sou grato a Sanjay, meu irmão dinâmico e destemido, que está assumindo o monumental desafio de curar nossas terras ancestrais na Índia. Meu primo Gajendra mostrou-me o que é a inocência e o amor incondicional desde o dia de meu nascimento.

Meu mentor, Jag Sheth, e sua esposa, Madhu, têm sido como pais para mim e me deram coragem para seguir meu próprio caminho. Jag me ensinou mais sobre os negócios e a vida do que qualquer outra pessoa.

AGRADECIMENTOS

Meus amigos John Mackey, Doug Rauch e Kip Tindell me inspiram como modelos de liderança consciente, assim como Bob Chapman, que ajudou a dar vida à ideia de que empresas deveriam se desenvolver como sacerdócios, e não como impérios. Haley Rushing e Roy Spence enriqueceram meu pensamento sobre propósito e cura. Betsy Sobiech e Alexander Mendeluk contribuíram com insights importantes sobre nossa jornada ao Himalaia.

Na viagem com a Aliança Pachamama à floresta tropical, recebi conhecimentos inestimáveis de John Perkins e meus colegas, principalmente de Sara Vetter e David Applefield, e Daniel Koupermann, nosso guia incomparável.

Agradeço a Sandra Waddock por me incluir em um livro intitulado *Intellectual Shamans* [*Xamãs Intelectuais*, em tradução livre], que me preparou para pensar em mim mesmo como um curador do mundo dos negócios. Minha orientadora, Suzanne Vaughn, me ajudou a esclarecer meu propósito e entender minha vida. Agradeço também a Peter Senge, por organizar o maravilhoso retiro silencioso que me despertou para muitos insights que compõem este trabalho, e à brilhante Neha Sangwan, por partilhar seus conhecimentos e práticas de cura.

Finalmente, gostaria de agradecer a meu coautor, o extraordinário polimata Michael J. Gelb, e sua maravilhosa esposa, a radiante meio-soprano, Deborah Domansko. Escrever este livro com Michael foi pura satisfação; ele é um pensador, escritor, palestrante e professor extremamente talentoso em diversas áreas, um verdadeiro homem da Renascença. Admiro seus talentos múltiplos e sou grato por poder chamá-lo de amigo. Deborah nos acompanhou em cada passo dessa jornada, recebendo-me em seu lar cheio de amor em nossas inúmeras sessões de escrita.

Michael e Deborah, eu os amo. Obrigado.

MICHAEL

Rumi se referia à gratidão como o "vinho para a alma". Nem sei como agradecer a todos que me apoiaram e inspiraram nesta jornada, incluindo Stephanie Cesario, Deborah Domanski, Andrew Dornenburg, Joan e Sandy Gelb, Chris Hillmann, Matt Kamin, Jon Miller, Ashley Munday, Karen Page e David Saltman.

G. K. Chesterton se referia à gratidão como "felicidade duplicada pela admiração". Eu não poderia estar mais feliz com meu maravilhoso coautor, Raj Sisodia. Taj é mais que um professor talentoso e líder de pensamento, é um herói espiritual e um defensor da verdade, da beleza e da bondade. Tenho a honra de chamá-lo de amigo e de irmão. Raj, nós o amamos. Obrigado.

RAJ E MICHAEL

Agradecemos a Nukul Jain e Siddharta Ramachandran por seu auxílio nas pesquisas. Somos gratos a Ellen Kadin, por apoiar a visão, e a nossa brilhante equipe da HCL: Sicily Axton, Tim Burgard, Hiram Centero e Sara Kendrick.

Somos profundamente gratos aos exemplares líderes e pensadores que generosamente partilharam seus conhecimentos e histórias conosco:

Shawn Achor, Adyashanti, Gerry Anderson, Richard Barrett, Howard Behar, Denise Bober, Craig Boyan, Mike Brady, John Hope Bryant, Bob Chapman, Nand Kishore Chaudhary, David Cooperrider, Anthony Cullwick, Barry Dikeman, Meghan French Dunbar, Jane Dutton, Eileen Fisher, Lawrence Ford, David Gardner, Tom Gardner, Bernie Glassman, Jonathan Haidt, Michael Hammes, Doug Hammond, Chris Hillmann, Mark Hoplamazian, Joseph Jaworski, Kristine Jordan, Herb Kelleher, Fred Kofman, Frederic Laloux, Bill Linton, Daniel Lubetzky, Nipun Mehta, Danny Meyer, Asher Raphael, John Ratliff, Chris Reinking, Ramon Mendiola Sanchez, Tony Schwartz, Dov Seidman, Safwan Shah, Tal-Ben Shahar, Casey Sheahan, Richard Sheridan, Tami Simon, Roy Spence, Lynne Twist, Marianne Williamson, Steev Wilson, Monica Worline e Nigel Zelcer.

SUMÁRIO

PREFÁCIO	XIX
PRÓLOGO	XXIII
COMO APROVEITAR ESTE LIVRO AO MÁXIMO	XXIX
INTRODUÇÃO	XXXI

PARTE 1: EMPRESAS — A CAUSA E A SOLUÇÃO DE MUITOS DOS PROBLEMAS DO MUNDO?

SONHANDO O SONHO AMERICANO DE NOVO	3
EVOLUINDO DE IMPÉRIOS A SACERDÓCIOS, DE CONQUISTAR A CUIDAR	21

PARTE 2: A ALEGRIA QUE É POSSÍVEL

O PODER DA INOCÊNCIA	47
SERVIÇOS DE UTILIDADE PÚBLICA EM PROL DO AMOR	63
O EFEITO ZEN DO BROWNIE	71
A MULHER MAIS INTERESSANTE DO MUNDO	79
A PARÁBOLA DO BURACO	87
CRIANDO ESPAÇO PARA SONHOS	95
ONDE ESTÃO OS IATES DOS CLIENTES?	103
OBRIGADO POR COLOCAR VENENO NO MEU MICROSCÓPIO	109
NÃO "SÓ" COM FINS LUCRATIVOS	117
REDEFININDO O SUCESSO	123
COMO SE CHEGA AO CARNEGIE HALL?	133
HOSPITALIDADE CONSCIENTE	143
DA MARCHA DA MORTE AO PASSEIO DA ALEGRIA	155
DA ELEGIA À EXULTAÇÃO	165
O ESPÍRITO DE DOAÇÃO	171
OS MEIOS E OS FINS SÃO OS MESMOS	177
LEVANDO MAIS PUREZA À VIDA CORPORATIVA	187
CEO — CHEFE DE EMPATIA OFICIAL	201

SUMÁRIO

PARTE 3: O CAMINHO POSSÍVEL

TRÊS PRINCÍPIOS QUE DEFINEM UMA EMPRESA QUE CURA	211
TORNANDO-SE UM LÍDER DE CURA	225
EPÍLOGO	239
NOTAS	243
ÍNDICE	257

PREFÁCIO

DE TOM PETERS

Sou o sujeito mais afortunado do mundo. A partir do momento em que for publicado, *Empresas que Curam* será um clássico (não gosto nada da palavra "clássico", mas há raras ocasiões em que é merecida). E garanto (outra palavra batida) que, dentro de alguns anos, este livro estará na lista dos "melhores livros de negócios" de todos os tempos. É um livro extraordinário, e tenho a função de escrever o Prefácio — assim, meu nome estará diretamente associado a essa obra-prima. Como eu disse, sou afortunado.

Empresas que Curam define a palavra "audacioso". Pense nessa promessa de abertura: "Você descobrirá como a empresa pode se tornar um lugar de cura para empregados e suas famílias, uma fonte de cura para clientes, comunidades e ecossistemas, e uma força de cura na sociedade..." Audacioso, não é?

Bem, concordo com o processo, não importa o quanto seja audacioso. Mas a boa notícia é: embora os autores criem uma estrutura intelectual meticulosa e extensivamente, a essência do livro são casos, casos e mais casos.

O título da Parte 2: "A Alegria que É Possível: Histórias de Empresas que Curam". Primeiro segmento: "O Poder da Inocência: Como Tapetes Jaipur Levaram Dignidade, Prosperidade e Esperança a 40 Mil Mulheres de Castas Inferiores na Índia." O título evoca essa palavra — *audacioso* — outra vez. Contudo, quando terminar a saga da Tapetes Jaipur, tenho quase certeza de que não encontrará nenhum pingo de exagero no ousado título do capítulo. De Jaipur, Índia, a Yonkers, Nova York: "O Zen e os Brownies: Como a Política Aberta de Contratação de Greystone's Bakery está Curando o Ciclo de Crime e Encarceramento." (Para sua informação: caso esteja se perguntando, a Greystone produz 16 quilos de brownies todos os dias.)

E Eileen Fisher: "A Mulher Mais Interessante do Mundo: Como Eileen Fisher Empodera as Mulheres a Se Movimentarem Livremente e Serem Autênticas." E a Motley Fool: "Onde Estão os Iates dos Clientes? Como a Fools, um Xamã e Larry Fink Estão Curando Wall Street?" E por aí vai.

Tudo isso é pessoal para mim.

Há 37 anos, em 1982, fui coautor em um livro intitulado *Vencendo a Crise*. A base do livro foi formada de... casos, casos e mais casos. Acima da lista de oito "pontos básicos" que Bob Baterman e eu extraímos dos dados estava... colocar as pessoas em primeiro lugar. Trinta e seis anos depois, em 2018, publiquei meu 17º livro, *The Excellence Dividend* [*Os Dividendos da Excelência*, em tradução livre] cuja mensagem principal foi... colocar as pessoas em primeiro lugar. Continuo a me surpreender com o fato de que "pessoas em primeiro lugar" ainda é novidade. Para publicar o novo livro, apareci em dezenas de podcasts e juro que a frase inicial dos entrevistadores era sempre a mesma: "Tom, você escreve muito sobre pessoas; conte-nos sobre essa..." Minha resposta, de fato, era sempre a mesma: "MAS, AFINAL, O QUE MAIS EXISTE?" (Palavras mais grosseiras cruzaram minha mente.)

Infelizmente, sabemos o que mais existe. A maximização do valor para o acionista tem sido a ideia mais devastadora na história moderna dos negócios. Em um artigo da *Harvard Business Review* de 2014, o professor William Lazonick publicou sua avaliação de 449 empresas S&P 500. Em um período de dez anos, 91% dos lucros foram para recompra de ações e dividendos, deixando insignificantes 9% para "capacidade produtiva ou maiores salários". A maré, como dizem, pode estar virando, mas estamos longe de "pessoas em primeiro lugar", quanto mais da "Empresa que Cura".

Mas continuamos tentando.

PREFÁCIO

Segundo a famosa frase de Margaret Thatcher: "É um mundo velho e engraçado." No dia seguinte ao término deste prefácio, fui para Ann Arbor, Michigan, ver Rich Sheridan, o CEO da empresa de software Menlo Innovations, uma das Empresas que Curam apresentadas neste livro. Rich, autor de *Joy, Inc.* [*Alegria & Cia*, em tradução livre], explica: "Parece uma ideia de negócios radical, não convencional e quase insana. Entretanto — por mais ridículo que pareça —, a alegria é a ideia central de nosso local de trabalho. A alegria é a razão da existência da Menlo Innovations, uma empresa de design e desenvolvimento de software em Ann Arbor, Michigan." Amém.

Rich e eu discutiremos como dar mais destaque a Pessoas em Primeiro Lugar/Alegria. Travarei a luta certa até o fim dos meus dias. Agora, a chegada de *Empresas que Curam* se encaixa em meus esforços com perfeição.

Há uma razão especial, lá de 2019, para colocar lenha na fogueira. O "tsunami tecnológico", como o chamam, pode causar problemas nos empregos nas próximas três décadas. Para mim, isso acarretará o que chamo de Uma Nova Necessidade Moral, que levará "Pessoas em Primeiro Lugar" (*Joy, Inc.*/*Empresas que Curam*) para a consciência da sociedade. Por um motivo — e muito importante —, há poucas dúvidas de que o aumento de movimentos populistas em todo o mundo é impulsionado pela expectativa de inúmeras perdas de emprego. Em *The Excellence Dividend*, apresentei o que rotulei de Incumbência nº 1: "Sua principal obrigação moral como líder é desenvolver as habilidades de cada pessoa sob sua responsabilidade (seja temporária ou semipermanente) no máximo de suas capacidades e de forma consistente com suas necessidades 'revolucionárias' do futuro. O bônus: essa é a estratégia de maximização de lucros nº 1!"

Pessoas em primeiro lugar.

Necessidade moral e social. Sucesso nos negócios.

Joy, Inc.

Empresas que Curam.

Agora, muito, muito mais que antes.

PREFÁCIO

Este livro consiste em nada menos do que uma magnífica contribuição para o processo de vida e morte de reimaginar as organizações e a sociedade em si. *Empresas que Curam* é, de fato, audacioso. Mas os fatos estão aqui. E, Deus sabe, a necessidade, também.

Leia.

Ingira.

Partilhe.

Reimagine.

Aja.

Aja com ousadia.

Agora.

Tom Peters
South Dartmouth, Massachusetts
12 de maio de 2019

PRÓLOGO

UM EMPREENDIMENTO SAGRADO

DE RAJ

Após terminar o ensino médio na Índia com boas notas em matemática e ciências, fui cursar engenharia, como esperado, apesar de não sentir entusiasmo. Depois de formado, fui cursar administração de empresas, porque me disseram que meu salário dobraria e eu trabalharia em um escritório com ar-condicionado. Então fui para a Columbia University fazer PhD em marketing e política de negócios — principalmente para poder voltar aos EUA, onde realizei parte de minha formação na infância.

Embora intelectualmente estimulante, a experiência de estudar e então de ensinar administração conflitava com minha inclinação para confiança, ideais e paz. Nunca me identifiquei com a visão dominante de que os negócios são um mundo de competição cruel em que "só os paranoicos sobrevivem".

Vindo da Índia, então um remanso comercial, fiquei impressionado com a onipresença do marketing na cultura norte-americana. Achava que grande parte de suas atividades era antiética, muitas, supérfluas e a maioria, ineficiente. Meu trabalho acadêmico nas duas décadas seguintes focou a descrição do que estava errado no marketing. Meus colegas e eu mostramos que os gastos tinham aumentado drasticamente, enquanto a fidelidade e a confiança do cliente, despencaram; apenas 8% dos norte-americanos tinham uma opinião positiva do marketing.[1] Em 2004, calcula-se que as empresas gastaram US$1 trilhão em marketing, valor igual ao PIB da Índia naquele ano.[2] Atualmente, esse valor aumentou ainda mais: cada norte-americano recebeu cerca de 19 quilos de correspondência não solicitada em 2016, ou mais de seis bilhões de toneladas no total — sendo que a maioria nunca chega a ser reciclada.[3] Eu me pergunto: O que estamos ganhando com esse tsunami de gastos? Conclusão: o marketing causa mais prejuízos que benefícios.

Eu queria alertar a sociedade com essas estatísticas preocupantes e outros fatos, nomeando meu livro como *A Vergonha do Marketing*. Felizmente, meu mentor me ofereceu um sábio conselho. Ele disse: "Raj, nos EUA, as pessoas preferem ouvir a solução, não o problema."

Esse insight fez uma reviravolta em minha vida. Troquei o título para *Em Busca da Excelência no Marketing* e procurei empresas com baixos gastos em marketing que conquistavam a fidelidade e a confiança dos clientes. O livro evoluiu para *Firms of Endearment: How World-Class Companies Profit from Passion and Purpose* [*Empresas e Ternura: Como Empresas de Classe Mundial Lucram com Paixão e Propósito*, em tradução livre], que identificou os quatro pilares do que chamaríamos de Capitalismo Consciente.

Lembro-me de quando encontrei meu propósito — ou, melhor, de quando ele me encontrou. Em 12 de junho de 2005, eu pesquisava histórias de como algumas empresas demonstravam profunda e autêntica preocupação pelos clientes, empregados e comunidades, e fiquei profundamente emocionado. Nunca tinha tido uma resposta emocional *positiva* a meu trabalho. Dei-me conta de que "há um jeito melhor". Não só encontrei um, como descobri um bônus para ele: *não era só mais cuidadoso e humano, era mais lucrativo.*

Aos poucos, compreendi que as empresas poderiam curar, em vez de contribuir para o sofrimento do mundo. Vi o sofrimento perto da vila de minha mãe, onde o lindo e vital rio Chambal foi reduzido a um córrego tóxico pelos efluentes de uma indústria têxtil. Eu o vi na vila de meu pai, onde a maioria dos pássaros desapareceu, assim como as borboletas, abelhas e minhocas por causa do excesso de inseticidas e pesticidas. Eu o vi em estatísticas alarmantes sobre a onipresença das dificuldades financeiras nos EUA, sobre o aumentos dos índices de ansiedade, depressão e suicídio e sobre o aumento da dissonância cultural. Senti visceralmente a necessidade de curar em todos os níveis, do interior de meu ser para todo o mundo.

Fiquei energizado e motivado para aprender o máximo que podia sobre organizações que exercem um efeito curativo nas pessoas com elas envolvidas. Quando pensava a respeito, sentia calafrios e arrepios — um sinal claro de que essa era uma ideia que eu deveria buscar. À medida que eu avançava, as pessoas com histórias de empresas que curam continuavam a aparecer!

Colaboradores incríveis apareceram por meio da sincronicidade para todos os meus livros. Para este livro, eu sabia que havia apenas um coautor possível: Michael Gelb. Michael entrou em minha vida quando eu tinha 39 anos, exatamente quando a maioria das pessoas experimentam crise da meia-idade, com que tantos brincam, mas que é muito real. Sua presença, energia e sabedoria mudaram minha vida. Michael me mostrou que eu poderia ser uma pessoa criativa e íntegra, não apenas o tipo lógico e superanalítico que tinha decidido ser. Ele me ajudou a ganhar a coragem de confiar em meus instintos e ouvir minha voz interior, para que eu pudesse descobrir e realizar meu próprio propósito.

Quando começamos a trabalhar neste livro, Michael disse algo que me impactou: "Escrever este livro é um empreendimento sagrado. Temos de fazer jus ao desafio que escolhemos." Ambos carregamos esse compromisso em toda a jornada. Cada palavra foi filtrada por nossas almas.

Escrevemos este livro com amor, alegria e um profundo senso de responsabilidade. Depois de completar a pesquisa necessária e o trabalho interno, também escrevemos com um senso de urgência. Não há tempo a perder; é mais tarde do que imaginamos.

Minha visão — simbolicamente, mas também em termos práticos — é ver o outro lado do rio perto da vila de minha mãe voltar a ficar verde e azul, ver a água recuperar sua beleza imaculada e voltar à vila de meu pai e ouvir os pássaros cantarem outra vez.

PRÓLOGO

DE MICHAEL

Quando me formei na Clark University em psicologia e filosofia, planejei minha vida. Queria curar as pessoas e a mim. Isso me fez passar um ano estudando as tradições de sabedoria e as práticas de meditação do mundo com J.G. Bennet, na Inglaterra. Em 1978, completei um treinamento de três anos para lecionar a Técnica de Alexander de Coordenar Corpo/Mente. No mesmo ano, conclui o mestrado na Goddard College e logo depois minha tese foi publicada na forma de meu primeiro livro: *BodyLearning* [*Aprendendo a Conhecer o Corpo*, em tradução livre]. Nessa época conheci e comecei a colaborar com o criador do Mapa Mental, o pioneiro do pensamento criativo, Tony Buzan. Juntos, desenvolvemos e conduzimos seminários de cinco dias sobre "Mente & Corpo" para líderes seniores corporativos em todo o mundo. Em 1982, recebi o certificado de Primeiro Instrutor Master para o trabalho de Buzan. Mais tarde, naquele ano, com o sonho idealista de ajudar a salvar o mundo, eu me mudei para Washington, DC — um lugar em que as estratégias de pensamento criativo, de aprendizado acelerado e de liderança inovadora pareciam ser mais desesperadamente necessárias.

Comecei oferecendo seminários curtos de Aprendizado de Alto Desempenho com inscrições livres, mas fiquei decepcionado ao constatar que havia poucas pessoas da esfera política inscritas. Felizmente, os programas eram populares com empresários, e isso gerou muitas oportunidades para eu dar aulas e prestar consultoria em empresas na capital e arredores. Esse foi o início de minha conscientização de que o dinamismo das empresas, e não do governo, foi a principal alavancagem da diferença positiva no mundo.

Em 1997, fui convidado a palestrar em um programa de MBA da Universidade George Mason para ajudar os participantes a aprenderem as habilidades necessárias para liderar esforços de inovação no trabalho. Raj Sisodia, o diretor do programa que me convidou para ministrar as aulas, era genuinamente curioso e aberto. Ele tinha uma paixão incrível para enriquecer a vida de seus alunos. Gostei de nossa colaboração e ficamos amigos.

PRÓLOGO

Assim, em 2006, Raj me enviou uma cópia do esboço de seu livro inspirador *Firms of Endearment: How World-Class Companies Profit from Passion and Purpose*. Ele e seus coautores criaram um irresistível caso empresarial e acadêmico para o que eu tinha sonhado ser possível. De repente, compreendi que não era um profissional solitário com uma ideia quixotesca de criar um mundo melhor ao ajudar empresas a se tornarem mais criativas, conscientes e solidárias. Eu fazia parte de um movimento. Com o auxílio de John Mackey, do Whole Whole Foods Market, Kip Tindell do The Container Store, Doug Rauch do Trader Joe's, e muitos outros, este movimento se tornou o Capitalismo Consciente.[4] Fiquei empolgado quando Raj me convidou, anos mais tarde, a realizar a palestra principal na conferência do Capitalismo Consciente e, então, para servir como mestre de cerimônias da Cúpula para CEOs do grupo.

Contei a Raj o quanto seus livros me inspiravam, e ele disse que era recíproco. Assim, foi natural que escrevêssemos juntos. Ambos conhecíamos líderes empresariais que estavam mudando o mundo pela criação de organizações positivas centradas em pessoas e ficou claro que elas exerciam um efeito curador em todos os seus participantes. E se explorássemos mais a fundo como e por que eles o faziam? E se contássemos suas histórias para ajudar mais pessoas a compreenderem e serem inspiradas pelo que é possível? E se essas Empresas que Curam fossem a chave para reduzir muitos problemas aparentemente intratáveis como degradação ambiental e mudanças climáticas, obesidade, dependência de opioides, aumento dos índices de ansiedade, depressão e suicídio, e até lacunas entre pobres e ricos, direita e esquerda?

Durante 40 anos, trabalhei com líderes visionários em todo o mundo para fomentar culturas inovadoras e centradas no ser humano, e equipá-los com ferramentas e estratégias de pensamento criativo para transformar ideias em realidade. *Empresas que Curam* representa uma expansão de meu próprio aprendizado sobre o que é possível. À medida que passávamos por cada história, eu me sentia comovido pela coragem, tenacidade e pura bondade que emana de cada uma. Temperado durante décadas, o sonho com que iniciei minha carreira está mais forte e vigoroso do que nunca: sonho que juntos

PRÓLOGO

podemos criar uma nova história para os negócios, com base no despertar da consciência, e, por meio dela, ajudar a salvar o mundo.

DE MICHAEL E RAJ

Para nós, escrever este livro é um empreendimento sagrado.

É algo que *tínhamos* que fazer. É como se todas as nossas vidas estivessem se desenvolvendo na direção deste projeto.

Nosso processo de escrever tem sido uma experiência alegre de descoberta e aprendizado colaborativo. Inspirado em *Investigação Apreciativa*, de David Cooperrider, suspendemos nossos prejulgamentos e abrimos nossas mentes e nossos corações para aprender o máximo possível em cada série de entrevistas. Sempre que podíamos, visitávamos as empresas e conversávamos com os líderes em pessoa. Existem muitas outras Empresas que Curam que poderiam ser citadas neste livro. As que apresentamos aqui são as que conhecemos melhor.

O livro é escrito em uma única voz. O *nós* que está por trás das palavras que se seguem é a expressão de nosso propósito de cura partilhado.

Queremos aliviar sofrimentos desnecessários — físicos, emocionais, espirituais e financeiros — causados pelo modo como a empresa é conduzida. Buscamos nada menos que a transformação do local de trabalho, passando de um lugar de estresse e medo, para um lugar de inspiração e crescimento, do que parece a muitos uma prisão horrível a um alegre playground.

Este livro não é sobre a empresa da cura; é sobre a empresa *como* cura.

A extensão de nossas preocupações vai além dos empregados e suas famílias e inclui todas as vidas afetadas pela empresa: clientes, fornecedores, comunidades, cidadãos. Crucialmente, inclui o ambiente e toda a vida no planeta.

Agora, enquanto você lê e reflete o que segue, esperamos que se inclua.

COMO APROVEITAR ESTE LIVRO AO MÁXIMO

Este livro segue uma ordem linear, mas segui-la é opcional. Nós o convidamos a lê-lo do jeito que melhor atender a suas necessidades e sua curiosidade.

Talvez, como muitos de nossos amigos, você fique intrigado com a possibilidade de que a empresa possa ser uma fonte de cura e abundância para todos que dela participam, mas está cético quanto a que isso seja realmente viável. Nesse caso, talvez você queira começar diretamente pela Parte 2, onde será inspirado e surpreendido pelas histórias envolventes e encorajadoras de empresas que estão vivendo esse ideal.

Nossa primeira história, sobre a Tapetes Jaipur, mostra a empresa que transformou seu setor, e a vida de 40 mil mulheres e suas famílias, enquanto produzia elevados lucros com consistência. Se isso pode acontecer em uma pobre área rural da Índia, imagine o que pode ser realizado nos Estados Unidos e outras sociedades prósperas.

Se você trabalha em uma indústria ou organização que não é curadora, então talvez queira explorar as histórias de empresas que passaram por transformações profundas, do sofrimento à cura, como a DTE Energy, Appletree Answers, e a FIFCO.

Se já faz parte de uma companhia que tem uma cultura consciente e positiva, mas quer novas ideias e inspiração de como evoluir ainda mais, comece pelas histórias de empresas que descobriram meios inovadores de curar suas partes interessadas, como a Menlo Innovations, Union Square Hospitality Group e a KIND Snacks.

Talvez você já conheça e tenha se inspirado por algumas dessas Empresas que Curam e queira compreender os princípios e práticas que elas têm em comum? Nesse caso, você pode querer começar pela Parte 3. Você pode até começar pelo epílogo e começar sua jornada por esse livro fazendo o Juramento da Cura, na última página.

Se você estiver curioso sobre os fundamentos históricos, psicológicos e filosóficos do capitalismo e quiser entender como atingimos o atual ponto de inflexão — onde a empresa pode e precisa tomar a liderança para ajudar a salvar o mundo — então você quererá começar pela Parte 1.

Este livro não foi escrito para abordar a responsabilidade social corporativa ou porque é bom ter uma programa de bem-estar, e não é sobre verificar alguns pontos de gestão ambiental ou encontrar mais táticas humanas para extrair mais lucros; em vez disso, fala sobre repensar a empresa de um modo surpreendente, generoso e capaz de mudar o mundo. Mostramos um quadro amplo desse novo paradigma na Parte 1.

Não importa por onde vai começar ou em que ordem vai ler, você aproveitará o livro ao máximo se mantiver um diário ou um caderno para anotar as ideias que o inspiram. Você também se beneficiará ao partilhar ideias, insights e exemplos com amigos e colegas que realmente precisam de uma dose de esperança e otimismo. Ao partilhar essa esperança e esse otimismo, essas qualidades serão reforçadas dentro de você.

INTRODUÇÃO

TRANSFORMAR O LOCAL DE TRABALHO DE UMA PRISÃO EM UM PLAYGROUND: A ESCOLHA É SUA

E se houvesse uma empresa cujo CEO dissesse: "Vamos pagar o máximo que pudermos a nosso pessoal"? E se a mesma empresa se oferecesse para ajudar comunidades em dificuldades antes da Defesa Civil ou da Cruz Vermelha? E se sua empresa tratasse seu cônjuge, seus filhos, seus pais e até seus animais de estimação como partes interessadas e tornasse prioridade garantir que você eliminasse a emissão de carbono, mas realmente fizesse uma contribuição positiva para seu ecossistema? E se houvesse empresas satisfeitas em contratar alguns do 70 milhões de norte-americanos com ficha criminal e lhes desse o que a maioria nunca teve — uma *primeira* chance, uma oportunidade de construir uma vida feliz, criar uma família e se tornar cidadãos produtivos que pagam seus impostos?

E se essas empresas, que priorizam o bem-estar de seus interessados, e ajudam a curar seus empregados, clientes e comunidades, *forem mais lucrativas e prósperas que seus pares na indústria*?

Tais empresas e muitas outras como elas, existem, e nós contamos suas histórias inspiradoras neste livro. Enfatizamos que essas empresas são mais lucrativas porque acreditamos que o lucro é um bem social. É uma irresponsabilidade social uma empresa não ser lucrativa; uma sociedade livre não pode funcionar sem empresas lucrativas. A busca pela riqueza alimenta a criatividade, a inovação e o empreendedorismo; além do mais,

INTRODUÇÃO

sem lucros, não há receita tributária, e sem receita tributária não pode haver infraestrutura ou serviços públicos. Mas, como as empresas descritas aqui compreendem: *é importante como ganhar dinheiro.*

Você descobrirá como as empresas podem se tornar um *lugar* de cura para empregados e suas famílias, uma *fonte* de cura para os clientes, comunidades e ecossistemas e uma *força* de cura na sociedade, ajudando a aliviar disparidades culturais, econômicas e políticas.

UM CONTO E DOIS PARADIGMAS

As empresas permeiam nossas vidas. Mais que governos, organizações sem fins lucrativos ou instituições religiosas, os negócios são uma força dominante na vida contemporânea, quaisquer que sejam as condições. Em sociedades livres, a grande maioria de nossas necessidades são atendidas por corporações e pequenas empresas. A maioria das pessoas é empregada por empresas privadas. O modo pelo qual elas atuam exerce um impacto enorme em todos os aspectos de nossa vida: nosso bem-estar material; nossa saúde física, emocional, mental e espiritual; e nossa habilidade de estar presente e agir bem como pais, cônjuges, membros comunitários e cidadãos.

Na maior parte, as empresas têm tido sucesso em atender a nossas necessidades materiais e elevar nosso desenvolvimento coletivo. Nos últimos 200 anos, quase todos os indicadores de bem-estar humano aumentaram drasticamente em consonância com a expansão do capitalismo de livre mercado. Vivemos mais, somos mais bem instruídos, produzimos e consumimos mais e usufruímos mais tempo de lazer do que nossos ancestrais. Temos acesso a tecnologias milagrosas que nos permitem acesso a pessoas e aprender praticamente qualquer coisa com alguns poucos toques no teclado. E vivemos no período mais próspero e pacífico da história. Tudo isso possibilitado pelo dinamismo e pela inovação que são características do sistema capitalista.

INTRODUÇÃO

Muitas pessoas estão prosperando. Há mais liberdade para que empreendedores gerem riqueza de formas criativas e úteis. Como observou o poeta grego Homero há 2.500 anos: "Cada homem se deleita com o trabalho ao qual se adapta melhor."[1] A oportunidade de descobrir e buscar nosso trabalho ideal é maior do que jamais foi.

Ainda assim, mesmo progredindo de tantas maneiras, permitimos que grandes sofrimentos desnecessários continuem — e as empresas desempenham um papel importante em sua criação. As pandemias da obesidade, dependência de opioides, alcoolismo, depressão, ansiedade, violência armada e a corrupção de nosso ecossistema planetário são exacerbados pelo modo que as empresas são dirigidas.

Em *Um Conto de Duas Cidades*, Charles Dickens resume o paradoxo no qual vivem seus personagens e o qual vivemos hoje:

> Foi o melhor dos tempos, foi o pior dos tempos; a era da sabedoria, a era da tolice... era a primavera da esperança, o inverno do desespero; tínhamos tudo diante de nós, tínhamos nada diante de nós; íamos todos direto para o Céu, íamos todos para o lado oposto.[2]

O rumo a tomar dependerá da evolução de nosso pensamento sobre os negócios. Se continuarmos no caminho atual, então a tolice e o desespero prevalecerão. Se evoluirmos e transformarmos com a aplicação da sabedoria e da luz para mudar como pensamos sobre as organizações, o céu nos aguardará.

Um pensador* contemporâneo — Homer Simpson — ponderou: "Álcool: a causa e a solução de todos os problemas da vida."[3] Engraçado, mas com diagnóstico e receita descabidos. A causa e a solução para muitos problemas do mundo é o *capitalismo* — especificamente, o modo como pensamos nele e o praticamos.

---

* No original, a more contemporany Homer, algo como "um Homero contemporâneo", um trocadilho entre Homer (Homero) e Homer (Homer Simpson). [N. E.]

INTRODUÇÃO

ESCAPANDO À PRISÃO DE NOSSOS PENSAMENTOS

Matt Groening, criador dos *Simpsons*, brincou: "Não vou parar de me torturar até descobrir a causa de minha dor."[4] Qual é a causa de sua dor, e que papel o capitalismo desempenha nela?

No trabalho, muitas pessoas sentem que o sofrimento lhes é infligido pelos gerentes, patrões e supervisores. A Dra. Edith Eva Eger, autora de *The Choice* [*A Escolha*, em tradução livre], sobrevivente de Auschwitz, explica: "Somos vítimas de vítimas."[5] Em outras palavras, os que nos atormentam, de valentões na escola a maus chefes, foram atormentados por outras pessoas.

Nem sempre podemos controlar nossas circunstâncias, mas, como Matt Groening nos lembra, grande parte de nosso sofrimento é autoinfligido. Ele acontece porque não sabemos como pensar na vida e lidar e controlar nossas emoções. Atitudes são profundamente importantes, tanto em termos individuais quanto coletivos. Quando a atitude coletiva aceita e até acolhe a ideia de que esse é um mundo competitivo e cruel, e que os negócios nada mais são do que uma corrida, que o trabalho e a vida são entidades separadas que precisam de equilíbrio e não de integração, o resultado é muito sofrimento.

Como indivíduos, podemos aprender a mudar nossos padrões de pensamento e nossas atitudes de modo a não nos torturarmos, e podemos mudar o modo de pensar nos negócios para não nos torturar mutuamente.

A necessidade de mudança é urgente, porque as circunstâncias ainda são duras para a maioria das pessoas. Embora a expectativa de vida no mundo tenha aumentado drasticamente, 15 mil crianças com menos de cinco anos morrem todos os dias de causas evitáveis.[6] E, embora, segundo dados compilados pelo Banco Mundial, mais de um bilhão de pessoas tenham saído da extrema pobreza (definida como US$1,90 por pessoa, por dia) desde 1990, metade da população ainda vive com menos de US$5,50 por dia. A vida de metade da humanidade continua sendo uma luta diária pela sobrevivência.[7]

Mas o sofrimento não desaparece com o aumento da prosperidade. Por exemplo, as cidades de Aspen, no Colorado, e Palo Alto, na Califórnia, são duas das comunidades mais prósperas nos Estados Unidos, talvez no mundo. No entanto, elas também apresentam taxas de depressão, dependência e suicídio muito superiores à média do país. A taxa em Aspen é três vezes maior do que a média dos Estados Unidos, enquanto Palo Alto apresenta a maior taxa de suicídio no país.[8] Qualquer que seja o nível de renda, quando não há significado e propósito, quando nos sentimos desumanizados e objetificados, experimentamos sofrimento emocional e espiritual.

A objetificação do ser humano pelos negócios foi, em parte, consequência do paradigma materialista da moderna era científica que começou há cerca de 300 anos. Ele criou uma visão do universo como se fosse o mecanismo de um relógio no qual objetos separados se comportam de modo previsível com base em leis fixas no tempo e no espaço. Essa visão tem sido rejeitada pela ciência contemporânea, que valida a observação de Leonardo da Vinci de que "tudo está conectado a todo o resto".[9] Segundo Einstein:

> O ser humano é parte de um todo chamado por nós de "universo", uma parte limitada no tempo e no espaço. Ele experiencia a si mesmo, seus pensamentos e sentimentos, como algo separado do resto — uma espécie de ilusão de ótica de sua consciência. Essa ilusão é uma forma de prisão para nós, restringindo-nos a nossos desejos pessoais e à afeição por umas poucas pessoas próximas. Nossa tarefa deve ser a de nos libertar dessa prisão alargando nossos círculos de compaixão para envolver todas as criaturas vivas e o todo da natureza em sua beleza.[10]

Estruturas organizacionais contemporâneas são ainda mais influenciadas por interpretações errôneas da biologia evolucionária do que por concepções ultrapassadas da física. Interpretações errôneas de Darwin geraram uma narrativa sobre a sociedade que se baseia em uma mentalidade de sobrevivência de soma-zero. Em sua obra clássica, *A Descendência do Homem*, Charles Darwin só mencionou a frase "sobrevivência dos mais aptos" duas vezes; ele mencionou a palavra "amor" 99 vezes.[11] Darwin acreditava que a empatia é nosso instinto mais forte e a razão pela qual nós, seres humanos, chegamos até aqui. De certa forma, nós *nascemos* para o avanço como espécie.

INTRODUÇÃO

A mentalidade de que os humanos são motivados principalmente por sentimentos de escassez, separação e competição formou a base da psicologia comportamental e as visões dominantes da economia contemporânea. O economista, banqueiro e empreendedor social Muhamad Yunus recebeu um Prêmio Nobel por desafiar essas hipóteses. Ele declara: "A indiferença em relação a outros seres humanos está profundamente arraigada na estrutura conceitual da economia... Precisamos criar uma teoria que tenha em mente o verdadeiro ser humano, não uma versão distorcida e miniaturizada do mesmo. O verdadeiro ser humano é altruísta, atencioso, solidário, confiável, gregário, amigável — e, ao mesmo tempo, o oposto de todas essas virtudes."[12] Em outras palavras, como conceber organizações e sistemas organizacionais que elevem o "verdadeiro ser humano"? Como criar empresas que promovam nossa natureza altruísta e pró-social ao mesmo tempo em que nos libertam da distorção e miniaturização?

Como o autor Louis Menand, vencedor do National Humanities Award, escreve: "Inventamos nossas estruturas sociais; podemos alterá-las quando agirem contra nós. Não há deuses lá fora que nos tirem a vida se o fizermos."[13]

MORRENDO POR UM SALÁRIO

Essa reformulação é urgente porque o trabalho como é atualmente constituído está tirando a vida de muitas pessoas.

Os japoneses (*karoshi*) e os chineses (*guolaosi*) tiveram de criar palavras para "morte por excesso de trabalho". Calcula-se que 10 mil japoneses morrem por excesso de trabalho todos os anos. Segundo o *China Youth Daily*, 600 mil pessoas morrem na China por ano por trabalhar demais.[14]

A maioria das pessoas está relativamente saudável e íntegra quando inicia a vida profissional. Porém, com o passar do tempo, o estresse do local e trabalho as esgota e elas desenvolvem problemas de saúde crônicos. As taxas de infarto são mais altas nas segundas-feiras de manhã, quando as pessoas literalmente não têm "mais coração" para levantar e ir trabalhar durante outra semana que lhes consome a alma.[15]

Mais que guerras, assassinos e terroristas, nosso trabalho está nos matando. O custo humano das "empresas como as conhecemos" é inaceitavelmente alto. Somos sofisticados quando se trata de contabilidade de custos, sabemos para onde foi cada centavo, mas sequer *tentamos* medir o sofrimento humano. Em vez disso, apenas dizemos "Graças a Deus é sexta-feira", porque, para muitos, o trabalho é um tormento ao qual devem sobreviver.

Em seu emblemático livro de 2018, *Morrendo por Um Salário: Como as Práticas Modernas de Gerenciamento Prejudicam a Saúde dos Trabalhadores e o Desempenho da Empresa — E o que Podemos Fazer a Respeito*, Jeffrey Pfeffer, professor de Stanford, enfatiza que as ocupações mais perigosas estavam nas áreas de mineração de carvão, prospecção de petróleo e indústria química. Contudo, os perigos físicos no trabalho foram reduzidos, graças aos esforços de organizações como a Agência de Segurança e Saúde Ocupacional (Occupational Safety and Health Administration — OSHA). Hoje, trabalhos administrativos têm se tornado muito mais prejudiciais a nosso bem-estar do que o de operários costumava ser. Problemas relacionados ao estresse são responsáveis por mais de 75% das consultas médicas, e as pressões no trabalho e preocupações financeiras são, de longe, os maiores causadores de estresse na vida contemporânea. Pfeffer e seus colegas estimam que ambientes de trabalho estressantes são responsáveis por pelo menos 120 mil mortes de empregados a cada ano só nos Estados Unidos, e por US$180 bilhões de gastos adicionais com cuidados com a saúde.[16]

Muitas vezes, esses números representam um sofrimento que não chega à morte, mas é igualmente devastador. Muitas empresas contribuem para o sofrimento e a saúde debilitada das famílias de seus empregados, clientes e cidadãos, geralmente por meio da poluição. E estão envolvidas no abuso sistemático e tratamentos desumano de animais na pecuária industrial.

Todo o tipo de sofrimento é importante, inclusive o dos animais. Se você se considera religioso, espiritual, ateu, ou algo intermediário, já lhe ocorreu que o modo como trata os seres vivos, incluindo os animais, afeta a todos? Como suas ações estão aumentando ou diminuindo o sofrimento no mundo?

INTRODUÇÃO

O QUE QUEREMOS DIZER COM CONSCIÊNCIA?

"Consciência", afirma o gênio e pioneiro educacional Horace Mann, "é o ímã da alma".[17] George Washington a chamava de a "fagulha do fogo celestial" e nos encorajava a mantê-la viva em nossos corações.[18] A palavra se origina do latim, *conscientia*, que significa "conhecimento interior". A maioria as pessoas tem o conhecimento dentro de si de que a vida é interligada, que todos respiramos o mesmo ar, criamos a mesma inspiração cósmica e que nossos destinos estão entrelaçados.

Os sistemas duplos da democracia e do capitalismo foram concebidos para gerar maiores oportunidades possíveis para todos experimentarem a vida, a liberdade, a prosperidade e a felicidade. Quando esses sistemas agem a partir do amor, que é sua função, o resultado é inclusão, abundância, criatividade, alegria e realização para todos. Quando esses sistemas são dominados pelo medo, o resultado é opressão das minorias, tentativas de impedir o direito ao voto, a vilificação dos imigrantes, ganância, exploração e uma crescente disparidade entre ganhadores e perdedores.

As empresas estão prontas para desempenhar o papel essencial de reorientar o ímã da alma para os princípios da verdade, beleza e bondade. Nesse processo, elas podem impulsionar a inovação que pode curar muitos de nossos maiores desafios sociais, econômicos, ambientais e políticos. Para que isso ocorra, líderes de empresas individuais devem experimentar o despertar de suas consciências e escolher operar a partir do amor.

O QUE QUEREMOS DIZER COM CURAR?

O dicionário Webster define *cura* como "eliminar ferimentos ou doenças: tornar saudável ou íntegro; deixar bem outra vez: restaurar a saúde; e fazer com que um problema indesejável seja superado". A palavra *cura* divide sua etimologia com as palavras *íntegro* e *santo*. *Íntegro* significa completo, ileso, saudável e incólume. *Santo* significa consagrado, sagrado, divino, que não pode ser transgredido ou violado.

A maioria dos seres humanos está ferida e sua psique está fragmentada. Eles anseiam por se tornar mais íntegras à medida que passam pela vida. E se o local de trabalho pudesse ajudá-los a atender a esse anseio? Contaremos histórias de organizações que estão fazendo exatamente isso: curando empregados, clientes, comunidades e a sociedade ao mesmo tempo em que superam seus pares financeiramente.

Mostraremos que, geralmente, não é o trabalho em si a causa do sofrimento; é o modo pelo qual trabalhamos, o *modo* pelo qual organizamos, gerenciamos e lideramos. O mesmo trabalho pode ser fonte de sofrimento e estresse, ou pode levar à realização e ao crescimento — não só para os empregados, mas também para as suas famílias.

Não importa que tipo de trabalho você faz; você poder exercer um impacto de cura. Porém, se você não escolher conscientemente ser parte da cura, você *será* parte do sofrimento.

O primeiro passo para a cura é ser testemunha e estar presente na realidade de que a empresa, muitas vezes, causa muito sofrimento desnecessário. Como James Baldwin disse: "Nem tudo que enfrentamos pode ser mudado, mas nada poderá ser mudado se não for enfrentado."[19] Quando nos conscientizamos dos modos pelos quais causamos sofrimento e mostrarmos empatia com os que sofrem, podemos usar nossa extraordinária capacidade criativa para encontrar melhores meios para conduzir a empresa.

• • •

Uma empresa tradicional diz: "Aqui está uma oportunidade de ganhar dinheiro com a exploração de uma necessidade ou uma lacuna no mercado."

Uma empresa com uma mentalidade avançada diz: "Aqui está uma oportunidade de ganhar dinheiro com a exploração de uma lacuna no mercado, e adotaremos iniciativas de responsabilidade social corporativa e programas

INTRODUÇÃO

de bem-estar para os funcionários para ajudar a reduzir o sofrimento que causamos. E doaremos algum dinheiro para instituições de caridade."

Um líder de empresa com consciência evoluída diz: "Aqui está uma oportunidade de lucrar e atendemos às necessidades dos clientes e as de todos os interessados, incluindo nossas comunidades e o meio ambiente."

Uma Empresa que Cura diz: "Nossa missão é aliviar o sofrimento e aumentar a alegria. Atendemos às necessidades de todos os interessados, incluindo nossos empregados, clientes, comunidades e o meio ambiente. Procuramos melhorar continuamente a vida de todos os interessados enquanto lucramos, para podermos continuar a crescer e ampliar a cura no mundo."

Às vezes, as empresas começam com esse nobre propósito de cura. Por exemplo, Mark Donohue, fundador e CEO da LifeGuides, a Empresa de Benefício Público, observou que uma quantidade significativa de sofrimento, mesmo em uma economia desenvolvida como os Estados Unidos, está relacionada a palavras como "desafios da vida" — situações como cuidar de uma mãe com Alzheimer, ter um filho com problemas de dependência, enfrentar um divórcio ou ter a casa destruída por um incêndio na Califórnia. Quando ele pensou na prevalência desses problemas, deu-se conta de que há muitas pessoas que lidaram bem com essas situações difíceis. Ele pensou: "Talvez haja um meio de ligar os necessitados com os que podem ajudar."

Pouco tempo depois, em uma conferência de negócios com foco em empreendedorismo tecnológico orientado para missões, ele conheceu o fundador da Match.com e uma ideia nasceu: e se ele pudesse criar uma empresa que reunisse pessoas que estivessem enfrentado desafios na vida com "Pares Orientadores" treinados que superaram com sucesso as mesmas dificuldades? Assim como a Match.com reúne pessoas em busca de relacionamentos, e a Doctors On Demand encontra médicos para pacientes, Mark visualizou a criação de "uma plataforma para pessoas generosas fazerem um bem extraordinário", e que esse guias da vida recebessem um salário por seus esforços. Como ele declara: "A experiência de vida é o bem mais valioso nesse planeta, e mesmo assim fazemos um péssimo trabalho em otimizá-lo. O LifeGuides recupera conexões humanas preciosas, que foram fragmentadas pelo 'progresso' tecnológico e cultural."[20]

Em outros casos, companhias são transformadas em Empresas que Curam quando o líder experimenta o despertar da consciência. Na Parte 2 do livro, contaremos histórias de várias jornadas de cura de liderança. Se você se emocionar com elas como nós ficamos ao entrevistar os líderes envolvidos, haverá uma mudança total em sua vida e em sua ideia do que é possível.

Na Parte 3, fazemos um resumo do que aprendemos sobre como se tornar um líder de cura e ajudar a salvar o mundo por meio dessa abordagem transformacional aos negócios.

O MUNDO MARAVILHOSO QUE NOSSOS CORAÇÕES SABEM SER POSSÍVEL

Charles Eisenstein, autor de *Mundo Mais Bonito que Nossos Corações Sabem ser Possível*, fala sobre como as pessoas tentam começar um movimento de mudança criando uma grande onda. Mas ele pergunta: "Você pode criar uma grande onda, mas como poderá mudar as correntes profundas?"[21]

Na Parte 1, oferecemos uma ampla perspectiva histórica sobre as correntes profundas que nos impedem de adotar uma abordagem mais centrada no ser humano nos negócios. As correntes profundas têm a ver com a natureza humana em si. Estaremos conectados para ser criaturas puramente egoístas ou estamos conectados para nos preocupar. A resposta é: as duas coisas. Em *Nonzero: The Logic of Human Destiny* [*Não Zero: A Lógica do Destino Humano*, em tradução livre], Robert Wright adverte:

> Deus sabe que a ganância não desaparece. Tampouco o ódio e o chauvinismo. A natureza humana é algo obstinado. Mas não é incontrolável. Mesmo que nossos impulsos essenciais não possam ser eliminados, eles podem ser atenuados e redirecionados.[22]

Nossos impulsos essenciais incluem amor e compaixão. Não há poder ou fonte maior de força no mundo do que o amor. Como disse Sua Santidade Dalai Lama: "O amor e a compaixão são necessidades, não luxos. Sem eles, a humanidade não pode sobreviver."[23]

Nunca a oportunidade para exercer um impacto positivo foi maior ou mais urgente. Se falharmos em transformar nossa abordagem ao capitalismo, então iremos, como Charles Dickens profetizou:

> Devolva-se a humanidade à forja que a criou e utilizem-se martelos semelhantes para tornar a esculpi-la e ela se contorcerá na mesma imagem torturada. Cultivem-se de novo as mesmas sementes de desordem e opressão voraz e, certamente, serão colhidos os mesmos frutos amargos.[24]

Contudo, se aproveitarmos o momento e nos comprometermos a viver de acordo com nossos melhores ideais e nossos valores essenciais, então outra profecia de Dickens se realizará:

> Vejo uma cidade maravilhosa e pessoas resplandescentes surgindo deste abismo e, em suas lutas para serem realmente livres, em seus triunfos e derrotas, nos longos anos que virão, vejo o mal deste tempo e de tempos anteriores do qual este é o nascimento natural, gradualmente expiando-se e desaparecendo.[25]

A escolha é sua.

PARTE 1

EMPRESAS — A CAUSA E A SOLUÇÃO DE MUITOS DOS PROBLEMAS DO MUNDO?

SONHANDO O SONHO AMERICANO DE NOVO

Apesar da proliferação de livros sobre o declínio dos EUA e a chegada do mundo pós-americano, os EUA continuam, mais do que qualquer outro país, a influenciar o curso dos acontecimentos, da economia e da cultura no mundo — em direções positivas e negativas. Continua acertado dizer que "Assim como vai a América, assim vai o mundo". E o "Sonho Americano" — a ideia de que uma pessoa comum pode alcançar o sucesso por meio do empreendedorismo, da criatividade e do trabalho duro, em vez de por herança, classe ou casta — é hoje um sonho universal, inspirando pessoas em Bangalore e em Pequim tanto quanto em Bangor e Butte.

A democracia e o capitalismo modernos se consolidaram e evoluíram nos Estados Unidos, e então se espalharam para outras partes do mundo. Apesar das dificuldades e contratempos, esses dois sistemas operacionais continuam a dupla esperança do bem-estar do mundo.

Mas nós nos encontramos no ponto de inflexão, em uma encruzilhada crítica na história, em que precisamos despertar a consciência e a percepção para que esses sistemas evoluam a fim de superar as crises de nosso tempo.

As empresas desempenharão um papel essencial nessa evolução, para curar o planeta e proporcionar maior prosperidade, abundância, saúde e felicidade para milhões de pessoas que sofrem desnecessariamente.

Vamos analisar uma perspectiva histórica de como chegamos a esse ponto de inflexão.

A SABEDORIA DO ILUMINISMO E A GRANDE LEI DA PAZ

A sabedoria do Iluminismo surgiu do movimento intelectual europeu nos séculos XVII e XVIII, enfatizando a razão e o individualismo em detrimento da tradição e da doutrina. Os Estados Unidos foram fundados como uma expressão dos ideais do Iluminismo como a liberdade, o individualismo, a razão e o igualitarismo, ligado a um profundo sentimento de ética judaico-cristã. O autor inglês G. K. Chesterton (1874–1936) chamou os Estados Unidos de "nação com a alma de uma igreja".[1]

A história começou com subsídios reais para caçadores de fortunas e também para peregrinos que vinham da Europa para fugir à perseguição religiosa. Com o tempo, juntaram-se a eles uma imensa quantidade de migrantes econômicos de todas as partes do globo. A busca pela liberdade logo se tornou igualmente importante. Essas se tornaram as qualidades que definiriam o país, que o tornaram único na história do mundo: uma combinação de sabedoria do iluminismo, espírito pioneiro e puritanismo religioso.

Os "pais fundadores" incutiu uma forte energia masculina positiva na Declaração da Independência, um documento maravilhoso e inspirador por todos os padrões.

A Declaração falava de liberdade e autodeterminação, mas se limitou aos homens brancos. Embora na época fosse comum usar termos como "Homem" ou "Humanidade" para se referir a homens e mulheres, os fundadores não se incomodaram em falar sobre inclusão ou nossa responsabilidade mútua coletiva.

Enquanto os fundadores pensavam em como criar um sistema de governo que pudesse adotar os ideais da Declaração com êxito, eles procuraram precedentes históricos para guiá-los. Primeiro, eles analisaram modelos europeus, alguns dos quais eram híbridos de monarquias e com vários graus de representação democrática. Eles também buscaram exemplos nos tempos greco-romanos e até na Bíblia. Mas, em todos os lugares em que procuravam, encontraram guerra, conflito e discórdia — até olharem direto em seu próprio quintal.

Ali encontraram um sistema de governo descentralizado, democrático e funcional conhecido como a Grande Lei da Paz. Ele tinha sido implementado por uma aliança formada por cinco (depois, seis) tribos de índios norte-americanos na região dos Grandes Lagos (atualmente, Nova York, norte da Pensilvânia e leste de Ontário). A Confederação Iroquesa era um sistema sofisticado que tinha funcionado bem para diminuir os conflitos e promover bem-estar coletivo desde sua criação no final do século XVI entre as tribos que utilizavam a língua iroquesa.[2]

A Grande Lei da Paz protegia a liberdade de expressão, a religiosa e os direitos das mulheres. As tribos instituíram três ramos de governo — incluindo duas assembleias e um grande conselho — e deram origem à noção da separação dos poderes e verificações e os equilíbrios entre diferentes instituições. Notadamente, ele tinha um Conselho de Mulheres, análogo à Suprema Corte, responsável por resolver disputas e julgar violações da lei por qualquer membro das tribos.[3]

Os pais fundadores liberalmente emprestaram elementos da Confederação Iroquesa para o sistema de governo que estavam elaborando para o novo país. No Congresso em Albany, em 1754, assistido por representantes das seis tribos e sete colônias, Benjamin Franklin apresentou seu "Plano de União", no qual declarou:

> Seria estranho se seis nações de selvagens ignorantes pudessem ser capazes de criar um plano para tal união e, no entanto, ele tem subsistido há anos e parece insolúvel... e que uma união desse tipo fosse impraticável para dez ou doze colônias inglesas.[4]

Na época do bicentenário da Constituição dos Estados Unidos, o Senado aprovou uma resolução que declara: "A confederação das 13 colônias originais em uma república foi influenciada pelo sistema político desenvolvido pela Confederação Iroquesa, assim como muitos dos princípios democráticos que foram incorporados à própria constituição."[5]

Embora historiadores discutam a extensão da influência da Confederação Iroquesa na Constituição dos EUA, dois elementos da Grande Lei da Paz foram claramente descartados pelos pais fundadores. O primeiro foi o princípio da "sétima geração". Os chefes iroqueses deveriam considerar o impacto de cada decisão sobre as próximas sete gerações. O segundo elemento ignorado foi o empoderamento das mulheres. Apesar de os líderes da Confederação Iroquesa serem homens, conhecidos como *sachems*, eles sempre eram escolhidos por um conselho de mães dos clãs. As mulheres eram donas das terras e das casas, e o Conselho de Mulheres tinha poder de veto sobre quaisquer ações que poderiam resultar em guerra. O conselho também tinha o poder de impedir ou remover qualquer líder que estivesse agindo de modo inapropriado e de indicar um novo líder para seu lugar.

Não só os pais fundadores não adotaram qualquer versão do Conselho das Mulheres, como também negaram a elas o direito de propriedade e de voto. Essa segunda injustiça persistiu por outros 140 anos.

"LEMBREM-SE DAS SENHORAS..."

Os EUA estariam bem se tivessem mães fundadoras ao lado dos pais fundadores. Em março de 1776, três meses antes de a Declaração da Independência ser elaborada, Abigail escreveu ao marido e futuro presidente, John Adams:

> [N]o novo código de leis que suponho que terá de criar, espero que você se lembre das Senhoras e que seja mais generoso e favorável a elas do que seus antecessores. Não coloque poder ilimitado nas mãos dos Maridos. Lembre-se de que, se pudessem, todos os Homens seriam tiranos. Se cuidado e atenção especial não forem dedicados às Senhoras, estamos determinadas a fomentar uma Rebelião e não nos submeter

a quaisquer Leis nas quais não temos voz ou Representação. Que seu gênero é naturalmente tirânico é uma verdade tão profundamente estabelecida que não admite contestação; mas há os que, entre vocês, desejam alegremente se dispor a desistir do duro papel de senhor em troca do mais suave e terno de amigo.

Embora ele respeitasse Abigail e, frequentemente, buscasse seus conselhos, Adams considerou a ideia estranha. Em uma resposta no mês seguinte (14 de abril de 1776), ele a rejeitou com uma brincadeira, sugerindo com irreverência que os homens temiam o "despotismo das anáguas".

Foi-nos dito que nossa luta afrouxou os vínculos do governo em todos os aspectos; que as crianças e aprendizes estão desobedientes; que as escolas e faculdades ficaram tumultuadas; que os índios menosprezam seus guardiões; e que os negros ficaram insolentes com seus donos. Mas a sua carta foi a primeira intimação de que outra tribo, mais numerosa e poderosa que todo o resto, ficou descontente. Dependentes dele, sabemos que não devemos repelir nossos sistemas masculinos... Só temos o nome de Senhores e, em vez de desistir dele, o que poderia nos sujeitar totalmente ao despotismo das anáguas, espero que o general Washington e todos os nossos bravos heróis lutem.

Abigail respondeu (7 de maio de 1776) com fúria mal disfarçada:

Enquanto você está proclamando a paz e boa vontade aos homens, emancipa todas as nações, insiste em reter poder absoluto sobre as esposas. Mas você deve lembrar que o poder arbitrário é como a maioria das outras coisas muito difíceis, sujeitas a se quebrarem e, apesar de todas as suas leis e máximas sensatas, está em nosso poder, não só nos libertar, mas subjugar nossos senhores e, sem violência, atirar sua autoridade natural e legal a nossos pés.

A rebelião que Abigail Adams previu demorou muito a ocorrer. As mulheres finalmente conquistaram o direito ao voto em 1920 e a campanha por oportunidades iguais continua.

O CAPITALISMO TEVE UM PAI Ɛ UMA MÃE

Muitas consequências se originaram dessas primeiras decisões fatídicas, incluindo o modo pelo qual o capitalismo evoluiu. Enquanto os EUA se tornaram o laboratório e modelo da democracia representativa em todo o mundo, também forneceram um solo fértil para a disseminação do capitalismo. Isso se baseou na compreensão que Adam Smith tinha dado ao mundo sobre o poder dos livres mercados. Segundo sua notória, sólida e transformadora teoria, a liberdade leva à prosperidade: indivíduos buscam seu próprio interesse e tomam decisões que estimulam o que acabará atendendo a suas necessidades de um modo mais eficiente e concreto do que se fossem tomadas por uma autoridade de planejamento central ou órgão governamentais burocráticos. A "mão invisível do mercado" alocaria recursos e esforços e definiria preços por meio de um processo não controlado de indivíduos que tomam essas pequenas decisões. Isso geraria bem-estar coletivo.

Essas ideias influenciaram a evolução do sistema norte-americano. Benjamin Franklin jantou com Adam Smith na Escócia, no início dos anos 1770, muito antes de *A Riqueza das Nações* ser publicado, em março de 1776.[6] Smith leu trechos do manuscrito inacabado para Franklin, que depois levaria parte desse conhecimento diretamente para a Declaração da Independência.

As ideias de Smith foram essenciais para definir a identidade dos Estados Unidos: o governo não deveria ocupar "as esferas de comando" da economia. Ele teria um envolvimento mínimo no mercado e as pessoas teriam liberdade para fazer o que quisessem. A função do governo seria criar um campo de ação equilibrado (o estado de direito) e não ser um estorvo. Esse procedimento criou um incrível dinamismo jamais visto por qualquer outra sociedade. Os EUA foram a primeira sociedade na história em que o "homem comum" (e somente homens) estava no controle de seu próprio destino de acordo com a lei. Indivíduos poderiam atingir níveis elevados no ramo escolhido por meio de sua própria visão, criatividade, ousadia e trabalho duro. Você não precisava ter uma alta posição social ou pertencer à aristocracia para ter chance de viver uma boa vida. Esse país proporcionou uma "estufa" na qual existiam condições para a humanidade atingir rapidamente melhores padrões de vida e para que indivíduos pudessem demonstrar e partilhar seus bons resultados.

O experimento norte-americano começou com muitos elementos saudáveis de energia masculina, integrados a qualidades sólidas e admiráveis, como amor pela liberdade, autodeterminação, coragem, resiliência, autoexpressão, forte individualismo, realização e motivação para o sucesso. Contudo, na ausência compensatória da energia feminina, o processo se desequilibrou gradativa e previsivelmente, se tornando hipermasculino e tomado pela dominação, pela agressão e pelo excesso de competitividade.

A Grande Lei da Paz se baseou na harmonia das energias masculina e feminina, assim como o ideal original do capitalismo. O capitalismo teve pai e mãe; ambos foram descritos nas obras de Adam Smith. Antes de *A Riqueza das Nações*, Smith publicou *A Teoria dos Sentimentos Morais* (1759), no qual propôs a filosofia ética da qual o capitalismo e todas as instituições sociais devem depender. Smith entendia o capitalismo como um sistema de cooperação humana baseado no equilíbrio das motivações humanas fundamentais: autointeresse e preocupação com os outros. Não somos *apenas* criaturas autointressadas; isso nos tornaria sociopatas. O tempo todo fazemos coisas que podem ser vistas como contrárias a nosso limitado autointeresse, porque nos preocupamos com os outros. Smith entendia que os seres humanos são motivados por muito mais que o enriquecimento pessoal e que o capitalismo precisava de uma consciência.

HOMENS ENLOUQUECIDOS

Após a Guerra Civil, gigantes da indústria, ou "barões ladrões", como passaram a ser chamados, surgiram no cenário nacional a fim de impulsionar a expansão do transporte marítimo, depois das ferrovias (Cornelius Vanderbilt), do aço (Andrew Carnegie), do petróleo (John Rockefeller) e da atividade bancária (J.P. Morgan). O setor de negócios apresentou um crescimento extraordinário e acumulou a maior parte do poder nos EUA. Líderes empresariais foram convocados a socorrer o governo federal durante crises financeiras em várias ocasiões, como o Pânico de 1893 e Pânico de 1907.[7]

Talões de cheques e balanços patrimoniais sobrecarregavam o anêmico sistema. Não havia sentimento moral feminino para levar acolhimento, atenção ou energia solidária, e o governo parecia não ter poder de regular os negócios no interesse coletivo. Era um cenário de Homens Enlouquecidos. As empresas ficavam cada vez mais indiferentes aos trabalhadores.

A Carnegie Steel foi um exemplo clássico. A riqueza de Carnegie, embora imensa, foi ultrapassada pela de Rockefeller no início dos anos de 1890, principalmente devido à queda do preço do aço. O braço direito de Carnegie, Henry Frick, apresentou um plano para aumentar as margens de lucro com a redução significativa dos custos de mão de obra, em 1892. Frick também procurava "quebrar" a união cada vez mais sólida da Amalgamated Association of Iron and Steel Workers [Sindicato dos Trabalhadores de Ferro e Aço], que tinha sido formada em 1876 e estava tendo êxito em negociar melhores salários para operários de siderúrgicas. Seu contrato na fábrica de Homestead estava vencendo, e Frick anunciou que não negociaria mais com o sindicato, apenas com operários individualmente. Ele determinou que os operários passariam a trabalhar seis dias por semana, em vez de cinco, e 12 horas por dia, em vez de 10. E o salário seria reduzido.

Para os operários, isso apenas agravou uma situação já difícil. Segundo o biógrafo de Carnegie, Peter Krass, 20% de todas as mortes de homens em Pittsburgh nos anos de 1880 foram causadas por acidentes fatais nas siderúrgicas.[8] Aproximadamente 9% de operários siderúrgicos literalmente morriam no trabalho todos os anos; muitos, de exaustão.[9]

Quando os operários protestaram, Frick chamou a Agência Nacional de Detetives Pinkerton, que naquela época tinha mais homens e armas do que o Exército dos EUA. Quando os trabalhadores de Homestead se recusaram a voltar atrás, os Pinkerton abriram fogo: o saldo foi nove operários mortos e 40 feridos. O fato resultou em uma retaliação violenta; sete detetives Pinkerton foram mortos e 20 feridos.[10] Mais tarde, um anarquista não ligado ao sindicato esfaqueou Frick e quase o matou. Por fim, Carnegie venceu, o sindicato foi derrubado; os salários, reduzidos; as horas de trabalho, aumentadas; e os lucros cresceram. Abalados pela violência de ambas as partes em Homestead, 26 estados aprovaram leis contra a contratação de guardas externos.

Carnegie já havia defendido os direitos dos trabalhadores e apoiado a ideia de sindicatos e sua consciência foi reavivada por esses acontecimentos infelizes. Em sua autobiografia, ele escreveu: "Nada... em toda a minha vida, antes ou desde aquele dia, feriu-me tão profundamente. Nenhuma dor dos golpes recebidos durante minha vida profissional supera a de Homestead."[11]

Esse episódio terrível agravou as desavenças entre mão de obra e gerência. Para muitas pessoas, essa cisão é natural; mão de obra e gerência se tornaram inimigos naturais. Contudo, por que os empregados de uma empresa devem ser inimigos dos fundadores e líderes? A separação se baseia na ideia pseudodarwiniana de competição por um número limitado de recursos; se a gerência tem mais, a mão de obra tem que ter menos, e se a mão de obra tem mais, haverá menos lucros. Esse é um modo de encarar os negócios orientado pelo medo, baseado na "soma zero" da escassez. Encara proprietários e trabalhadores como combatentes diante do acúmulo de riquezas, e não como coparticipantes de um sistema de criação de valor multifacetado.

O crescente abismo entre mão de obra e gerência criou solo fértil para a disseminação do marxismo, seguido pelo socialismo e comunismo, que, por sua vez, gerou conflitos e sofrimento em todo o mundo pelos anos seguintes.

Acreditamos que uma abordagem atenciosa, em vez de belicosa, ao comércio teria evitado todo esse período em nossa história.

É importante reconhecer que Vanderbilt, Carnegie, Rockefeller e Morgan foram seres humanos excepcionais. Muito do que realizaram foi expressão de uma saudável energia masculina. Nenhum deles teve uma orgiem privilegiada. Tiveram a audácia de acreditar que poderiam se tornar extraordinariamente ricos ao mesmo tempo em que transformavam a sociedade com sua visão ampla e ousada. Mas todos se deixaram levar por uma necessidade compulsiva de dominar e maximizar a própria riqueza a todo custo.

TRÊS PERSPECTIVAS SOBRE O "NEGÓCIO DAS EMPRESAS"

Como Carnegie e Rockefeller, muitas pessoas bem-intencionadas ainda habitam um mundo árido de "mentalidade de soma zero", acreditando que os negócios são basicamente uma competição e que os recursos, incluindo outros seres humanos, existem para ser explorados. Então, quando se aproximam do final da vida, eles ficam caridosos e doam grande parte de sua fortuna para compensar o mal que causaram. Esse tipo de raciocínio provoca grande sofrimento a todas as partes, inclusive à própria Terra.

Há um jeito melhor. Você pode fazer o bem durante toda a sua jornada, enriquecer a vida das pessoas e ajudar a salvar o planeta — *ganhando dinheiro*. Quando se der conta de que isso é possível — e nós lhe mostraremos que está acontecendo agora em vários setores no mundo —, acreditamos que quererá participar e fazer negócios com empresas com essa consciência despertada. Para que isso ocorra, precisamos transcender barreiras ultrapassadas entre gerência e mão de obra, entre conservadores e liberais, e entre os que continuam a promover o capitalismo desenfreado e os que acreditam que o socialismo é a única resposta para a ganância e a corrupção corporativa.

Alguns anos antes da Grande Depressão, o presidente Calvin Coolidge proferiu um discurso em que disse: "O principal negócio do povo norte-americano são as empresas."[12] Sua observação captou algo verdadeiro e positivo; os EUA passaram a ser uma nação empresarial. As crianças norte-americanas nunca cresceram sonhando com cargos no serviço público ou em herdar títulos. Mas a observação de Coolidge suscita uma questão: "Qual é o negócio das empresas?" Foi aí que, por quase 150 anos, ficamos presos em uma postura limitada, egoísta e instrumental, encapsulada na declaração de Alfred P. Sloan de que "o negócio das empresas é fazer negócio".[13]

Sloan transformou a General Motors na maior corporação do mundo e inventou muitos aspectos do gerenciamento moderno. Ele acreditava que as empresas existiam para ganhar dinheiro, e qualquer outra coisa não passava de distração, na melhor das hipóteses. Isso foi sustentado pelo economista

Milton Friedman quando escreveu seu memorável ensaio na *New York Times Magazine*, em 1970, sobre o tema. Essa visão se tornou um dogma. A maioria dos currículos de escolas de administração de empresas é formada nessa premissa fundamental. Mas é uma premissa profundamente falha e tem causado um grande sofrimento desnecessário para as pessoas e para o planeta.

Há uma terceira visão sobre a natureza dos negócios, que foi formada por Herb Kelleher, o líder que transformou a Southwest Airlines na empresa aérea mais bem-sucedida do mundo, e uma das companhias mais admiráveis. Fundada em 1967, para conectar cidades do Texas, a Southwest abriu seu capital em 1971, sob o símbolo do mercado de ações LUV. A empresa manifesta amor, cuidado e alegria de várias maneiras, e tem sido lucrativa desde que iniciou suas operações. Nunca enfrentou uma greve, apesar de ser sindicalizada. A Southwest estimula os funcionários a "Viver do Jeito Southwest". Isso inclui "ter um Espírito Guerreiro (trabalhar duro, desejar ser o melhor, ser corajoso), um Coração de Servidor (colocar os outros em primeiro lugar, viver sob a Regra de Ouro) e uma Atitude FUN-LUVing [diversão e amor] (ser um membro de equipe apaixonado e se divertir)."[14]

Kelleher, que faleceu enquanto estávamos escrevendo este livro, cunhou a frase que representa a filosofia central da Empresa que Cura: "O negócio das empresas são as pessoas — ontem, hoje e sempre."

• • •

CRIANDO UM NOVO MITO PARA AS EMPRESAS

A narrativa dominante sobre as empresas continua focada na geração do máximo de lucro e crescimento possível. Esse objetivo é alcançado com a geração do máximo de receita possível, o que significa vender o máximo de produtos para o máximo de pessoas pelo preço mais alto que você conseguir, quer as pessoas se beneficiem dos produtos ou não. Como lucro é igual a receita menos custo, as empresas tradicionais também procuram minimizar os custos. Para tanto, elas gastam o mínimo possível com pessoal, espremem os fornecedores até onde podem, repassando todos os custos possíveis para a sociedade e para o ambiente e minimizando os impostos que pagam.

É hora de criar uma nova história de afirmação de vida mais humana sobre o que são as empresas e o que elas podem ser, e como podem nos atender e nos curar. Em *The World Is As You Dream It* [*O Mundo que Você Sonhou*, em tradução livre], o economista John Perkins reconta uma conversa que teve com Numi, um xamã da América do Sul:

JP: Às vezes, acho que nós só nos importamos com dinheiro e em dominar as coisas. Outras pessoas. Outros países. A natureza. Que perdemos a capacidade de amar.

NUMI: Vocês não perderam essa capacidade... O mundo é o que vocês sonharam. Seu povo sonhou com fábricas imensas, edifícios altos, tantos carros quanto existem gotas de chuva dentro de um rio. Agora vocês começam a ver que esse sonho é um pesadelo.

JP: Como meu povo pode mudar a situação horrível que criamos?

NUMI: Isso é simples. Vocês só precisam mudar o sonho. Isso pode ser alcançado em uma geração. Vocês só precisam plantar uma semente diferente, ensinar seus filhos a sonharem novos sonhos.[15]

A Empresa que Cura é um novo sonho sobre as empresas.

E se, em vez de causar ou exacerbar muitos de nossos maiores problemas, as empresas pudessem ser a solução?

E se integrássemos e aplicássemos a sabedoria de *A Teoria dos Sentimentos Morais* juntamente com *A Riqueza das Nações*?

E se as empresas puderem ser o caminho para a cura da sociedade e resgate do Sonho Americano — não só para os EUA, mas também para toda a humanidade?

Nós acreditamos que podem e devem. Para que isso ocorra, precisamos de uma nova narrativa baseada na integração de nossas energias arquetípicas.

INTEGRANDO AS QUATRO ENERGIAS ARQUETÍPICAS

Famílias humanas têm quatro papéis arquetípicos: pai, mãe, filho e avô. Correspondentemente, a cultura humana é motivada e sustentada por quatro energias fundamentais: masculina, feminina, criança e idosa. Quando saudáveis, essas energias se manifestam como realização, cuidado, alegria e propósito. Cada uma representa uma peça crucial e complementar do que precisamos para viver uma vida saudável e significativa

Muitas sociedades humanas em todo o mundo eram originalmente matriarcais, sintonizadas e reverentes para com a terra. Porém, com o tempo, devido a doenças, pragas e fome, a capacidade de controlar o meio ambiente foi valorizada. Do ponto de vista evolutivo, os elementos mais agressivos, analíticos e ousados começaram a dominar.

Sociedades tradicionais também reverenciavam seus idosos e contavam com a sabedoria deles. Contudo, desde a Revolução Industrial, indústrias e mercados que evoluíam rapidamente exigiam que as famílias tivessem maior mobilidade para aproveitar as oportunidades de emprego. Muitas vezes, os idosos eram deixados para trás. Em 1924, Alfred Sloan introduziu a estratégia de *obsolescência planejada* que começou com a fabricação de automóveis que quebrariam na época do término da garantia e, então, com a comercialização agressiva de novos modelos. Isso fomentou a mania que continua até hoje por coisas "novas" e do "último modelo", resultando em uma obsolescência planejada em relação aos seres humanos, que muitas vezes são obrigados a se aposentar da força de trabalho com base apenas na idade.

Martin Luther King Jr. falou da necessidade de sermos "determinados, mas generosos" — uma combinação de energias masculinas e femininas saudáveis.[16] Também precisamos ser sensatos: conectados a nossa sabedoria baseada em princípios, em nossos egos superiores e, assim, impregnados com a energia dos idosos. Precisamos ser brincalhões, manter a capacidade de sermos joviais, divertidos e criativos. Isso significa que precisamos estar em contato com nossa saudável energia alegre e infantil. Todas essas energias estão vivas e em harmonia na Empresa que Cura.

Herb Kelleher empregou essas energias em proporção harmoniosa na criação da cultura da Soughwest Airlines. Personificou e cultivou a energia do idoso ao definir e partilhar um propósito mais elevado para sua empresa: democratizar as viagens aéreas. Sua saudável energia masculina se manifesta no Espírito do Guerreiro da Southwest. Advogado experiente, venceu batalhas lendárias contra empresas que queriam destruir seu empreendimento inovador e administrou a companhia com sagacidade e pensamento criativo. Sua saudável energia feminina vive no logotipo da empresa (um coração com asas) e no cuidado e gentileza (o Coração do Servidor) com que os empregados da Southwest tratam uns aos outros e aos clientes. Agradavelmente, a saudável energia infantil de Kelleher vive na cultura FunLuving, na qual se sabe que comissários de bordo aparecem dentro de compartimentos de bagagem, cantam com os passageiros e, às vezes, as instruções de segurança parecem mais canções de rap e números de comédia stand-up.

O oposto é o líder tóxico, que exibe uma expressão nociva de cada uma dessas quatro energias ao mesmo tempo. Mais comuns são líderes fragmentados, que só são capazes de acessar uma ou duas dessas energias, e nem sempre em sua expressão mais saudável. O mesmo se aplica a organizações e a países. Empresas bem-sucedidas manifestam as quatro energias em sua expressão saudável, enquanto organizações disfuncionais fazem o oposto.

UM PESADELO AMERICANO?

Os EUA nasceram com uma energia masculina positiva (baseada na liberdade e autodeterminação) e com a sábia energia do idoso (refletida em princípios religiosos que orientam a conduta pessoal e profissional). Contudo, sem os aspectos de equilíbrio do cuidado e da jovialidade, eles degeneraram em dominação e dogma. Em gerações recentes, testemunhamos um aumento da manifestação da energia nociva infantil/adolescente na disposição de muitos em ficarem ofendidos por qualquer coisa que "os deixa desconfortáveis" e a compulsão incontrolada em relação à gratificação imediata expressa nos elevados níveis de endividamento pessoal e governamental.

O resultado é que, para muitos, o Sonho Americano se tornou um pesadelo.

A América do Norte lidera o mundo em obesidade, morte a tiros de crianças em escolas, dependência de opioides e população carcerária. Embora as pessoas precisem se responsabilizar por comer besteiras, atirar nos vizinhos, cheirar oxicodona e cometer crimes, todas essas crises são possibilitadas e exacerbadas pelas empresas. Cientistas de alimentos estão engajados em criar itens não saudáveis que atendam e explorem desejos arraigados, associações de comércio de armas de fogo lutam contra quaisquer limitações à capacidade de qualquer pessoa, mesmo que mentalmente doente, de comprar ou utilizar uma arma mortal; empresas farmacêuticas promovem drogas que causam dependência com estratégias semelhantes às usadas pelos cartéis ilegais; e prisões privadas com fins lucrativos avidamente acolhem novos "clientes".

A estatística mais dolorosa é a da taxa de suicídios nos EUA, que aumentou 33% entre 1999 e 2017, mesmo tendo declinado 29% em termos globais entre 2000 e 2018.[17]

Em *Desagregação: Por Dentro de Uma Nova América*, George Packer pinta um quadro vívido desse pesadelo:

> Ele via sob a superfície da terra suas verdades escondidas. Algumas noites, sentava-se na varanda com um copo de uísque e ouvia os caminhões dirigindo-se para o sul da 220, transportando engradados de

frangos vivos para o abate — sempre sob o manto escuro da escuridão, como um vasto e vergonhoso tráfico, frangos cheios de hormônios que os deixavam grandes demais para conseguir andar — e pensava que esses mesmos frangos poderiam retornar de seu destino como pedaços de carne para a Bojangles' iluminada por holofotes logo acima do morro, e que a carne seria mergulhada em fritadeiras borbulhantes por empregados cujo ódio ao trabalho vazaria para o alimento preparado, e aquele alimento seria servido e comido pelos clientes, que ficariam obesos e acabariam no hospital, em Greensboro, com diabetes ou insuficiência cardíaca, um fardo para todos, e mais tarde Dean os veria perambulando pelo WalMart de Mayodan em carrinhos elétricos, porque eram pesados demais para andar pelos corredores de um hipermercado, exatamente como os frangos alimentados.[18]

Atrás de cada elemento desse trecho do livro de Parker, havia uma decisão comercial consciente tomada por alguém de olho na maximização dos lucros sem consideração ao bem-estar dos empregados, "clientes" ou sociedade.

Toda essa loucura precisa parar, mas contar apenas com a regulação do governo não funciona; ela punirá todas as empresas, mesmo as que estão atendendo às necessidades humanas de uma forma séria e atenciosa.

OS NEGÓCIOS PODEM AJUDAR A SALVAR O MUNDO E A RECUPERAR O SONHO AMERICANO

Jonathan Haidt, professor de liderança ética da NYU, é da opinião que o capitalismo promete e entrega com base no dinamismo, enquanto o socialismo promete, mas não é capaz de entregar na base da decência. Como sabemos que o socialismo não funciona e vai contra nosso desejo de liberdade e autodeterminação, muitas pessoas acreditam que estamos destinados a viver uma existência de dinamismo *sem* decência: um mundo de competição implacável, no qual os seres humanos são valorizados apenas na medida em que são capazes de gerar mais por menos do que a pessoa ao lado.

Até o momento, no cenário geral da história da humanidade, essa forma de capitalismo inconsciente tem feito mais bem do que mal.[19] Mas também causa muito sofrimento desnecessário, além de não ser mais sustentável. Os recursos naturais necessários para alimentá-lo são finitos, e os efeitos da superexploração ameaçam nos fritar, asfixiar, matar de fome e afogar.

O modelo atual, que coloca os interesses dos acionistas acima de todas as outras preocupações, resultou no sacrifício da decência em detrimento do dinamismo. Pessoas que querem "fazer o bem" buscam carreiras em ONGs, enquanto a maioria apenas aceita que empresas sem um propósito mais elevado, que exploram as pessoas e o planeta são, bem, parte de nossa realidade. O conceito de que bondade e lucro não são compatíveis é uma suposição falsa e trágica baseada em uma psique desordenada por energia desequilibrada e uma leitura incompleta de Charles Darwin e Adam Smith.

Escolher entre cuidar dos outros e o interesse próprio é como escolher entre inspirar e expirar. Pense em inalar como tirar algo do mundo. Pense em exalar como devolver. Inalamos oxigênio, que as árvores expiram. Nós exalamos gás carbônico, que as árvores inspiram. Podemos ter um mundo no qual todos respiram total e livremente, com harmonia de dinamismo e decência. Esse não é um ideal utópico. É uma realidade nas empresas sobre a qual você lerá neste livro. Essas empresas têm *mais dinamismo* do que companhias tradicionais orientadas para o lucro. Elas oferecem verdadeira decência: não a indignidade de receber uma ajuda do governo ou a indecência de um ambiente de trabalho desumano, mas a beleza e a satisfação de uma vida vivida com propósito, atenção, abundância e alegria.

• • •

Antes de 2050, teremos de reinventar os modos pelos quais atendemos praticamente a todas as nossas necessidades. Isso exigirá uma grande parcela de inovação, que a história tem mostrado que somente o dinamismo de um sistema de livre mercado pode proporcionar. Felizmente, nossa capacidade de inovação é ampla e pode se desenvolver. Assim como é inspirada pelo desejo de gratificação individual, ela é motivada muito mais profundamente quando focamos um propósito mais elevado a serviço de nossos semelhantes.

Quando direcionamos nossas empresas para atender necessidades humanas genuínas, criando valor e sendo úteis uns aos outros, poderemos satisfazer nosso interesse próprio de um jeito muito mais rico e profundo. É hora de o capitalismo evoluir além das falsas trocas que criamos entre cuidar e obter êxito, amor e lucros.

Gerações anteriores não sabiam que isso era possível. Agora, está claro: empresas que funcionam com um propósito mais elevado, sem visar só o lucro, prosperarão. Essas "Empresas com Ternura" não são só locais mais saudáveis para se trabalhar, mas são amadas pelos clientes e comunidades e são *mais lucrativas* do que empresas que focam apenas retorno financeiro.[20]

Quando se sabe que isso é possível, por que considerar fazer qualquer outra coisa? Como contentar-se com menos?

Naturalmente, isso é mais do que só ler pesquisas e entender exemplos de empresas com uma abordagem comercial mais atenciosa e equilibrada. É sobre alinhar seu próprio propósito com a meta superior de tornar o Sonho Americano uma realidade para todos outra vez.

A Empresa que Cura é um livro com histórias de empresas que aspiram a viver o sonho do que as empresas podem ser. Embora nenhuma seja perfeita, funcionam de forma a gerar engajamento e satisfação para os empregados, prazer e lealdade para os clientes, contribuições positivas para as comunidades e para o meio ambiente e excelentes lucros para donos e investidores.

• • •

Para adotar esse modelo transformado, é útil ter uma perspectiva histórica mais ampla sobre como as organizações evoluíram e como elas podem extrair o pior ou o melhor da natureza humana.

EVOLUINDO DE IMPÉRIOS A SACERDÓCIOS, DE CONQUISTAR A CUIDAR

Qual foi o maior império da história da humanidade? Não foi o Santo Império, sobre o qual o filósofo do Iluminismo Voltaire (1694–1778) brincou: "Não foi santo, não foi romano, nem foi realmente um império." Candidatos incluem os impérios egípcio, romano, mongol, inglês, espanhol, russo, persa, Qing e otomano. Historiadores discutem sobre os critérios de "grandeza" quando falam sobre os fatores avaliados: dimensão de territórios dominados (inglês), porcentagem de população do mundo controlado (inglês) e duração (otomanos ou romanos, o que depende de você contar o Império do Oriente como realmente romano ou não).

Todos esses impérios exerceram influência na cultura da humanidade e muitas dessas influências nos beneficiam hoje, mas todos foram estabelecidos e mantidos pela violência e imposição da escravatura sobre os povos conquistados. Imperadores, xás, césares, cáiseres, czares, faraós e reis acreditavam que haviam nascido com a função de conquistar e expandir seus domínios, sem se importar com o custo do sofrimento humano.

Como resultado, desde que o primeiro império Egípcio foi estabelecido, aproximadamente 4.700 anos atrás, os seres humanos têm estado em guerra a maior parte do tempo. As estimativas dos historiadores variam, mas o consenso geral parece ser de que o mundo viveu menos de 10% da história registrada sem uma guerra importante. Nações europeias lutaram 1.200 guerras entre si durante 600 anos, até o fim da Segunda Guerra Mundial.[1] Só no século XX, mais de 120 milhões de pessoas foram mortas na tentativa de expandir ou defender territórios.

Ao atribuir responsabilidade à carnificina e sofrimento, não podemos subestimar o papel de líderes individuais orientados pelo egoísmo, ganância e sede de poder e glória, apoiados pela crença de sua tribo de que seu deus ou ideologia era superior à dos outros. Reis e imperadores aspiravam alcançar a duvidosa distinção histórica de serem chamados de "Grandes". Tudo isso geralmente significa que eles causaram grande sofrimento, nas tentativas vãs de preencher um vazio em suas psiques que nunca poderia ser preenchido por nenhuma quantidade de poder ou riqueza. Muitos subiram a seus tronos matando irmãos e, alguns, matando os pais. Quando bem-sucedidos de acordo com sua própria definição pervertida de sucesso, viviam para ver seus impérios se expandirem por grandes regiões geográficas, subjugando outras tribos e seu próprio povo. Eles construíram torres, muros e palácios ostentosos nos quais passavam seus últimos anos usufruindo a subserviência induzida pelo medo dos que os cercavam. Então, morriam, ou mais provavelmente, eram assassinados por outro futuro monarca faminto de poder e sangue.

A quantidade de sofrimento causada em seres humanos inocentes por criadores de impérios loucos pelo poder é quase inimaginável.

"GRANDE" RARAMENTE É BOM: A LINGUAGEM DO IMPÉRIO

No entanto, em muitas empresas, o etos e a linguagem do império, da conquista e da dominação continuam a influenciar seu pensamento sobre o que fazem e por que o fazem. Lutamos para "conquistar uma parcela do mercado" e comemoramos "conseguir um grande lucro". Nós nos referimos à concorrência como selvagem, e às pessoas que deveriam ser líderes como chefões ou patrões, um termo com raízes na escravidão e na Máfia.

Um dos "tubarões" do popular programa de televisão *Shark Tank* [Tanque de Tubarões], considerado um modelo para futuros empreendedores, aconselha: "Os negócios são uma guerra... quero matar os concorrentes. Quero tornar a vida deles horrível. Quero roubar sua fatia de mercado. Quero que tenham medo de mim."[2] Ele diz mais: "Trabalhar 24 horas por dia não é suficiente. Você tem de estar disposto a sacrificar tudo para ser bem-sucedido... Você pode perder a esposa, seu cachorro, sua mãe pode odiar você. Nada disso importa. O que importa é você ter sucesso e se libertar."[3]

Isso lhe parece uma ideia de sucesso e liberdade saudável e sustentável? É nesse o mundo que você quer que seus filhos cresçam?

As seções de livros de negócios e liderança das livrarias de todos os lugares apresentam títulos que glorificam essa abordagem sociopata aos negócios como império e CEO como imperador. Em um artigo sobre os dez piores livros de negócios de todos os tempos, o editor colaborador da revista *Inc.*, Geoffrey James, escolheu *Segredos de Liderança de Átila, o Huno* como o absoluto pior. Ele escreve: "CEOs devem oferecer servir a suas firmas, não imitar ditadores assassinos." Esse gênero também inclui títulos como:

- *Alexandre, o Grande — A Arte da Estratégia: Lições de Liderança do Maior Estrategista da História;*
- *Napoleão na Arte da Guerra;*
- *How to Become an Apex Predator Level Billionaire* [Como Ser um Superpredador Nível Bilionário, em tradução livre];
- *Os Segredos do Lobo* (Sim, escrito pelo verdadeiro "Lobo de Wall Street");
- *O Estilo Mafioso de Gerenciar: As Dicas de um Chefão da Máfia para Ajudar Sua Empresa a Fazer Sucesso.*

Obras mais sutis de Sun Tzu e outros são guias úteis para estratégias — os antigos chineses dominam conselhos de estrategistas: "É melhor vencer sem lutar" e "Um líder lidera pelo exemplo, não pela força". Contudo, um grande número de empresas tem desenvolvido uma confiança excessiva em metáforas da construção de impérios, guerras, predação e crime organizado.

"BOM" PARA "EXCELENTE" TAMBÉM NÃO É...

Em seu best-seller *Empresas Feitas Para Vencer. Porque Algumas Empresas Alcançam a Excelência... e outras não*, Jim Collins apresentou empresas que, segundo seus critérios, serviriam como modelos ideais no mundo dos negócios.[4] Dos últimos 100 anos de empresas que abriram seu capital, apenas 11 participam da lista. Collins definiu "excelência" segundo um único parâmetro: desempenho financeiro. Ele destacou empresas de capital aberto que eram "boas", porque mostravam um desempenho financeiro médio ou bom, e depois se tornaram excelentes, isto é, apresentaram um desempenho financeiro mais elevado (elas superaram o mercado por, pelo menos, 3 a 1 em um período de no mínimo 14 anos).

A pergunta é: "O quanto elas eram 'boas' no início?"

A lista incluiu Circuit City, Fannie Mae, Wells Fargo e Phillip Morris.

Antes de falir, a Circuit City despediu todos os funcionários horistas que ganhavam mais que o salário mínimo para substituí-los por pessoas que ganhassem um salário mínimo, independentemente de desempenho.

A Fannie Mae teve um papel importante na crise financeira de 2008–2009, e a Wells Fargo continua acumulando enormes multas por práticas antiéticas.

A Philip Morris era a maior empresa de tabaco do mundo quando o livro foi lançado, em 2001. A expectativa de vida cai 13 anos para fumantes compulsivos, sete milhões de pessoas morrem todos os anos devido aos efeitos do tabaco e gastamos cerca de US$422 bilhões em 2012 para tratar as consequências na saúde pública — esse é seu impacto no mundo.[5] Quanto melhor a Philip Morris se torna em seu trabalho, mais a humanidade sofre. Se o desempenho financeiro é sua métrica, aparentemente você está apenas causando mais sofrimento para mais pessoas com mais eficiência.

Isso não é ser excelente. Não é ser bom. É ser louco.

SEMPRE É PESSOAL: UM NOVO JEITO DE FAZER NEGÓCIOS

O filme *O Poderoso Chefão* transformou a frase "Não é pessoal, são apenas negócios" em meme, depois adotado pelo programa *O Aprendiz*. Criada pelo contador da máfia, Otto "Abbadabba" Berman (1891–1935), morto a tiros no restaurante Palace Chophouse, em Newark, Nova Jersey, em 1935, a frase é comumente usada para justificar comportamentos arrogantes, moralmente fracassados e desumanos.[6] Sim, às vezes líderes precisam tomar decisões difíceis que podem exercer impacto negativo em alguns interessados, mas verdadeiros líderes o fazem conscientes de que suas ações são profundamente pessoais para os afetados. Eles agem com benevolência e gentileza.

Considerando a história humana de brutalidade e matança, vale a pena considerar como podemos mudar nossas metáforas, nossa linguagem e nossa consciência sobre os negócios, para que possamos fazer um trabalho melhor em criar riqueza ao mesmo tempo que geramos bem-estar. Essa meta não pode ser alcançada com ingenuidade. Um líder de cura precisa cultivar o equilíbrio entre a benevolência e a gentileza com a tenacidade e a sagacidade dos negócios. Líderes de cura devem saber, primeiro, nas palavras de outro título clássico, *Como Nadar com os Tubarões sem Ser Comido Vivo*, ao mesmo tempo que segue além da consciência do tanque de tubarões.

Paul Polman, que se aposentou como CEO da Unilever no fim de 2018, é um exemplo inspirador. Durante sua gestão de uma década, a Unilever começou a se transformar de um império para uma Empresa que Cura, com o propósito declarado de "tornar a vida sustentável uma rotina". Polman ajudou a elaborar essa aspiração de cura para a empresa:

Nossa visão é um novo modo de fazer negócios — um modo que promove crescimento servindo à sociedade e ao planeta.[7]

Ele disse:

Precisamos devolver a sanidade a este mundo e colocar o bem maior antes do interesse próprio. Precisamos lutar bravamente para criar um ambiente com foco de longo prazo e nos afastar do imediatismo.[8]

Em 2017, a Unilever se viu obrigada a lutar pela sobrevivência quando foi escolhida para ser adquirida pela 3G Capital, uma firma de investimentos sediada no Brasil que alguns consideram a personificação contemporânea da filosofia de terra arrasada de um *khan* mongol. Começando em 1997, a 3G arquitetou cerca de US$ 500 bilhões em transações, criando múltiplas "plataformas" por meio das quais consolidou empresas e criou colossos globais no ramo da cerveja (Ambev), alimentos processados (Kraft Heinz) e restaurantes fast-food (Restaurants Brand International, que inclui Burger King e Tim Hortons). A companhia opera voltada exclusivamente para administrar números. Dedicada a produzir as margens de lucro mais altas possíveis no menor prazo, a companhia elimina tantos empregos quanto possível e, então, foca a redução de custos incansavelmente todos os anos.

Gerentes que adotam essa cultura feroz ficam em posição de ganhar muito dinheiro — contanto que continuem a apresentar os números positivos. Eles sabem que serão substituídos assim que escorregarem. "Tentamos treinar novos funcionários constantemente e sempre dizemos a todos que os empregados mais novos devem fazer um trabalho melhor do que o antigo", diz um dos principais sócios da 3G, J. P. Lemann.[9]

O que é uma pessoa "melhor"? Para a 3G, é alguém ainda mais implacável na redução de custos e em aumentar as margens, sem consideração para as consequências humanas ou para o futuro.

Se fica exausto e desmoralizado só de ler sobre essa cultura, não está sozinho. As boas-novas são que a falência moral dessa abordagem está começando a ser exposta. Sim, as margens de lucro podem ser aumentadas no curto prazo com dispensas em massa, paralisação de investimentos destinados a render frutos no futuro e adoção de um marketing mais agressivo do que hoje, mas essa abordagem é insustentável. No fim, cada império enfrenta seu dia de prestação de contas. Após tratar as pessoas como autômatos insensíveis e descartáveis, as "empresas à beira da falência" da 3G foram esvaziadas como casas infestadas por cupins. O crescimento da receita estagnou e, em março de 2019, o preço das ações da Kraft Heinz caiu 66% de seu pico em 2017, enquanto a Ambev caiu 38%. Em uma entrevista com um editor executivo da *Fortune*, o velho Lemann, de 79 anos, cujo patrimônio pessoal atingiu US$30 bilhões (na época da produção deste livro, estava em US$22,4 bilhões), descreveu-se como um "dinossauro aterrorizado".[10]

Paul Polman, que não é dado a hipérboles, descreve a campanha para resistir à tentativa jurássica de eviscerar a Unilever como uma "experiência de quase morte". A abordagem de Polman para criar valor de longo prazo para todos os interessados está evidente nestas palavras:

> Não acho que nosso dever fiduciário seja colocar os acionistas em primeiro lugar. Acho o oposto. Acreditamos firmemente que, se focarmos nossa empresa na melhoria da vida dos cidadãos do mundo e encontrarmos soluções genuinamente sustentáveis, estaremos em melhor sincronia com os consumidores e a sociedade e, por fim, isso resultará em bons resultados para os acionistas.[11]

Durante dez anos à frente dessa empresa centenária, Paul Polman não só defendeu ideais nobres. Sob sua liderança, as ações da Unilever subiram 150%, muito acima do aumento de 70% no índice FTSE 100. A Unilever ultrapassou em muito seus concorrentes, como a Nestlé e a Procter & Gamble.[12] Esse é o oposto da estratégia da 3G e outras como ela, que focam o retorno de curto prazo para si mesmas e seus acionistas. Felizmente, com o apoio do conselho de diretores, Polman e a Unilever frustraram a tentativa de aquisição e reafirmaram seu compromisso com a meta de Mudança Transformacional no Nível de Sistema, que inclui iniciativas de curar o ambiente, alimentar os famintos, empoderar as mulheres e erradicar a pobreza global.

E SE O SEU CHEFE REALMENTE FOR UM PSICOPATA?

Quem tem cabelos cor de laranja, desmantelou várias empresas, escreveu um livro gabando-se de sua destreza como negociador, cerca-se de ouro, elogia predadores e gosta de demissões? Infelizmente, há vários que correspondem à descrição acima, mas estamos falando de "Chainsaw" [Motosserra] Al Dunlap, presença certa em qualquer lista de dez piores CEOs de todos os tempos.

Em uma história de 2015, intitulada "Seu Chefe é Mesmo um Psicopata", Jon Ronson, da revista *GQ*, cita Dunlap: "Predadores. Predadores. Acredito muito em predadores e tenho grande respeito por eles."[13]

O editor da revista *Fast Company*, John Byrne, autor de *Chainsaw: The Notorious Career of Al Dunlap in the Era of Profit-at-Any-Price*, ["Chainsaw [Motosserra]: a famosa carreira de Al Dunlap na era do lucro a qualquer preço", em tradução livre] escreveu:

> Em todos os meus anos de jornalismo, nunca encontrei um executivo tão manipulador, impiedoso e destrutivo quanto Dunlap... Dunlap sugou a vida e a alma de empresas e pessoas. Ele roubou a dignidade, o propósito e o bom senso das organizações e substituiu esses ideais por medo e intimidação.[14]

Maus chefes parecem estar presentes em vários níveis das empresas e em outros lugares. Sistemas tóxicos promovem uma liderança tóxica e líderes tóxicos extraem o pior das pessoas. Como John Byrne disse:

> Para cada chefe destrutivo e inescrupuloso que vai para a cadeia, surgem milhares de Capitães Queegs Júnior [do filme A Nave da Revolta]. Envenenam o ambiente de trabalho, espalhando medo e apreensão. Ridicularizam os colegas, têm um senso grandioso de autovalor e não se responsabilizam por seus atos. A maioria deles se safa, porque apresentam resultados — mesmo que só no curto prazo.[15]

Por exemplo, sob a direção de John Stumpf, ex-CEO da Wells Fargo, os empregados abriram mais de 500 mil contas de cartão de crédito e 1,5 milhões de contas correntes em nome de seus clientes, sem a permissão deles, a fim de gerar falsas comissões de vendas. A diretoria demitiu Stumpf, mas o substituiu Tim Sloan, que o representou na direção do desastre. Sob a direção de Sloan, a situação se deteriorou ainda mais. Depois de pagar US$ 50 milhões para liquidar uma ação legal alegando que o banco extorquiu donos de casas inadimplentes, a Wells Fargo foi multada em US$ 1 bilhão pela Agência de Proteção Financeira ao Consumidor como punição por graves irregularidades nas concessões de hipotecas e empréstimos. A agência observou: "a conduta da Wells Fargo causou e tinha probabilidade de causar significativos danos aos clientes."[16] Sloan se demitiu abruptamente em março de 2019.

Alguém pode perguntar: Dunlap, Lemann, Stumpf, Sloan e suas legiões de "Capitães Queegs Júnior" são pessoa ruins?

Nossa função não é julgar, mas questionar:

Pode haver algo errado com o sistema em que todos atuam? Algo que faça surgir o pior em todos eles, que exacerbe quaisquer pontos cegos que eles possam ter?

PESSOAS RUINS OU IDEIAS RUINS?

O autor e neurocientista Sam Harris faz uma diferença crucial entre ideias ruins e pessoas ruins.

> Eu tenho a forte sensação, e há muitos indícios que a corroboram, de que (a maior parte) da confusão criada pelas pessoas no mundo não é resultado de pessoas ruins fazendo coisas ruins, elas fariam de qualquer jeito, porque são ruins. Ela é resultado de pessoas boas — ou, pelo menos, psicologicamente normais — sob influência de ideias ruins. *Ideias ruins são muito mais poderosas do que pessoas ruins.*[17]

O Prêmio Nobel Muhammad Yunus acrescenta:

Não é porque pessoas ruins estão dirigindo a máquina; é basicamente porque a máquina é construída dessa forma. O sistema não foi elaborado para ter qualquer responsabilidade moral. Essa máquina transforma as pessoas em robôs focados em dinheiro. As escolas de administração competem para produzir guerreiros para o mercado.[18]

Os campos dos negócios e da direção empresarial têm estado sob influência de muitas ideias ruins há muito tempo ou, pelo menos, ideias que agora são obsoletas. Uma pequena lista dessas ideias ruins inclui:

- Seres humanos são movidos apenas pelo interesse próprio e são puramente maximizadores de valor econômico racional;
- As empresas existem para maximizar lucros para seus donos;
- O trabalho só é importante à medida que gera renda;
- A melhor forma de motivar as pessoas é usar uma combinação de recompensas e punições;
- A função do líder é motivar, pressionar e coagir as pessoas a se comportarem de modo a atingir os objetivos dele;
- O mundo do trabalho é separado e distinto do mundo de nossa vida pessoal;
- A melhor forma de aumentar os lucros é apertar empregados e fornecedores;
- É aceitável maltratar as pessoas e poluir o meio ambiente se você doar altas quantias de dinheiro para caridade.

Essas ideias têm sido transformadas em teorias e se tornaram um dogma para muitos líderes de empresas. Mas quando robôs centrados em dinheiro não têm responsabilidade moral, muitas vezes o resultado é perverso.

O EFEITO LÚCIFER

Em 11 de abril de 1961, o oficial nazista Adolf Eichmann foi a julgamento por seu papel na morte sistemática de milhões de civis inocentes durante a Segunda Guerra Mundial. Testemunhando do interior de uma cabine de vidro para protegê-lo de assassinato, Eichmann alegou, sem remorsos, que ele foi "apenas uma pequena engrenagem na máquina" dos campos de extermínio e que não era responsável porque estava "só obedecendo ordens". Em 12 de dezembro de 1961, ele foi considerado culpado de assassinato em massa e outros crimes hediondos e foi sentenciado à morte logo depois.

Enquanto o julgamento era realizado, Stanley Milgram, recém-indicado para o Departamento de Psicologia da Universidade de Yale, começou uma série de experimentos para entender como Eichmann e milhões de seus conterrâneos foram capazes de participar do homicídio em massa. Os alemães eram mais suscetíveis às normas autoritárias que os outros? "Poderia ser", escreveu, "que Eichmann e seus milhões de cúmplices no Holocausto apenas obedecessem a ordens? Podemos chamar a todos de cúmplices?"[19]

Em vez de realizar esse experimento na Alemanha, Milgram recrutou participantes locais em New Haven, Connecticut, para o que eles foram levados a acreditar ser um estudo focado em memória e aprendizado. Usando um avental branco, o pesquisador instruiu os participantes a aplicar choques elétricos dolorosos em um aluno quando o mesmo cometia erros em um teste de memória. O pesquisador (figura de autoridade) e o aluno eram alunos empregados por Milgram. Os participantes seguravam a alavanca de controle de um gerador de choques cujo medidor começava com 15 volts (chamado de "choque leve") aumentando aos poucos até 375 ("Perigo: choque intenso") e até o máximo de 450 volts ("XXX"). Eles foram instruídos a intensificar o choque a cada erro.

À medida que o medidor subia, o aluno, que podia ser ouvido, mas não visto pelo participante, retorcia-se em aparente agonia e gritava como se estivesse sentindo uma dor terrível. À medida que os alunos pediam para serem liberados e imploravam para que o experimento parasse, os participantes muitas vezes se viravam para o pesquisador e mostravam desconforto com o processo e perguntavam se deveriam continuar. Eles foram instruídos a continuar com o experimento e foram tranquilizados de que, se algo ocorresse com o aluno, eles não seriam responsabilizados.

Anates de publicar os resultados, Milgram pesquisou 40 psiquiatras norte-americanos, perguntando que porcentagem de pessoas eles achavam que iria até o máximo de 450 volts. O consenso foi de que apenas 1%, a proporção de sádicos na população geral, aplicaria o choque fatal.

Ao longo de várias versões do experimento, Milgram constatou que *até 2/3 dos participantes aplicaram o que acreditavam ser choques letais ao aluno*, conforme foram instruídos pela figura de autoridade.

Se acessar online, verá a filmagem dos experimentos originais de Milgram em que norte-americanos aparentemente normais, que receberam apenas quatro dólares por dia para participar, rendem-se à autoridade e torturam seus concidadãos porque alguém vestindo um avental branco lhes disse para fazê-lo e os eximiu da responsabilidade pelas consequências.[20]

Dez anos depois, Philip Zimbardo, professor de psicologia de Stanford e amigo do ensino médio de Santely Milgram, realizou outro experimento para responder à pergunta colocada no trailer do filme feito sobre ele:

O que acontece quando se põe pessoas boas em uma posição ruim?
A humanidade vencerá o mal ou o mal triunfará?

Zimbardo iniciou seu estudo com o que ele descreveu como "um grupo médio de participantes do sexo masculino de classe média, saudáveis e inteligentes". Ganhando 15 dólares por dia para participar, aos jovens homens foi atribuído, no cara ou coroa, o papel de carcereiro ou prisioneiro. Zimbardo enfatiza que a atribuição dos papéis foi puramente arbitrária e que não havia diferenças entre os participantes designados como carcereiros ou prisioneiros. O resultado?

Nossa investigação planejada de duas semanas sobre a psicologia da vida carcerária teve que ser interrompida após seis dias devido ao que a situação estava causando aos estudantes que participaram. Em apenas alguns dias, nossos guardas se tornaram sádicos e nossos prisioneiros ficaram deprimidos e mostraram sinais de estresse intenso.[21]

Em seu livro O *Efeito Lúcifer: Como Pessoas Boas se Tornam Más*, ele explora a implicação dessa e de outras pesquisas sobre nossa capacidade de sermos gentis ou cruéis, atenciosos ou indiferentes, criativos ou destrutivos — e o que nos torna vilões ou heróis.

Quando as atrocidades na prisão de Abu Ghraib, no Iraque, tornaram-se públicas, em abril de 2004, os norte-americanos ficaram horrorizados com o fato de jovens rapazes e mulheres que servem ao exército, considerados heróis, participarem de abuso e tortura de prisioneiros, principalmente por dar a impressão de estarem se divertindo e não reunindo informações. Zimbardo explica que a dinâmica que motivou o comportamento revoltante em Abu Ghraib foi a mesma de seu experimento sobre prisões anos antes: a percepção de anonimato, a ausência do senso de responsabilidade pessoal e aprovação ou o encorajamento tácito de figuras de autoridade são elementos presentes quando pessoas boas fazem o mal.[22] Os mesmos elementos entram em ação quando vendedores do Wells Fargo abrem contas falsas. As pessoas entram no que Milgram chama de "estado agêntico", obedecendo a ordens cegamente, sem considerar consequências ou implicações morais.[23]

Quando acontece algo ruim, a tendência é culpar algumas maçãs podres e não o sistema. Zimbardo observa que a maioria dos psicoterapeutas focam a psicopatologia individual como motivador do comportamento ruim. Essa é a *Teoria da Maçã Podre*. Psicólogos sociais procuram explicações situacionais, focando forças externas que parecem encorajar ou dissuadir o mau comportamento. Essa é a *hipótese do Cesto Podre*. Teóricos de sistemas procuram explicações mais amplas que foquem estruturas culturais, políticas, econômicas e legais que fazem as pessoas se comportarem de determinada maneira. Essa é a hipótese dos *Criadores de Cestos Podres*.

Por fim, ações boas e ruins surgem por meio da interação dinâmica complexa de todos esses elementos. O que as pessoas levam para a situação? O que a situação suscita nelas? O que é o sistema que a cria e a mantém?

Como um quadrinho clássico do *New Yorker* expressa:

Jerome, não sou um policial ruim nem um policial bom. Assim como você, sou um amálgama complexo de traços de personalidade positivos e negativos que aparecem ou não, dependendo das circunstâncias.[24]

Como podemos alavancar nossa compreensão do comportamento humano para criar circunstâncias organizacionais que despertem o melhor no "complexo amálgama" da humanidade e evitem o pior?

Entre as muitas lições poderosas do trabalho de Milgram e Zimbardo sobre evitar uma cultura prejudicial e criar uma que cure, duas se destacam:

- Todo o mal começa com 15 volts! Pequenas ações importam, para o melhor ou o pior;
- Líderes precisam criar um exemplo positivo: nos experimentos de Milgram, 90% dos participantes que testemunharam outros participantes irem até os 450 volts fizeram o mesmo, mas, quando viram alguém se rebelar e se recusar a aplicar mais choques, 90% também se rebelaram.

Em outras palavras, a liderança é importante e, mesmo que pequenas, as ações de pessoas em posição de poder exercem efeitos para o melhor ou para o pior.

O ANTÍDOTO PARA O MAL:
O CAMINHO PARA O HERÓI DE TODOS OS DIAS

Enquanto trabalhamos em uma forma melhor de criar cestos, todos podemos adotar o heroísmo de todos os dias como o antídoto ao mal. Zimbardo define o heroísmo como "a ação intencional que protege os outros sem expectativa de ganho pessoal e com a consciência de prováveis custos pessoais". Ele acrescenta: "Heróis defendem, mantêm e promovem causas que beneficiam o bem geral, apesar das pressões de fazer o contrário ou potenciais riscos de fazê-lo."[25]

Seu Projeto de Imaginação Heroica é uma iniciativa global com uma missão: "Encorajar e empoderar indivíduos para realizar atos heroicos durante momentos cruciais em suas vidas. Nós os preparamos para agir com integridade, compaixão e coragem moral, intensificados pela compreensão do poder de forças situacionais."[26]

Heróis são pessoas comuns que se desviam de seu caminho para ajudar outras em dificuldades. A Empresa que Cura enfatiza a importância da responsabilidade moral individual ao mesmo tempo que cria sistemas e segue políticas que recompensam e promovem a imaginação e a ação heroica.

• • •

Quando as empresas que curam crescem, o processo não é semelhante à expansão de um império. Quando as empresas que curam crescem, elas envolvem, elevam e liberam as pessoas do trauma que enfrentam há muito tempo.

Quando as empresas que curam crescem, o processo é como a expansão de um sacerdócio. Pense no caso de um império que se transformou em sacerdócio.

ASHOKA: DO INFERNO AO CÉU

A evolução da Unilever de um império para uma Empresa que Cura tem um precedente que remonta, há 2.300 anos, ao império de Ashoka, um imperador da Dinastia Máuria, que governou quase todo o subcontinente indiano de 268 a 232 AC. Neto de Chandragupta Máuria, Ashoka fez o que era esperado e expandiu o império que foi do atual Afeganistão no oeste para o leste e grande parte do resto da Índia.[27]

Quando jovem, Ashoka era mal-humorado e desagradável, conhecido por sua grosseria e crueldade. Ele queimou o meio-irmão vivo para consolidar sua posição no poder e construiu uma elaborada câmara de tortura para os inimigos, que ficou conhecida como o Inferno de Ashoka. Em sua ânsia de expandir ainda mais o grande império, ele travou uma guerra contra o estado vizinho de Kalinga, na parte nordeste da Índia, uma região que seu avô tinha tentado conquistar sem sucesso. Centenas de milhares de pessoas foram massacradas na luta. Na batalha final, o exército de Ashoka alcançou vitória total.

Depois da vitória, o imperador andou pelo campo de batalha para saborear seu triunfo. Contudo, em vez de experimentar a habitual satisfação com os gritos dos feridos e as pilhas de inimigos mortos, Ashoka começou a ser dominado por um sentimento diferente. Enquanto caminhava com sua comitiva junto a um rio próximo e viu que corria vermelho com o sangue derramado na batalha, ele experimentou um despertar de consciência. Naquele momento, Ashoka se deu conta do que sábios de todas as tradições sabem: todas as vidas estão interligadas. Mestres de linhagens de sabedoria de todo o mundo ensinam a não violência e a compaixão, porque entendem que todas as vidas são uma só. A revelação de Ashoka foi comemorada com um novo nome para o rio, conhecido até hoje como Daya, ou rio da Compaixão.

A partir desse dia, Ashoka renunciou à guerra e à violência e pregou e praticou a compaixão e a gentileza. Nos meses e anos que se seguiram, ele publicou vários decretos que foram esculpidos em pedra em todo o imenso império. O Decreto 13, um antigo precursor da iniciativa da Verdade da Reconciliação, que foi muito bem-sucedida na África do Sul, expressa o profundo remorso que sentia depois de observar a batalha de Kalinga. O decreto reconhece:

> A conquista de um país antes inconquistado envolve massacre, morte e transporte de prisioneiros... Isso é motivo de grande tristeza e arrependimento para Sua Santa Majestade.[28]

Acolhendo os ensinamentos de Buda, Ashoka se tornou um entusiasmado defensor da doutrina da compaixão. Ele enviou missionários para vários lugares, incluindo seus próprios filhos que implementaram o Budismo no Ceilão (hoje Sri Lanka), na ponta sul da Índia.

Os decretos de Ashoka focaram preceitos morais como honestidade, pureza, piedade e caridade. Seu decreto *Sobre Benevolência* comandou aqueles em posição de poder para usar sua influência para melhorar a vida de todos. Ele derrubou a câmara de tortura e se tornou um defensor da imparcialidade no exercício da justiça e da gentileza aos prisioneiros. Ashoka eliminou a escravidão em seu reino. Sua reverência para com a vida se estendeu aos animais; ele aboliu a Caçada Real e a prática de sacrifício de animais e promoveu o vegetarianismo. Acredita-se que ele foi o primeiro governante importante que se preocupou tanto com os animais e seu governo tem sido descrito como "um dos poucos na história do mundo em que seus animais eram tratados como cidadãos, tão merecedores de sua proteção quanto os residentes humanos".[29]

A influência de Ashoka continua, não só no legado budista que deixou para grande parte da Ásia, mas também na inspiração para líderes contemporâneos. O romancista, historiador e futurista H. G. Wells (1866–1946) o considerou como sendo um dos governantes mais exemplares que já viveram. Em *The Outline of History* [*Uma Descrição da História*, em tradução livre], Wells escreveu: "Em meio a dezenas de milhares de nomes de monarcas que lotam as colunas de história, suas majestades e graças e serenidades e Altezas Reais etc., o nome de Ashoka brilha, quase como uma estrela solitária."[30]

Ashoka é um exemplo singular do despertar da consciência e a transformação de um império em uma espécie de sacerdócio. De um exército de soldados destinados a destruir e conquistar, ele criou legiões de missionários disseminando a benevolente mensagem de paz e não violência.

ALÉM DAS EMPRESAS COMO IMPÉRIOS

Com a queda do Império Britânico e do colonialismo europeu em meados do século XX e a derrota do Terceiro Reich, seguida pela desintegração da União Soviética, a construção de impérios tem, por ora, tornado-se menos uma questão de ambição nacional ou tribal, e mais um caso de atividade corporativa global. A mesma energia que impulsionou a criação de impérios militares e políticos tem estado presente no mundo dos negócios desde o nascimento da era do moderno capitalismo no final do século XVIII.

Movido pela filosofia do Darwinismo Social conforme defendido por Herbert Spencer, Carnegie e outros titãs da indústria dos EUA fizeram seu melhor para criar impérios monopolistas por meio da manipulação dos mercados, utilizando exércitos privados para fazer valer sua vontade. Eles não contaram principalmente com a violência e não poderiam realmente escravizar pessoas, mas fizeram o melhor para espremer seus trabalhadores e esmagar o emergente movimento sindical. Eles acreditavam que a teoria darwiniana da sobrevivência dos mais aptos poderia ser aplicada à sociedade de modo que "impulsos humanitários teriam de ser combatidos, pois nada deveria interferir nas leis da natureza, incluindo a luta social pela existência."[31] Tratado como amigo por Carnegie, Spencer foi convidado a visitar as usinas em Pittsburgh, que deveriam ser uma personificação das ideias contidas em seu livro. No final da visita, Spencer declarou: "Seis meses de residência aqui justificaria o suicídio."[32]

Carnegie tinha uma personalidade complexa: apesar de seus defeitos, no final ele tentou melhorar o mundo e encorajou outras pessoas a fazerem o mesmo. Parafraseando sua máxima famosa, Carnegie aconselhou:

- No primeiro terço da vida, obtenha toda a instrução que puder;
- No próximo terço, ganhe todo o dinheiro que puder;
- E, finalmente, no último terço da vida, doe tudo para beneficiar a humanidade.

Carnegie, Rockefeller, Vanderbilt e outros doaram fortunas e financiaram muitos empreendimentos culturais e beneficentes maravilhosos. Agiram de acordo com certas suposições que evitaram que considerassem uma abordagem humana para gerar a riqueza da qual acabaram por se desfazer. *Hoje sabemos que não só é possível gerar riqueza e beneficiar todos os interessados, mas também que realmente é um caminho mais lucrativo em longo prazo.*

UMA LIDERANÇA REALMENTE HUMANA

A Empresa que Cura é um livro sobre heróis do cotidiano e como você pode se tornar um deles. Um dos heróis que inspiraram o ideal da Empresa que Cura é Bob Chapman.

Depois de terminar o MBA na Universidade de Michigan, Bob foi convidado a trabalhar com o pai, Bill, que tinha adquirido controle acionário em uma companhia de 85 anos de idade que fabricava equipamentos para a indústria cervejeira. A companhia, chamada Barry-Wehmiller, passava por dificuldades, pai e filho colaboraram para salvá-la. Alguns anos depois, quando Bob ainda não completara 30 anos, seu pai morreu subitamente devido a um infarto. Bob agora era responsável pela empresa deficitária que não parecia ter um grande futuro. Temendo que o jovem CEO inexperiente não pudesse administrar a empresa, os bancos cobraram seus empréstimos.

Em seu livro, *Everybody Matters*, em coautoria com Raj Sisodia [*Todo Mundo Importa*, em tradução livre], Chapman conta a história inspiradora de como ele passou de um início precário a liderar uma empresa com receita de aproximadamente US$ 3 bilhões em 2018, cujo preço das ações cresceu a uma taxa composta de 17% durante 20 anos. Na última contagem, Bob tinha adquirido mais de uma centena de empresas e nunca vendeu nenhuma. A maioria era deficitária ou estava prestes a fechar, inicialmente concentrada em pequenas cidades industriais em Wisconsin, Ohio e Pensilvânia. Muitas dessas cidades dependiam totalmente dessas empresas e estavam prestes a enfrentar um desastre. Bob começou a revitalizá-las, uma a uma.

Como ele conseguiu alcançar esse sucesso espetacular e inesperado causando a reviravolta nessas indústrias de baixa tecnologia — por exemplo, construindo máquinas que faziam caixas de papelão ondulado ou papel higiênico — que durante décadas vinham fechando as portas nos EUA e mudando para mercados com mão de obra mais barata, como o Brasil ou a China?

A resposta é que Bob Chapman não apenas adquire as companhias, mas as *adota*. Não as disseca para vender a quem paga mais. Ele as acolhe e alimenta. Sua fórmula de "liderança humana" é simples e se manifesta em uma declaração exibida nas paredes da sede da empresa, em St. Louis:

Medimos o sucesso pelo modo com que tocamos a vida das pessoas.

Não pelo poder. Não pela posição. Não pelo dinheiro. Não pelo crescimento. A verdadeira liderança humana mede o sucesso pelo modo como as vidas humanas são enriquecidas e curadas.

Bob desenvolveu sua abordagem por meio de uma série de epifanias que despertou sua consciência e abriu seu coração. A primeira ocorreu na igreja. Inspirado e elevado pelo sermão do pastor, começou a pensar se o trabalho poderia exercer um efeito semelhante na alma das pessoas. Nesse momento, ele soube: "As empresas podem curar nossa sociedade."

Bob também viu que muitos trabalhadores eram alegres e animados antes de ir para o trabalho e quando saíam, mas ficavam deprimidos e sombrios quando batiam o cartão. Sua segunda epifania foi a de que o trabalho pode ser divertido. Ele começou a criar todos os tipos de atividades agradáveis e divertidas que transformaram as culturas de suas empresas.

A terceira epifania, que se tornou um tipo de talismã na Barry-Wehmiller, ocorreu quando Bob se solidarizou com um amigo que estava casando a filha. Ele sentiu o profundo amor que o amigo nutria pela filha e se viu dominado por uma poderosa compreensão: "Todos os sete mil funcionários que trabalham para nós são filhos queridos *de alguém*. Por que não recebem o mesmo tipo de atenção e cuidado que eu teria com a filha de meu amigo ou que ele teria por meu filho?" A partir desse dia, a história do casamento se tornou parte essencial da tradição da companhia e o símbolo mais poderoso de sua cultura. Em outras palavras: não são apenas negócios, é pessoal.

Bob acredita que foi tocado pela graça e tem um profundo senso de dever em partilhar a sabedoria que recebeu. "Eu não aprendi isso na faculdade de administração e não li isso nos livros de negócios. Só posso dizer que essas revelações foram inspiradas por alguma força superior, porque nunca tinha pensado nessas coisas. Tenho a forte sensação de que fui abençoado por uma mensagem que poderia mudar profundamente o mundo. Quando você sente esse chamado, não pode dizer não a ele."

Agora com 70 e poucos anos, Bob viaja praticamente sem parar em seu jato corporativo, espalhando sua palavra enquanto esquadrinha o mundo à procura de novos negócios para comprar e comunidades para curar. Quando lhe perguntamos por que continuava a trabalhar quando poderia estar relaxando e usufruindo os frutos de seu sucesso e seus (pela última contagem) 26 netos, ele respondeu: "No meu leito de morte, não ficarei orgulhoso das máquinas que construímos ou do dinheiro que ganhamos. Eu ficarei orgulhoso pelas vidas que tocamos. E quero tocar tantas quantas for possível enquanto estiver aqui."

Bob Chapman não está criando um império empresarial; ele está disseminando um sacerdócio de cura. Quando empresas como a 3G Capital crescem, a vida piora para um número de pessoas cada vez maior. Quando empresas que curam, como a Barry-Wehmiller, crescem, a vida melhora para todos que recebem seu abraço. Quando a 3G Capital começa a pesquisar se deve comprar sua empresa, ela lança um manto sobre todo o empreendimento e cria um ambiente de funeral. Mas, quando Bob Chapman verifica uma possível aquisição, o coração das pessoas se enche de esperança.

O que Bob Chapman criou na Barry-Wehmiller tocou e alterou a trajetória de milhares de vidas. Randall Fleming é um exemplo. Durante vários anos, ele foi conhecido como Randy — um veterano do exército alto e intimidador que trabalhava no setor de fabricação de máquinas. Ele se lembra: "Quando me divorciei, procurei um psicólogo e fui diagnosticado como tendo duas emoções: raiva e fúria. Eu realmente não tinha mais nada."

Randy estava frustrado no trabalho e se sentia desvalorizado. Ele não recebia um aumento há cinco anos, porque não queria mais trabalhar como fabricante. Ele ficou cético quando soube da abordagem Barry-Wehmiller em relação ao aperfeiçoamento contínuo e à transformação cultural, conhecida como "L3" (Living Legacy of Leadership — Legado Vivo de Liderança). Mas o líder da L3, Kenn Coppens, vinha sempre conversar com Randy, perguntando o que realmente gostaria de fazer na empresa. Lentamente, Randy compreendeu que a preocupação por seu bem-estar era genuína.

Uma das coisas excepcionais na Barry-Wehmiller é sua atitude de "paciência corajosa". Jim Collins popularizou a metáfora do ônibus: ponha as pessoas certas no ônibus e certifique-se de que fiquem nas poltronas certas. Bob pensa diferente. Para ele, trata-se de ter um ônibus seguro e um motorista que sabe para aonde vai e como chegar lá. Todos podem subir no ônibus. E se o perder na primeira vez, ele passará de novo. E mais uma vez, e ainda uma outra, se necessário for. Não há pressão para que as pessoas o "tomem logo de cara"; elas o tomarão quando for possível e ele sempre voltará.

Veja o que aconteceu a Randy. Havia uma vaga na equipe da L3 para alguém da fábrica e ela foi oferecida a Randy. Esse foi o início de sua transformação em um tipo diferente de pessoa, que agora insiste em que as pessoas o chamem apenas de Randall.

A parte mais gratificante da jornada de Randall é a cura de seu relacionamento com as filhas. Ele explica: "Minhas filhas cresceram em volta desse cara grande, malvado e assustador." Mas, quando ele começou a despir a armadura e abrir seu coração, as filhas notaram e reagiram. A alegria de Randall é palpável quando ele exulta: "Agora, elas são minhas melhores amigas e dizem que eu sou seu melhor amigo. Sempre que acontece algo na vida delas, sou o primeiro para quem ligam. Eu ligo para elas todas as semanas. Conversamos sobre o que está acontecendo na vida delas. É totalmente o oposto de antes." Quantas gerações da família Fleming estão sendo curadas pela experiência de Randall na Barry-Wehmiller?

As pessoas que trabalham na Barry-Wehmiller são, como Randall, predominantemente de meia-idade, operários com ensino médio ou menos. Mas entre em uma sala com homens como eles e faça uma única pergunta: "Como era essa companhia antes de ser adquirida pela B-W e o que mudou?" Você ficará emocionado pelo que acontecerá. Homens corpulentos ficam com a voz embargada e alguns ficam com lágrimas nos olhos quando falam sobre a profunda diferença que a empresa promoveu em suas vidas.

Aqui acontece algo poderoso que se baseia nos aspectos mais simples e, ao mesmo tempo, mais profundos do que significa ser um ser humano: todos devemos saber quem somos, e que o que fazemos é importante. Todos queremos ser tratados com carinho e respeito. Queremos nos sentir seguros e queremos saber que nossos filhos ficarão bem. Esse é o presente inestimável que Bob Chapman deu a muita gente.

PARE DE EMPURRAR A ALAVANCA DO CHOQUE: É HORA DE CURAR

Pense em como seria sua empresa se ela se preocupasse com as almas das pessoas tanto quanto se importa com o lucro. Muitas empresas começam com a intenção de serem sacerdócios, mas acabam se comportando como impérios. Quando Sam Walton estava vivo, a Walmart era orientada por um espírito de cuidar de pessoas em pequenas cidades da América. Após sua morte, a empresa se tornou uma máquina de crescimento voraz e perdeu sua conexão com a atenção. Ela se tornou um império. Hoje a empresa está tentando recapturar a energia de cura com que foi inicialmente criada.

O Home Depot era uma organização gentil e próspera até que Bob Nardelli chegou com uma abordagem feroz e desumana de cortar custos, o que quase a arruinou. A Starbucks começou como uma empresa de cura sob a liderança de Howard Schultz, mas perdeu seu propósito maior quando seu sucessor chegou e focou somente o crescimento. Ela revitalizou sua visão de cura quando Schultz voltou para liderar a companhia.

Agora é hora de incorporar a cura a todos os aspectos da vida corporativa.

É hora de renunciar ao legado destrutivo de Átila, o Huno, Chainsaw Al e Jurássico Lemann.

É hora de parar de empurrar a alavanca de choque quando a pessoa de avental branco diz: "Continue o experimento."

É hora de rejeitar a ideia de que está tudo bem em ser "meramente uma pequena engrenagem na máquina" que polui o planeta e torna a vida sofrível.

É hora de parar de causar dor e sofrimento a nós mesmo e aos outros

• • •

Na próxima seção, contamos histórias de empresas que curam que podem nos ajudar a compreender o que é possível.

PARTE 2

A ALEGRIA QUE É POSSÍVEL: HISTÓRIAS DE EMPRESAS QUE CURAM

O PODER
DA INOCÊNCIA

COMO A TAPETES JAIPUR LEVOU DIGNIDADE, PROSPERIDADE E
ESPERANÇA A 40 MIL MULHERES DE CASTAS INFERIORES NA ÍNDIA

Os guias turísticos de Jaipur, a magnífica "cidade rosa" da Índia, renomada por seus palácios históricos e herança principesca, advertem: *Não a visite de março a julho, meses de calor extremo do verão, quando as temperaturas muitas vezes ultrapassam os 38ºC e a combinação entre poeira e poluição torna a cidade insuportável.*

Embora o calor possa ser insuportável para os turistas, é normal para as pessoas criadas nessas condições. Ele também é normal para empregados de castas inferiores, principalmente mulheres, que trabalham em condições muito mais opressivas que a temperatura de verão.

O antigo sistema de castas da Índia é uma forma de estratificação social rígida com milhares de distinções e subcastas baseadas em atribuições herdadas e imutáveis para diferentes tipos de trabalho. Há quatro níveis principais: o mais alto, composto por sacerdotes eruditos e, abaixo deles, as classes de guerreiros e pessoal administrativo. A seguir, vêm os comerciantes e profissionais de negócios e, a mais baixa, os sudras ou trabalhadores domésticos, uma categoria que inclui os assim chamados "intocáveis", que durante séculos têm feito o trabalho mais sujo e tóxico como saneamento, curtimento de couro e trabalho funerário. Nascidos em uma vida de trabalho punitivo mal pago, os membros da casta inferior são considerados impuros e estão proibidos de tocar a pele ou mesmo as roupas de qualquer integrante das castas "mais altas". O preconceito foi tão intenso que, em algumas regiões da Índia, membros das castas mais baixas eram obrigados a usar sinos para alertar sobre sua proximidade, já que se acreditava que até sua sombra era contagiosa. As castas superiores seguiam rituais de banhos especiais para recuperar a pureza após mesmo uma exposição casual, e os intocáveis eram submetidos a espancamentos severos caso inadvertidamente tocassem — ou até fizessem sombra — em um membro de uma casta superior.

Embora esse tipo de discriminação seja oficialmente ilegal nos dias atuais, a tradição continua muito comum e especialmente penosa para as mulheres.

Uma garota nascida em uma família intocável ocupa a camada inferior da casta mais baixa no status social na Índia. Essas meninas são alimentadas por último, recebem um mínimo de instrução, quando a recebem, e são recrutadas compulsoriamente para serviços na mais tenra idade, incluindo o cuidado de irmãos menores. Casando no início da adolescência, são enviadas para outra família e vivem uma vida inteira de servidão. Espera-se que gerem e cuidem de vários filhos, cozinhem e cuidem da casa, sirvam os sogros e maridos — e levem adiante sua ocupação hereditária, ganhando o dinheiro que será entregue para a sogra. O alcoolismo é generalizado entre os homens da casta inferior e agressões verbais e físicas às mulheres são comuns.

Maus-tratos também são generalizados no local de trabalho. Tecelãs, por exemplo, são frequentemente exploradas por intermediários da classe de mercadores; eles recebem pedidos de tapetes e então encontram tecelãs nas vilas para fazer o trabalho específico em um prazo apertado por uma fração do que eles receberão. É prática comum para esses operadores pagar menos às mulheres, usando defeitos insignificantes ou manchas minúsculas para justificar reter metade ou mais do preço acordado. Em muitos casos, as mulheres não recebem absolutamente nada e têm pouquíssimas alternativas.

A Tapetes Jaipur se dedica a curar esse trágico legado.

VISITANDO A TAPETES JAIPUR EM JULHO

Estava muito quente no início de julho quando dirigimos de Jaipur em direção à vila de Manpura pela paisagem árida e semidesértica típica da região. As primeiras chuvas de monções de meados de junho fizeram brotar uma quantidade agradável de vegetação. O Sr. Nand Kishore Chaudhary (carinhosamente chamado de NKC), o visionário fundador da Tapetes Jaipur, estava no carro. Um homem modesto com um rosto franco e um sorriso doce, NKC falou de um modo fascinante sobre o lançamento de sua empresa amplamente admirada e muito bem-sucedida. Enquanto falava, ficou claro que sob aquela conduta humilde havia uma determinação de aço e uma paixão palpável para lidar com a difícil situação das tecelãs.

Quando passamos da estrada asfaltada para o acesso de terra esburacado para a pequena vila, uma das centenas em cinco estados indianos em que algumas das 40 mil tecelãs moram e trabalham, passamos por cães abandonados e grupos de homens ociosos sentados em barracas de chá, olhando para nós enquanto passávamos levantando nuvens de poeira. Finalmente, encostamos junto a uma casa modesta com um telhado de zinco inclinado e entramos no quintal. Ali havia vários teares de aspecto rústico arrumados lado a lado, separados por cerca de 1 metro, que iam da casa até o muro.

Em cada tear, duas mulheres usando saris coloridos se agachavam uma ao lado da outra sobre uma plataforma baixa de madeira, diante de um arranjo de fios verticais presos a uma barra de madeira a 2m de altura até outra perto do chão. Atrás delas, uma série de novelos de fios coloridos a serem tecidos no desenho estabelecido. Um modelo impresso de cerca de 15cm que mostrava o esquema do tapete ficava logo abaixo da linha que teciam. Com uma pequena foice em uma das mãos, elas amarravam os nós individuais que criavam cada parte minúscula do tapete. As mãos das mulheres se movimentavam rapidamente de um lado a outro com espantosa destreza.

Elas riam e conversavam quase tão depressa quanto teciam. Uma das mulheres trabalhava com uma criança pequena presa a seu colo com uma faixa. Ficou claro que esse trabalho exigia muita coordenação, energia, habilidade e precisão, mas essas mulheres faziam com que parecesse fácil. Como conseguiam ficar agachadas durante horas realizando essa tarefa meticulosa ao mesmo tempo em que exibiam tamanha alegria?

Durante o trajeto, NKC nos preparou para o que veríamos explicando: "Essas mulheres são líderes natas, com tremendas habilidades para solução de problemas. Elas têm força e engenhosidade que só podemos admirar."

Uma dessas mulheres é Shanti.

A HISTÓRIA DE SHANTI

Há dez anos, o trabalho de Shanti como tecelã era uma luta diária. Ela trabalhava muitas horas em condições terríveis e lidava regularmente com intermediários inescrupulosos. Mesmo assim, com sua excepcional determinação e habilidade, ela se tornou supervisora de outras tecelãs e sua representante na negociação com os clientes.

Certo dia, um dos intermediários aparentemente mais confiável lhe pediu um empréstimo de curto prazo para pagar seus impostos. Em confiança, Shanti concordou, usando dinheiro que tinha separado para as tecelãs (cerca de Rs.3.500, uns US$70 na época). O homem fugiu com o dinheiro e ficou claro que ela não o teria de volta. Ao mesmo tempo, outros intermediários deixaram de pagar o prometido com desculpas esfarrapadas e o trabalho com tapetes na vila estagnou.

Shanti vendeu suas joias — tudo que ela ainda tinha de valor — para conseguir o dinheiro para pagar as tecelãs. Sem renda e sem apoio dos sogros (que ficaram furiosos por causa da venda das joias), e com um marido que bebia demais e fugia à responsabilidade, sua situação se complicou. Em certo momento, ela se viu obrigada a mandar a filha de 8 anos para implorar por um pouco de farinha no mercado local para poder prover um sustento mínimo para a família.

Desesperada por trabalho, Shanti viajou até uma vila próxima para trabalhar em uma fábrica de cimento. Enquanto estava lá, ouviu algumas mulheres falando sobre um homem chamado Harphool, que oferecia emprego para tecelãs e pagava Rs.100 (US$2), muito mais do que ela ganhava na fábrica. Apesar de não saber disso na época, Harphool era um parente distante e a convidou para ir a seu escritório. Ele lhe ofereceu um tear e, por fim, ao observar sua habilidade no artefato e em incentivar o trabalho de outras tecelãs, pediu a Shanti que acrescentasse mais teares. Ela hesitou diante da responsabilidade adicional, visto que tinha seis filhos — cinco meninas e um menino. Mas havia algo diferente em Harphool e, apesar das traições e decepções anteriores causadas pelos agentes, ela confiou nele.

Hoje, Shanti supervisiona diretamente seis teares e sua vila tem um total de 42, com mais de 100 artesãs. Ela comanda todas as tecelãs e também continua a tecer. Cada vez mais, ela interage com os clientes, recebendo-os na vila para conhecer a magia dos Tapetes Jaipur.

Quando chegamos, ela nos cumprimentou com um caloroso "Como vão vocês?" em um inglês com sotaque forte, para diversão das outras mulheres. Shanti nos ofereceu chá e nos levou na direção da casa simples e limpa, onde algumas cadeiras tinham sido colocadas em uma sala junto a um climatizador de ar barulhento. Algumas outras mulheres se juntaram a nós quando nos sentamos e conversamos durante uma hora. Também conosco estavam Harphool, que administra a região para a Tapetes Jaipur, e a filha de NKC, Kavita, que é chefe de design da empresa.

Antes, todas essas mulheres teriam coberto os rostos completamente diante de estranhos e exibiriam uma linguagem corporal encabulada. Mas ali estavam elas, eretas, cabeças descobertas, cumprimentando-nos com sorriso largos e olhos brilhantes.

Quando pedimos que contasse sua experiência, Shanti explicou: "Quando me juntei à empresa, era tímida, insegura e sem conhecimentos, tanto que nem ousava olhar para Bhaisaab (que significa *irmão mais velho*, referindo-se a NKC) quando nos visitou. Hoje falo com qualquer pessoa com confiança."

Shanti está muito satisfeita com a transformação que exerceu na família. O marido está se recuperando do problema com a bebida. Sua filha mais velha está casada, feliz, e frequentando a faculdade. A outra é três anos mais nova e também está na faculdade. As outras duas estão no 1º e 2º ano do ensino médio e têm ótimo desempenho acadêmico. A menina mais nova está no 6º ano e o filho está no 2º ano. Shanti está determinada a que todos os seis filhos cursem a faculdade, algo até recentemente impensável para um intocável.

Graças à Fundação de Tapetes Jaipur, que oferece um programa educacional para adultos nas vilas a que atende, a instrução de Shanti avançou muito desde que foi obrigada a deixar a escola. Ela diz, entusiasmada: "Aprendi muito. Isso mudou meu modo de vida e o de minha família."

Shanti se dedica a apoiar e incentivar as mulheres que trabalham com ela para que aproveitem as oportunidades educacionais que a fundação oferece. Ela é amada pelas tecelãs e suas famílias. Os aldeões a chamam de *Devi*, a palavra indiana para *Deusa*. A personalidade naturalmente carinhosa e generosa de Shanti floresceu à medida que sua autoconfiança aumentou. Ela acha que sua crescente habilidade de inspirar as pessoas é um efeito da cultura da Tapetes Jaipur e do modo como foi representada no início por Harphool e o próprio NKC. Eles a inspiraram a acreditar em si mesma e a se defender, quando necessário. Ela exclama: "Sempre penso primeiro no que os outros precisam antes de pensar em mim. Se estou com fome, primeiro ofereço comida a alguém que precisa. Não suporto ver ninguém infeliz. Mas também aprendi acreditar em mim mesma. Agora, sempre digo quando tenho uma opinião contrária. Mesmo que a outra pessoa não concorde, eu me manifesto."

Quando perguntamos sobre seus sonhos, onde quer estar daqui a cinco anos, Shanti diz: "Cheguei bem longe trabalhando aqui e acho que posso ir ainda mais longe." Ela explicou que muitas pessoas saem da vila à procura de trabalho, então ela propôs à NKC criar um novo centro ampliado para oferecer treinamento, educação e emprego para fortalecer a comunidade da vila.

Como uma mulher sem instrução, pobre e agredida se transformou em uma empreendedora feliz, bem-sucedida e realizada? Harphool, o primo distante de Shanti, desempenhou um papel essencial. Seu nome significa "o que ri e alegra as pessoas". Não poderia ser mais adequado.

A HISTÓRIA DE HARPHOOL

Harphool veio de uma família pobre e endividada, com cinco irmãos e um pai alcoólatra. Como Shanti, suas irmãs não tiveram educação fundamental e foram contratadas para trabalhar em teares onde muitas vezes eram assediadas e agredidas. Seus pais toleravam os maus-tratos porque precisavam do dinheiro desesperadamente. Quando Harphool estava no quarto ano, ele decidiu também trabalhar no tear para ajudar a família e proteger as irmãs.

Apesar de um ferimento grave causado no trabalho, ele continuou nos teares para garantir que suas irmãs não fossem maltratadas. Por fim, ele descobriu um grupo de tecelagem dirigido por um homem que lhe ensinou novas técnicas e o apresentou a elementos de design, qualidade etc. NKC visitou suas instalações e, impressionado com o trabalho de Harphool, pediu-lhe para fazer parte da Tapetes Jaipur.

NKC levou Harphool à sede em Jaipur, pessoalmente lhe mostrou tudo e, então, convidou-o a ser supervisor. Harphool mal acreditou e protestou que ninguém daria atenção "a uma alma pobre e atrasada" como ele. Mas NKC enxergou seu potencial e lhe disse que um homem honesto, sincero e inocente nunca precisaria ter medo, e essa determinação aliada à bondade resultaria em sucesso. Logo, Harphool não só se tornou um supervisor, como também um dos principais recrutadores de tecelãs para a empresa. Em seis meses, ele tinha levado 79 teares para a família dos Tapetes Jaipur, cuidando de todos os arranjos. Harphool explica que a presença e o estímulo de NKC o ajudaram alcançar objetivos antes inimagináveis.

Com lágrimas de gratidão lhe enchendo os olhos, Harphool reconta: "Meu corpo pode ser uma dádiva do todo-poderoso, mas Bhaisaab me deu minha alma. Devo a ele todo o valor e a reputação que tenho. Hoje, nossa família ampliada é forte. Nossos filhos estão estudando em boas escolas e se saindo bem... Nossas vidas foram totalmente transformadas."

Shanti expressa seu amor por Harphool: "Ele me motiva... sempre que o vejo, sinto que estou me tornando uma pessoa melhor."

E por NKC, "ele passa tempo conosco, come conosco e nunca nos tratou como intocáveis. E, vendo isso, todos nós começamos a nos tratar como iguais. Veja, até ela (apontando Kavita, filha de KNC) está sentada no chão aqui conosco. É assim que eles nos tratam." E conclui: "Ele se importa conosco mais do que nossos pais jamais fizeram. Ele é meu deus."

ENTÃO, QUEM É NAND KISHORE CHAUDHARY?

Ele é um dos CEOs mais incomuns do mundo. Conhecido como o "Gandhi da indústria de tapetes", ele é um campeão incansável das classes mais baixas da sociedade indiana. Impelido por sua paixão em gerar uma "primeira chance" a quem foi negada uma oportunidade, ele é a personificação da coragem moral e o criador de uma verdadeira empresa de cura.

Nascido em 1953 na região Shekhawati de Rajasthan, NKC tinha cinco irmãos. Seu pai administrava uma loja de sapatos e a mãe era dona de casa. Suas maiores influências da infância foram a inspiração que recebeu de contemplar a beleza da natureza e a sabedoria conseguida ao ler excelentes obras como *Autobiografia: Minha vida e minhas experiências com a verdade*, que conta a história de Gandhi, *Bhagavad Gita* e a poesia de Rabindranath Tagore. Sua alma foi inspirada pelo amor à sabedoria, beleza, arte e compaixão pelos outros.

Depois de se formar na faculdade, ele lutou para encontrar seu espaço: ele se sentia inclinado a trabalhar na loja de calçados do pai e logo se desencantou com o emprego em banco. Em 1977, NKC se casou com Sulochana e tiveram três filhas, seguidas por dois filhos.

Uma reviravolta em sua vida ocorreu ao conhecer um aventureiro inglês, fotojornalista e historiador de arte, Ilay Cooper — autor de vários livros, incluindo *The Painted Towns of Shekhawati* [As Cidades Pintadas de Shekhawati, em tradução livre]. Os dois homens ficaram ligados pelo amor às tradições artesanais locais e são amigos desde então. Cooper apoiou a intuição de NKC de que precisava encontrar seu próprio caminho e isso envolveria tornar o mundo um lugar mais bonito. Cooper também inspirou NKC a desenvolver sua ideia sobre o potencial das mulheres. NKC tinha três filhas e, na Índia, como em muitos outros lugares, a falta de um herdeiro do sexo masculino é considerada uma falha. Mas Cooper o aconselhou: "Você deve criar suas filhas em um ambiente aberto e amistoso. Dê-lhes a oportunidade e apoio de que precisam para crescer. Não deveria haver diferença em sua criação só por causa do gênero."

NKC seguiu o conselho do amigo de um jeito que não só despertou o melhor em suas filhas, mas também em seus negócios e na comunidade que auxilia.

Inspirado pelos lindos padrões que continha, ele aprendeu a antiga arte de tecer tapetes e começou a ensiná-la às pessoas em comunidades tribais, em 1978, com apenas dois teares. Sob sua direção, a empresa cresceu para mais de 7 mil teares em cinco estados indianos, com uma receita total anual de cerca de US$20 milhões. Ele foi homenageado por vários grupos empresariais do mundo, incluindo a Ernst & Young, que o elegeu Empresário do Ano em 2010.

A CHAVE-MESTRA: INOCÊNCIA

Como NKC criou uma empresa que cura de maneira tão extraordinária? Pessoas que o conhecem desde a infância dizem que sempre mostrou uma qualidade mais bem descrita como *inocência*. Amigos da faculdade também se lembram dele como uma alma pura e dizem que ele era "o mesmo por fora e por dentro". Essa era uma qualidade vista como positiva e cativante, até ele decidir entrar nos negócios. Então, muitas pessoas lhe disseram que ele não poderia ter êxito porque não era calejado e esperto o bastante como outros homens de negócios. Há uma expressão comum na Índia: "Uma pessoa boa é um mau empresário."

Porém outras pessoas observaram seu modo de ser e previram que ele seria bem-sucedido porque a notícia de que ele era verdadeiramente preocupado e incorruptível se espalharia. Eles viram que sua inocência se tornaria sua maior força. NKC reflete: "Hoje, todas as pessoas espertas que usaram somente suas mentes para progredir na indústria de tapetes ficaram para trás de mim. Eles usam sua esperteza para explorar os trabalhadores, enganar os clientes, não pagar às tecelãs o que lhes é devido. Como era inocente, nunca me coloquei em situação de fazer nenhuma dessas coisas. Eu só fiz o que achava certo. Não foi difícil descobrir o que era." Para NKC, era óbvio que as práticas padronizadas da indústria de usar tintas tóxicas, trabalho infantil e exploração e abuso de tecelãs eram inconcebíveis. Ele mudou tudo isso desde o início e atraiu outras pessoas a fazer o mesmo.

Para NKC, a inocência é a chave-mestra para a cura. Ele explica: "O propósito de minha vida é criar uma empresa que gire em torno da inocência: servir inocentes, empregar inocentes, dirigida por inocentes. Pessoas inocentes têm o poder de ver e compreender coisas que os outros não conseguem... Isso transformará as empresas consideravelmente porque elas podem entender a fundo a condição humana."

Sua filha Kavita acrescenta: "Os inocentes estão mais perto do fluxo da vida. Eles são mais naturais, não forçados. Vemos isso em nossos designers. Há menos presunção, menos intranquilidade. Há algo de favorável. Inocentes são capazes de sentir as tendências globais antes que fiquem evidentes para os outros. Eles são mais sintonizados com o que está surgindo."

Há um tipo de inocência que é ingênua, fraca e indefesa, a inocência de uma criança. Também há a inocência do outro lado da integralidade, uma inocência madura e amorosa, *escolhida*. Para NKC, os inocentes têm um poder extraordinário. É um poder *com* os outros, não *sobre* eles. Os inocentes nunca provocam sofrimento intencional. Eles são, em termos franciscanos, *instrumentos de paz*. Precisamos de mais líderes inocentes no mundo, em todas as esferas: política, negócios, sociedade civil. Como NKC, eles têm pureza de coração e de intenção, apoiada por uma coragem de ferro.

A ESCOLA SUPERIOR DO DESAPRENDIZADO

Quando começou, NKC focou principalmente a qualidade e a produção, mas não sabia nada sobre marketing, finanças e RH. Inicialmente, perdeu muito dinheiro. Contudo, sua inocência e "atitude de principiante" o deixaram humilde e ágil e lhe permitiram adaptar e desenvolver um sistema eficiente para integrar essas funções comerciais essenciais.

Seu comprometimento com as pessoas e a cultura foi desafiado quando a empresa começou a crescer muito depressa. Ele engajou profissionais de negócios experientes para ajudá-lo a administrar a rede de artesãos sem instrução, mas logo se deu conta de que gerentes que não tinham empatia com seus tecelões destruiriam a essência de sua criação.

NKC desenvolveu um método de treinamento de gestão que ele chama de "Escola Superior de Desaprendizado". Todos os aspirantes a líderes na Tapetes Jaipur aprendem a tecer; eles vivenciam cada etapa da geração de um tapete e aprendem a se identificar com os trabalhadores em cada passo da cadeia de fornecimento.

A Escola Superior de Desaprendizado se baseia em um dos ditados favoritos de NKC: *encontrar a si mesmo perdendo a si mesmo*.

Em outras palavras, perca seu egocentrismo para descobrir sua essência. Ele explica: "Quando o ego está no controle, as coisas não funcionam muito bem — ele faz as pessoas terem atitudes ardilosas, a ficarem na defensiva, com necessidade de provar que estão certas." Em vez disso, ele aconselha que, na busca de uma solução, fiquemos com o coração aberto e acessemos nossa sabedoria intuitiva.

Essa abordagem se chama "Liderança Consciente" na linguagem contemporânea, mas o termo não existia quando ele começou a praticá-la.[1] Ele diz: "Se você focar o objetivo e o desejo de adquirir algo, ficará em um estado de tensão. Seu propósito será atingir uma meta e não fazer o trabalho. Os resultados poderão vir, mas não a graça. O projeto no qual você está trabalhando no momento define como será o futuro. Se você trabalhar no presente sem o desejo de alcançar um objetivo, conseguirá um estado de graça. E, com a graça, virá a gratidão."

NKC acha que muitos líderes de empresas precisam derramar o medo e o complexo de inferioridade que move a ganância, o controle, as práticas antiéticas e a pressa indevida. Desaprender o medo libera a compaixão natural. Como NKC diz: "Líderes movidos pelo amor trarão sustentabilidade e cura para a empresa e para si mesmos. Quando se vem de um lugar de amor, você vai fundo sem ser impelido pela concorrência externa. Então não precisará procurar o mercado; ele encontrará você."

CURANDO CLIENTES

O mercado está encontrando a Tapetes Jaipur e a empresa está se mobilizando para atender a demanda. Isso é um reflexo do profundo entendimento de NKC do que os clientes realmente precisam. Em resposta à pergunta fundamental: "Por que as pessoas compram coisas?", ele oferece uma opinião significativa: "Há um espaço vazio dentro delas que elas procuram preencher. Isso lhes dá alguma empolgação, a emoção de algo novo. Mas, quanto mais você compra, mais esse espaço vazio se amplia. *A única forma de preencher esse espaço é por meio do amor e da cura.*"

Ele acrescenta: "Quando as empresas se tornarem o condutor para que as pessoas se conectem umas às outras, ela proporcionará satisfação genuína. O mercado se moverá em direção a coisas essenciais, das quais os clientes realmente precisam."

Na última década, o mercado se moveu apenas nessa direção. A Tapetes Jaipur está recebendo aclamação internacional. Líderes de empresas de todo o mundo, incluindo Paul Polman, CEO da Unilever, e executivos seniores da Ernst & Young e Bain Consulting estão fazendo uma peregrinação a Jaipur a fim de tentar compreender a mágica. Os visitantes veem como se tece, e cada um cria uma carreira ou duas de um tapete que acabará sendo a expressão da curiosidade, da energia e do amor da família global da Tapetes Jaipur. O tapete também é um símbolo vivo de uma cultura corporativa baseada em uma abordagem sistemática pelo bem-estar de todos os interessados, começando pelos artesãos. Como a empresa exerce um impacto positivo nas vidas dos tecelões, eles ficam cada vez mais conectados com os clientes, e esses sentem isso como algo especial.

Quando produtores e clientes se conectam dessa forma, ocorre um efeito de cura e um fluxo de abundância. Nas palavras de NKC: "Quando contamos nossa história aos clientes, eles não só ficam dispostos, mas também felizes em pagar mais do que antes. Eles nos contam que não há companhia melhor, nem pessoas mais honestas e íntegras do que as que encontraram aqui. Esses clientes também estão sendo curados."

Os clientes (principalmente designers de interiores) vêm a Jaipur, conhecem as tecelãs e partem intimamente ligados à empresa, especialmente às tecelãs. Quando escutam as histórias das tecelãs e como suas vidas se transformaram por serem parte da família da Tapetes Jaipur, ficam profundamente emocionados. Eles compreendem e valorizam o que realmente entra na produção de um tapete: trabalho duro, atenção, diligência e — no passado e em outras empresas de tapetes hoje — sofrimento. Os clientes compreendem que podem fazer parte da transformação de cura dessas vidas e da de gerações futuras.

Como NKC declara: "Não vendemos tapetes, oferecemos as bençãos de uma família."

A cultura de cura da Tapetes Jaipur também lhe rendeu uma forte reputação junto aos varejistas. NKC nos contou: "Soubemos recentemente que um de nossos concorrentes procurou um de nossos principais parceiros do varejo, oferecendo-se para copiar nossos desenhos exclusivos por um preço mais baixo. Eles são movidos pelo medo e um complexo de inferioridade. Mas nosso parceiro recusou-se a fazer negócios com ele, achando que a conduta dele é antiética. Tenho confiança de que seremos a empresa mais competitiva na indústria, além de ser a mais feliz!"

NKC enxerga o potencial para mais transformação no futuro. "Sinto que nosso modo de agir crescerá em nosso setor e também em outras indústrias."

• • •

A TAPETES JAIPUR É UMA EMPRESA E UM ASHRAM

Com forte convicção no poder das empresas para transformar a sociedade, NKC declara: "Sempre defendi soluções lucrativas para questões sociais. Minha filosofia é: ofereça às pessoas um meio de ganhar a vida, não só caridade. Desse modo, seus esforços serão sustentáveis, assim como as vidas de todas as pessoas que tocamos."

Ele acrescenta: "Governos e ONGs tentaram com afinco, mas, no final, cabe às empresas curar a sociedade. Muitas vezes, os governos oferecem dinheiro às pessoas sem que elas tenham de trabalhar por ele. Eu penso em como os negócios podem transformar a sociedade. As empresas sabem como operar, como atender os clientes, como obter lucro. Mas, se uma empresa for motivada pelo amor, ela poderá realmente transformar. As pessoas querem dar e receber amor. As empresas que possibilitam isso não só terão êxito, mas também curarão a sociedade."

• • •

Começamos contando a história da Tapetes Jaipur porque o sofrimento antes enfrentado por seus trabalhadores, vivendo em extrema pobreza em regiões rurais da Índia, ultrapassa qualquer coisa experimentada por operários nas pequenas cidades dos EUA. Shanti e Harphool considerariam mineiros de carvão e operários de fábrica desempregados ricos e privilegiados. Seu desespero era muito maior do que a maioria das pessoas pode calcular e suas vidas foram fundamentalmente transformadas por uma Empresa que Cura. Se isso pode ocorrer na Índia rural, também pode ocorrer nos EUA e em todo o mundo. E está ocorrendo! Vamos conhecer mais alguns exemplos notáveis.

SERVIÇOS DE UTILIDADE PÚBLICA EM PROL DO AMOR

COMO A DTE ENERGY SE SALVOU DEPOIS DA CRISE FINANCEIRA E ENTÃO AJUDOU A SALVAR DETROIT

Em 4 de novembro de 1879, Thomas Edison solicitou a patente da lâmpada, iniciando a era da eletricidade. Em 1886, foi fundada a Edison Illuminating Company de Detroit [Empresa de Iluminação], que se tornou a Detroit Edison. Em 1937, a Detroit City Gas Company [Companhia de Gás] se fundiu com outras empresas e formou a Michigan Consolidated Gas Company. As companhias de gás e energia se uniram em 1996 para formar a DTE Energy, visando oferecer soluções integradas. Hoje, os 10.500 empregados da DTE atendem a 450 comunidades de Michigan.

Poucas empresas estão tão ligadas a suas comunidades ou investiram tanto nelas quanto as companhias de energia elétrica e gás. Embora sejam empresas de capital fechado ou aberto, historicamente a maioria operou como "monopólios naturais", visto que não fazia sentido ter várias companhias para instalar postes elétricos, fios e dutos de gás em todos os lugares. As companhias foram reguladas e operavam com a atribuição de prestar um "serviço universal", e a maioria era conhecida pela inovação e um atendimento ao cliente de qualidade. Isso começou a mudar por volta dos anos 1990, quando a concorrência e a escolha do cliente foram introduzidas no setor. Muitos serviços públicos começaram a se desenvolver e inovar como nunca.

Conversamos longamente com Gerry Anderson, presidente e CEO da DTE Energy, sobre como sua companhia se tornou uma Empresa que Cura.

Quando Gerry se tornou presidente da DTE Energy, em 2004, ele fez a si mesmo e à equipe de liderança uma pergunta desafiadora: "Esta é uma boa empresa?"

A resposta foi clara: não.

Os clientes não estavam felizes: avaliações da J. D. Power classificaram seu nível de satisfação do cliente entre as últimas das dezoito companhias do grupo com as mesmas atividades.

Os empregados não estavam felizes: levantamentos internos do Gallup mostraram engajamento de empregados no quartil inferior, ano após ano.

Os acionistas não estavam felizes: os rendimentos dos acionistas ficavam consistentemente no quartil inferior na métrica de desempenho.

A infelicidade de clientes, empregados e acionistas, surpreendentemente, espelhava-se na métrica operacional que mostrava um resultado insatisfatório em termos de custo e confiabilidade.

Na nova posição de liderança, Gerry começou a se sentir responsável, pela primeira vez, por todo o sistema que estava gerando infelicidade e desempenho insatisfatório. Ele conta: "Olhei em volta para tudo isso e pensei, 'agora sou presidente dessa empresa e o quadro não é bonito.'"

A mudança não ocorreu de imediato. Gerry e sua equipe enfrentaram o desafio e, por fim, concluíram que todos esses problemas eram consequência de uma "cultura de mediocridade".

Como ex-consultor da McKinsey, a primeira atitude de Gerry para produzir uma reviravolta na empresa foi implementar uma métrica de desempenho melhor, orientada para projetos. Embora os números começassem a avançar, o engajamento dos empregados piorou muito.

Gerry teve a primeira de uma série de epifanias que mudaram sua vida e, por fim, a vida de milhares de outras pessoas na área da grande Detroit. Ocorreu-lhe que, embora os custos e a confiabilidade melhorassem um pouco por meio da iniciativa de desempenho, a questão central da cultura não estava sendo solucionada; quando muito, a cultura estava sendo prejudicada. Ele falou: "As pessoas a detestavam porque ela parecia imposta, de cima para baixo... Nosso já medíocre nível de engajamento caiu ainda mais!"

Ele começou a procurar uma abordagem melhor e encontrou o caminho da melhoria contínua. O essencial em programas de melhoria contínua é o compromisso inabalável com o valor e o bem-estar das pessoas. Gerry brinca: "Talvez esse fosse o antídoto para nossa enfermidade cultural."

Ele refletiu e se deu conta de que qualquer equívoco ou ação não alinhada comprometeria o esforço. Ele compreendeu: "Quando você coloca seu pessoal em risco enquanto busca produtividade e aumento da qualidade, é muito difícil pedir-lhes que dediquem sua energia e criatividade para melhoria da empresa. Simplesmente não é um acordo que eles queiram fechar. Eu me dei conta de que precisava mostrar às pessoas que elas, de fato, estavam em primeiro lugar, que realmente as valorizamos e nos preocupamos com elas."

O desenvolvimento da filosofia centrada nas pessoas de Gerry logo enfrentaria um teste rigoroso. "Eu estava internalizando tudo isso e o integrei a nosso plano para 2008. Então chegou a crise financeira e o mundo desabou. Tudo em Detroit se desfez. Estavam falando de nós como uma empresa de prestação de serviços potencialmente de alto risco que certamente seria jogada em um monte de sucata com o resto de Detroit." [A cidade de Detroit, que já foi considerada como o coração da indústria automobilística, foi a maior cidade dos EUA a pedir falência.]

Gerry lembra o período próximo ao dia de Ação de Graças em 2008, quando desafiou a equipe de liderança a voltar após o feriado com um plano para evitar que a empresa virasse lixo. Dois líderes seniores o procuraram e disseram: "Olhe, fizemos as contas. Achamos que algumas centenas de milhões de dólares simplesmente escaparam pela porta. Isso *vai* nos transformar em uma empresa prestadora de serviços de alto risco. Para compensar a perda, não vemos outra alternativa senão demissões em larga escala."

O primeiro princípio da filosofia da melhoria contínua que ele tinha prometido implementar é: "Não coloque seu pessoal em risco como primeira alternativa quando a empresa enfrentar um desafio." Compreendeu que esse era o ponto de inflexão em relação à confiança do pessoal nele e na empresa. Após intensas deliberações, a liderança da DTE decidiu dividir a verdade com os empregados, reiterando seu compromisso com as pessoas.

Gerry falou para toda a companhia: "Não posso fazer promessas sobre o resultado final, mas prometo uma coisa: a última coisa que faremos para manter a empresa saudável é demitir pessoal." Ele acrescentou: "Mas, para mantermos esse compromisso, vocês terão de trazer mais energia, foco e criatividade para nos ajudar a consertar essa companhia e mantê-la saudável do que jamais fizeram. Se vocês mantiverem esse compromisso... há uma boa chance de que possamos atravessar esse período difícil juntos."

Ele explica: "E passei a mensagem a todos os 10 mil empregados. As pessoas observavam com interesse, pois estavam mortas de medo. Elas estavam ansiosas para saber o que aconteceria e o que significaria para elas. Não foi um comunicado elaborado; na verdade, quando olho para trás, percebo que foi bastante ríspido. Mas ele não precisava ser elaborado, apenas honesto."

O que se seguiu em 2009 surpreendeu a todos, inclusive Gerry: "Mês após mês, meu supervisor me procurava e dizia que tínhamos cumprido o plano. Eu mal acreditava! Entramos no mês de abril quando a GM abriu falência e, então em maio, quando a Chrysler entrou em queda livre. No meio do ano, ainda estávamos cumprindo o plano. Pedi ao supervisor que verificasse o modelo de seu plano de fechamento financeiro, porque não fazia sentido para mim que, com toda as falências e turbulências a nossa volta, nós ainda estivéssemos em boa situação.

"Então atravessamos o verão e passamos por julho e agosto. Estava atipicamente frio em agosto e me dei conta de que não venderíamos muita energia para refrigeração. Pensei: 'Este vai ser mesmo um mês ruim'. Mas ele voltou no início de setembro para me mostrar os resultados de agosto e, novamente, cumprimos nosso plano. Lembro-me de ter ficado agitado e dizer a ele: 'Você está cometendo algum erro; seu modelo deve ser falho.' Ele gritou em resposta: 'Não há nada errado. É só o que está acontecendo!'"

Foi então que ele compreendeu que o pessoal da DTE estava dedicando energia, criatividade e disciplina sem precedentes a seu trabalho. Eles estavam agilizando os processos, cometendo menos erros onerosos e trabalhando com muito mais eficiência. A cultura já tinha mudado e Gerry disse à diretoria na reunião do final do ano: "Aprendi uma lição de liderança incrível. Descobri do que as pessoas são capazes quando realmente acreditam em algo."

Gerry chama a isso de seu "ano de lições". Ele confessa que não tinha um "modelo na cabeça" para esse tipo de transformação organizacional, "o que significava para uma cultura se reorganizar e atuar em outro nível, assim como uma orquestra ou uma equipe atlética faz quando está realmente inspirada. Mas eu vi nossa empresa fazê-lo. Vi pessoas se comportando de maneiras não lineares, inesperadas e absolutamente positivas".

No início de 2010, o pior da crise tinha passado e as operações da DTE tinham se estabilizado. Gerry foi promovido a CEO e estava analisando como sustentar e ampliar a transformação cultural que tinha possibilitado à companhia prosperar em tempos difíceis.

Ele se deu conta de que interagir com os empregados e ouvi-los era um elemento crítico para demonstrar sua preocupação e aprofundar sua compreensão, então ele continuou a prática mensal de tomar café da manhã com dezenas de empregados que tinha iniciado durante a crise.

Depois dos primeiros cafés da manhã em janeiro de 2010, uma mulher ficou para trás. Gerry perguntou o que ela desejava e ela respondeu: "Nunca tive a chance de lhe agradecer pelo que aconteceu no ano passado, pelo que a empresa fez." Ela continuou. "Meu marido e eu temos três filhos pequenos. Ele trabalhava em uma das fábricas de automóveis e foi dispensado. Eu não tinha ideia do que aconteceria com nossa família se eu também perdesse o emprego e estava morta de medo. Quando você nos disse que se nos uníssemos passaríamos pela crise, acreditei e conseguimos superar um período muito difícil. Eu só queria lhe agradecer."

Então, ela disse algo que provocou a próxima epifania de Gerry: "Mas, sabe, muitos de meus amigos ainda não estão bem e nossa comunidade não está bem. Ainda há muita coisa a nossa volta que está mal. Podemos fazer algo para ajudar?"

Gerry ficou tocado pelo modo como a mulher pensou no sofrimento dos outros tão depressa. Ele compreendeu: "A energia de nosso pessoal está passando da autopreservação para o que podem fazer para os outros."

Ele contou esse caso para a equipe de liderança e a desafiou: "Agora, precisamos dirigir a energia de nosso pessoal para salvar nossa comunidade."

Detroit estava em declínio há décadas. A população tinha caído de 1,85 milhões nos anos de 1950 para 677 mil em 2015, visto que sua antes dominante indústria automotiva lutava com a concorrência e mudou operações para outras regiões em busca de custos mais baixos. As taxas de assassinatos e criminalidade em geral estavam entre as mais altas do país e grande parte da área urbana estava em plena decadência. Presa na armadilha de uma espiral descendente, a cidade em luta absorveu os golpes adicionais quando estourou a Grande Recessão de 2008, causando dispensas em massa e falências entre alguns de seus maiores empregadores. A própria cidade decretou falência em 2013, marcando o maior caso de falência municipal da história dos EUA.

Gerry e sua equipe se deram conta de que a DTE Energy seria um poderoso catalisador para a revitalização e cura de Detroit e do estado, com a promoção do desenvolvimento econômico na estrutura de uma filosofia de melhoria contínua centrada nas pessoas. A DTE começou a desenvolver e liderar iniciativas para melhorar o sistema de trânsito, as relações raciais, a educação, a saúde e o treinamento vocacional na grande Detroit. Ele lembra:

> Nossa região tinha uma verdadeira história e reputação de divisão em limites políticos e ao longo de linhas raciais. Nossa comunidade precisava de cura. Ela precisava de prosperidade, de vida econômica. Reuni os líderes dos maiores participantes da vida da cidade na região — GM, Ford, DTE, Blue Cross, Penske, Quicken Loans, Little Caesars, os donos do Detroit Tigers, a Detroit Red Wings, juntamente com os chefes de duas das fundações mais importantes — e perguntei

se me ajudariam nessa tarefa. A resposta que ouvi foi: "Sim, mas a comunidade tem outras coisas que também precisam de conserto. Temos problemas de emprego, de mão de obra, de educação. Temos problemas de trânsito que afetam principalmente os pobres de nossa comunidade; eles não têm meios de ir de um lugar a outro para estudar ou trabalhar. Precisamos trabalhar em tudo isso." Eles também queriam criar lugares maravilhosos para as pessoas ficarem, melhorar a imagem da comunidade e atrair pessoas que gostariam de morar na cidade outra vez. Assim, começamos com meia dúzia dessas prioridades e temos trabalhado nelas desde então.

A DTE começou a falar sobre uma missão dupla, que chamaram de sua aspiração: ser a companhia de energia melhor operada na América do Norte e, dessa forma, mudar a narrativa sobre Michigan, da mediocridade e desespero para excelência e esperança. Como Gerry explica: "Nós nos comprometemos a ser a força de crescimento e prosperidade nas comunidades em que vivemos e trabalhamos."

Eles ficaram entusiasmados ao compreender a importância vital de seu trabalho: energia é fundamental; ela flui em todos os aspectos da vida cotidiana. Como é gerada e como pode ser sustentável eram questões da maior importância para todos os interessados. Eles ficaram empolgados para elaborar uma declaração de propósito e construir um sistema de comunicação a seu redor. Por fim, eles criaram isso:

Servimos nossa energia, a força vital das comunidades e a máquina do progresso.

Gerry reflete: "Eu não tinha certeza de qual seria o resultado. Sentia que nossa ideia era incrivelmente inspiradora, mas me perguntava se ela seria recebida dessa forma — ou se iria se tornar um fracasso constrangedor que seria encarado com indiferença."

Eles apresentaram a declaração de propósito, acompanhada por música e imagens, para todos os 10 mil funcionários em uma série de prefeituras.

A resposta foi tudo, menos indiferente: as pessoas se encheram de alegria e aplaudiram de pé. Gerry reconta: "Quando a mostramos em nossas usinas de energia, empregados que tinham trabalhado na empresa há décadas estavam com lágrimas nos olhos. Pela primeira vez na vida, a importância de seu trabalho era reconhecida."

Conectar-se a um senso de propósito mais elevado gerou uma energia ainda mais positiva. E ele foi fortalecido, quando reconsideraram e redefiniram sua declaração de valores de um modo alinhado com o propósito, e aprofundou o senso de significado para todo seu pessoal.

Então, qual foi a consequência de todo esse amor de cura para o desempenho da DTE?

O engajamento dos empregados, medido pelo Gallup, costumava estar no quartil inferior; os empregados sindicalizados costumavam estar no decil inferior (o nono percentil em um ponto). Nos últimos três levantamentos, a DTE ficou entre os melhores 5% no banco de dados do Gallup, e seus empregados sindicalizados se encontram no 19º percentil. A DTE recebeu o Prêmio de Ótimo Local de Trabalho do Gallup por sete anos seguidos — uma de apenas onze empresas em todo o mundo em várias décadas a conseguir esse feito.

Em 2017, a DTE foi classificada como a líder por clientes empresariais e a segunda por clientes residenciais, em todo o meio-oeste. O retorno total da DTE para os acionistas na década que foi até o fim de 2017 foi de 275%, um desempenho que colocou a empresa no quartil superior. O retorno total para acionistas para o Índice de Utilidades da S&P no período foi de cerca de 83%.

Gerry conclui: "Nossa jornada é a prova viva de que, para empregados, clientes e comunidades, as empresas podem ser uma força de cura tremendamente poderosa."

O EFEITO ZEN DO BROWNIE

COMO A POLÍTICA DE CONTRATAÇÃO DA CONFEITARIA GREYSTON ESTÁ CURANDO O CICLO DE CRIMES E ENCARCERAMENTO

Vamos começar este capítulo com a meditação de um poema Zen:

> Tome chá e saboreie a vida.
>
> Ao primeiro gole... alegria
>
> Ao segundo... paz
>
> Ao terceiro... um brownie.

A confeitaria Greyston, em Yonkers, Nova York, assa 15 mil quilos de brownies todos os dias. Durante muitos anos, suas tortas e bolos deliciosos eram servidos em muitos dos melhores restaurantes de Manhattan e seus famosos brownies são o ingrediente principal em cada taça do icônico sorvete de brownie e fudge de chocolate da Ben & Jerry's. A Greyston é um empreendimento lucrativo que foi intencionalmente planejado para curar as feridas dos sem-teto e dos sem esperança.

Essa é a realização da visão solidária do cientista de foguetes transformado em mestre Zen, Bernie Glassman (1939–2018). Glassman era um ser incrível que concebeu e articulou a filosofia da Empresa que Cura e lhe deu vida.

Nascido no Brooklyn, Nova York, em 1939, em uma família de imigrantes judeus do leste da Europa, ele foi um aluno talentoso com uma variada gama de interesses. Depois de se formar no Instituto Politécnico do Brooklyn, conseguiu um emprego na McDonnell Douglas como engenheiro aeronáutico. Dez anos depois, em 1970, ele terminou o curso de pós-graduação em Matemática Aplicada na UCLA.

Como esse cientista de foguetes e matemático se tornou pioneiro de uma empresa que cura? Criado com uma forte consciência solidária segundo a tradição judaica de *tikun olam* (reparar ou curar o mundo), Bernie leu o clássico de Philip Kapleau, de 1965, *Os Três Pilares do Zen,* e logo começou a estudar com renomados professores budistas, incluindo Taizan Maezumi-Roshi, no Centro Zen de Los Angeles. Bernie traduziu ensinamentos Zen em sua própria versão do clássico *Three Tenets* [*Três Ensinamentos, em tradução livre*]:

1. *Não saber:* semelhante ao conceito de inocência descrito no capítulo sobre a Tapetes Jaipur, muitas vezes expresso na tradição Zen como a "mente do iniciante".
2. *Testemunhar:* estar totalmente presente, sem negação, racionalização ou opinião, em meio ao sofrimento.
3. *Agir:* para Bernie, a ação criativa e amorosa surgiu naturalmente da prática dos dois primeiros ensinamentos.

Ao voltar para Nova York para uma visita, ele ficou profundamente tocado ao ver pessoas sem-teto morando nas ruas no rigoroso inverno do nordeste do país. Sua mente de iniciante, e a prática de testemunhar, inicialmente fizeram surgir uma forma de ação que ele chamou de Retiros de Rua: levar seus alunos a morar e ajudar a cuidar dos sem-teto, uma semana por vez. Lembrando da experiência de morar com os sem-teto, Bernie disse: "As pessoas que estávamos ajudando foram meus professores."

Mais tarde, em meados dos anos de 1990, Bernie começou Retiros de Testemunho regulares nos campos de concentração de Auschwitz e Birkenau. Ele reuniu pessoas de diferentes países, culturas e religiões, incluindo sobreviventes do Holocausto e seus filhos e netos, assim como filhos e netos dos guardas da SS que tinham dirigido os campos de extermínio.

Bernie compreendeu, incorporou e partilhou a verdade de que a consciência humana é despertada quando testemunhamos o sofrimento e que isso naturalmente dá origem a ações de cura. Ele explica: "Quando testemunhamos, quando *nos tornamos* a situação — falta de moradia, pobreza, doença, violência, morte —, a ação correta surge por si só. Não temos de nos preocupar com o que fazer. Não temos de procurar soluções antes do tempo. A pacificação é o testemunho em funcionamento. Quando ouvimos com todo o nosso corpo e mente, surge a ação amorosa."[1]

Em 1982, a ação amorosa de Bernie focou a comunidade de Yonkers, Nova York, que, na época, tinha a maior taxa per capita de sem-teto do país, apesar de estar localizada em um dos condados mais ricos da nação.

Determinado a criar uma solução que reunisse os problemas da falta de moradia, dependência química e encarceramento de forma escalável e sustentável, ele analisou a questão de forma holística. Era óbvio que ele precisava criar moradias para os sem-teto, mas sabia também que, sem um emprego, as casas logo se transformariam em cortiços, como ocorreu com a maioria das casas populares em todo o país. Mas, para poder manter um emprego, a grande quantidade de pais solteiros que faziam parte da comunidade sem-teto precisava de creches confiáveis. Muitos deles eram dependentes químicos, então havia a necessidade de orientação e terapia familiar. Aquela foi também a época do início da epidemia de AIDS. Assim, Bernie decidiu que criaria moradias para pessoas com AIDS, além de assistência médica para elas.

Bernie queria fazer tudo isso de maneira sustentável, não como caridade. Precisava criar uma empresa que envolvesse trabalho relativamente não qualificado, que pudesse ser feito por pessoas contratadas nas ruas. Inspirado pelo sucesso de uma confeitaria de influência Zen no norte da Califórnia, Bernie decidiu abrir uma confeitaria. Inicialmente, instalou a Confeitaria Greyston em uma mansão em Riverdale, onde ensinou a comunidade Zen. Ele decidiu sair depois que os vizinhos se queixaram quando levou pessoas pobres para trabalhar, porque a empresa era maior do que seus alunos conseguiam administrar.

Depois de vender a propriedade, Bernie mudou-se para Yonkers, para mergulhar totalmente na vizinhança que queria atender, comprando uma estrutura industrial arruinada, que tinha abrigado uma fábrica de lasanha, e também outra casa próxima. Trinta membros de sua comunidade Zen se mudaram para Yonkers, mas muitos estavam relutantes. Bernie lembra: "Ao lado, havia um bordel que funcionava a noite toda."

Ele desenvolveu um modelo abrangente que chamou de Mandala Greyston, que combinaria uma empresa com fins lucrativos e várias sem fins lucrativos, que trabalhariam em conjunto a fim de oferecer todo o apoio e os serviços necessários. A peça central era a confeitaria, que ofereceria empregos, treinamento e lucros, que poderiam ser investidos no bem-estar da comunidade. A segunda peça importante era a Pousada Familiar Greyston, responsável por moradia e serviços de apoio. Hoje, os lucros da confeitaria sustentam um sistema interdependente que oferece empregos para 130 pessoas, moradia acessível para 530 residentes (35% dos quais ex-sem-teto), creche para 130 crianças e moradia e assistência médica para 50 pessoas com AIDS. Eles também operam seis hortas comunitárias bem-sucedidas.

A Confeitaria Greyston foi pioneira na ideia da "contratação aberta". Seu lema é: *Não contratamos pessoas para fazer brownies, fazemos brownies para contratar pessoas.* Alguém em busca de emprego simplesmente coloca o nome em uma lista. A empresa contrata e treina a primeira pessoa da lista, sem qualquer investigação de antecedentes ou entrevista. Ela contrata pessoas com base na boa-fé, confiando em que a grande maioria delas trabalhará e em que suas habilidades e salários aumentarão com o tempo.

Novos contratados na Greyston começam como aprendizes, passam por um treinamento de 10 meses e um curso de competências para a vida. A empresa trabalha com cada empregado para desenvolver um plano de carreira e lhe fornece o treinamento necessário, incluindo certificados educacionais e formação financeira, para que possam progredir na confeitaria e passar a funções mais bem remuneradas em outras empresas, o que cria espaço para novos aprendizes.

A contração aberta é uma política que cura e muda vidas, e trata de uma das grandes tragédias da sociedade norte-americana: o imenso número de pessoas presas e encarceradas. Aproximadamente 1/3 dos adultos economicamente ativos — mais de 73 milhões de pessoas — fazem parte do índice de identificação interestadual, o que significa que foram presos e identificados por departamentos de polícia locais, estaduais ou federais.[2] Isso é aproximadamente a mesma quantidade de norte-americanos com quatro anos de faculdade. Quase metade dos homens negros e 40% dos homens brancos foi presa pelo menos uma vez antes de completarem 23 anos.

Para quase todos esses mais de 70 milhões de indivíduos, a grande maioria dos empregos está fora de alcance; aproximadamente 88% dos empregadores se recusam a aceitar candidatos com antecedentes criminais. Mesmo alguém que foi condenado quando jovem por um crime não violento, cumpriu sua pena e agora está buscando reentrar na sociedade, encontrará a maioria das portas fechadas. Calcula-se que 75% de ex-presidiários acham quase impossível encontrar emprego. Sem opções construtivas, muitos voltam ao crime e à prisão, gerando um custo médio direto para os contribuintes de US$35 mil ao ano.

A tragédia se agrava pela falta de oportunidades para os que crescem em comunidades com altos índices de criminalidade e consumo de drogas. Bernie se inspirou para contratar pessoas não contratáveis, como explica: "Quero dar a primeira chance às pessoas, pois muitas delas em nosso país nunca a conseguem."

A Greyston não fica prejudicada ao contratar empregados com tais antecedentes complicados. Ao oferecer oportunidade, esperança, treinamento e respeito, a confeitaria gera um engajamento dos empregados que seria motivo de inveja a qualquer empresa *Fortune* 500. A rotatividade de empregados é de apenas 12%, comparada a 30% ou 70% em indústrias semelhantes ou de produção. A Greyston poupa cerca de US$2.500 por contratação, porque evita os custos de recrutamento e integração e não faz exames de drogas e verificação de antecedentes. Em vez disso, esse dinheiro é usado em treinamento, apoio e salários melhores. Em poucos anos, aprendizes que começam com um salário mínimo estão ganhando salários de aproximadamente US$ 65 mil por ano com todos os benefícios.

O empregado Dion Grew, da Greyston, explica a diferença que a empresa fez em sua família:

> Cresci nos conjuntos habitacionais do governo em Yonkers, Nova York. Ainda muito jovem, vi muitas drogas sendo vendidas e usadas todos os dias. Minha mãe trabalhava muito, todos os dias. Mas acho que o salário era baixo, porque passávamos por dificuldades e, quando fiquei mais velho, continuamos a tê-las. Enquanto isso, as pessoas nas ruas pareciam estar ganhando dinheiro, então comecei a vender drogas aos 15 anos. Tenho entrado e saído da prisão desde os 17. Na última vez, cumpri uma pena de quatro anos, de 2004 a 2008.
>
> Quando voltei para casa, procurei emprego todos os dias, mas ninguém me contratava. À medida que os meses passavam, comecei a ficar frustrado e zangado. Eu estava machucado. Um amigo me falou sobre a confeitaria Greyston, então fui até lá e pus meu nome na lista.
>
> Eu me lembro como se fosse ontem. Eu estava dando umas voltas de carro com um amigo e estava pronto para vender drogas outra vez, quando recebi uma ligação da confeitaria Greyston me perguntando se eu queria trabalhar. Eu disse: "Claro!" Estou lá desde então.
>
> Estou muito orgulhoso disso. Para mim, não se trata somente de dinheiro. É sobre ser um homem e fazer a coisa certa. E é isso que estou fazendo. Sou grato por isso. Consegui tudo que planejei conquistar. Tenho uma filha de três anos maravilhosa e minha mãe me liga pelo menos duas vezes por ano para me falar o quanto se orgulha de mim. Realmente não posso explicar as coisas que Greyston fez por mim. Ela salvou minha vida. Se eu ainda estivesse nas ruas, estaria morto ou na cadeia.

Hoje, Dion é supervisor de treinamento.

A Mandala Greyston cria muitas histórias parecidas. Gary White foi libertado em 2014, depois de ficar na prisão durante uma década. Ele viu o anúncio da Greyston em um programa de tratamento de dependência de drogas e pôs seu nome na lista. Ele diz: "Se eu tivesse sabido sobre a Greyston antes, nunca teria acabado na prisão."

Shawna, uma mãe solteira, estava tentando encontrar um emprego no turno da noite para ajudar a criar os cinco filhos, incluindo o mais velho, que tinha nascido com paralisia cerebral e era surdo. Ela conta:

> Em cada entrevista, diziam que eu precisava de experiência ou treinamento específico. Tentei pagar as contas trabalhando como cabeleireira e babá, mas não deu certo. Eu simplesmente não conseguia encontrar um emprego...
>
> Fiquei deprimida e esgotada. Eu me senti presa, sem opções além de desistir de meus filhos... Foi então que encontrei a Greyston.

Shawna acrescenta:

> A contratação aberta parecia boa demais para ser verdade depois de toda a rejeição que enfrentei... Greyston salvou toda a minha família. Nunca fui tão grata à alguém como ao pessoal da Greyston. Eu me senti uma nova pessoa: bem comigo mesma e com meu futuro.

Mike Brady, CEO da Greyston, é um defensor entusiasmado da contratação aberta e fica emocionado quando conta as histórias: "Alguns empregados estavam dormindo no parque e não nos contaram. Quando descobrimos, nós os ajudamos a encontrar uma moradia. Não nos preocupamos só com o emprego. Nós nos preocupamos com as pessoas. Elas precisam de uma chance para ter sucesso na vida. Há pouca diferença entre igualdade e justiça; nem todos precisam das mesmas coisas. Não se trata apenas de Dion. É sobre sua filha. Ele poderia voltar para as ruas e ganhar mais dinheiro, mas não o faz por causa da filha. Ela agora tem uma chance melhor de frequentar a faculdade algum dia."

Agora, a Greyston inaugurou o Centro de Contratação Aberta em Yonkers e está lançando um movimento para que mais empresas implementem práticas semelhantes. Quase quinze organizações e empresas se uniram ao centro, incluindo a Unilever e a Escola de Administração de Empresas Stern, da Universidade de Nova York. Ben & Jerry's, cliente há muito tempo, está pensando em implementar a contratação aberta. Ela já removeu a caixa de seleção da proposta de emprego que pergunta sobre os antecedentes criminais do candidato.

Bernie Glassman morreu em 4 de novembro de 2018, mas ele continua a inspirar grande parte da humanidade. Se você visitar a Greyston, conhecerá recém-graduados em cursos de MBA e pessoas com várias passagens pela prisão; confeiteiros experientes e especializados e pessoas que nunca fizeram um bolo. Todos fazem parte de um empreendimento que gera lucro consistente e todos estão unidos por uma visão única:

Use o poder das empresas para curar, redimir, dar esperança, possibilitar às pessoas fazer o que nunca imaginaram ser possível. Ir dos corredores das prisões para contribuir como membros da sociedade. Ir da falta de moradia e do desespero para uma vida cheia de esperança e otimismo para si mesmas e seus filhos.

A MULHER MAIS INTERESSANTE DO MUNDO

**COMO EILEEN FISHER EMPODERA MULHERES
PARA SE MOVEREM LIVREMENTE E SEREM ELAS MESMAS**

Não *é como você se sente. É com o que você se parece. E, Queriiida, você está Maravilhooosa!*

Billy Crystal falou esse texto em um quadro clássico de *Saturday Night Live* de 1985, chamado de "Esconderijo de Fernando," inspirado por Fernando Lamas, um playboy e astro de cinema icônico que apareceu anos antes no *The Tonight Show* proferindo as palavras: "É melhor parecer bem do que se sentir bem." Lamas também foi inspiração para seu amigo, o ator Jonathan Goldsmith, para criar outra caricatura de um playboy mais contemporâneo e carismático: O Homem Mais Interessante do Mundo.

Crystal satirizou um sentimento profundamente arraigado em Hollywood e em outros lugares: que o "aspecto" — a aparência superficial de alguém — é mais importante que os sentimentos — a experiência interior. Este conceito é especialmente opressivo e doloroso para as mulheres e impingido a elas, como Jean Kilbourne e outros documentaram, por empresas que agressivamente promovem padrões irreais de beleza feminina para vender revistas, alimentos, bebidas, carros, cirurgia plástica e, claro, moda.

Eileen Fisher, uma das mulheres mais interessantes do mundo, fez uma contribuição importante para curar a subsequente pandemia de transtorno dismórfico corporal, ansiedade e descontento normativo. Em 1984, com apenas US$350 e quatro modelos simples, ela lançou uma confecção de roupas femininas que hoje emprega mais de 1.200 pessoas, com 56 lojas e uma receita anual perto de meio bilhão de dólares. O sucesso de Fisher se baseia em uma ideia simples, mas profunda, que continua sendo o ponto ideal do espírito da época: um crescente número de mulheres não querem ser identificadas ou formar suas identidades com base *principalmente* em sua aparência. Elas preferem se sentir à vontade com quem são, como seres humanos multidimensionais.

Nas palavras de Eileen:

As mulheres que usam nossas roupas querem experimentar a magia que ocorre quando vestem uma peça que corresponde a sua essência simples e pura. Ela adquire vida em seu corpo. Ela faz você se mover de um jeito diferente. Ela muda o que você pensa e sente a seu respeito.

Na pesquisa para este livro, entrevistamos muitos indivíduos extraordinários, mas, quando comentamos com várias amigas que estávamos conversando com Eileen, ficamos surpresos com o entusiasmo que se segue. Descobrimos que muitas de nossas amigas não só são clientes fiéis que montam seu guarda-roupa com os modelos de Eileen, mas também se inspiram por quem ela é e o que representa para elas.

Uma amiga médica fala, animada:

As roupas de Eileen fazem com que eu me sinta profissionalmente bem-vestida, mas ainda capaz de dançar, rir, imaginar e me mover de modos interminavelmente criativos. Existe uma verdadeira compreensão do que as mulheres realmente fazem em um dia e como criar roupas que sustentam e empoderam sem esforço, em vez de um guarda-roupa que exija tempo, complicação e restrições corporais. Eu também gosto da ênfase corporativa na sustentabilidade e integridade no que se refere ao processo de compras e produção.

Outra amiga, psicoterapeuta e mãe de duas meninas, disse o seguinte:

Eu estava atravessando a Grand Central Station um dia e vi enormes pôsteres de publicidade de Eileen Fisher. Adoro ver as imagens de mulheres saudáveis, positivas fortes e felizes. Essas roupas celebram a energia feminina positiva — algo de que o mundo precisa desesperadamente. Quero que minhas filhas cresçam com esse tipo de confiança interior e autoimagem saudável.

E outra amiga, que administra um estúdio de ioga, entusiasma-se:

Oh, meu Deus! ADORO as roupas dela. Linhas clássicas com a quantidade certa de extravagância. Combinações surpreendentes de bom corte e movimento. E adoro o que ela faz pelas mulheres e garotas.

Eileen Fisher não começou com o desejo de defender o arquétipo do feminino positivo ao criar uma Empresa que Cura que empodera as mulheres. Tendo crescido em uma casa onde muitas vezes se sentira esquisita e contida, ela só queria sentir-se mais à vontade.

Criada em uma família católica, Eileen era uma de sete irmãos. Ela lembra que a mãe nunca teve a oportunidade de se definir, sua identidade foi obscurecida pelo dever de criar os filhos, o que a sobrecarregava. Sentindo-se perdida e deprimida, a mãe culpava o pai por sua infelicidade. Eileen era sensível ao drama da mãe e à discórdia dos pais. Cresceu sentindo uma profunda sensação de desconforto associada, ela compreendeu muito mais tarde, com uma sensação sufocante de limitações impostas externamente.

A dança proporcionou um refúgio. Embora nunca tenha tido aulas de formais de dança e alegue que nunca foi uma boa "bailarina", ela adorava dançar, mover-se livremente. Ela explica: "Quando criança, experimentei um senso de liberdade e pura alegria só de ficar dançando despretensiosamente."

Para a mãe de Eileen, costurar era um refúgio. Eileen explica que, embora a mãe estivesse infeliz muitas vezes, "quando ela costurava ou ia a lojas de tecidos e os tocava, era dominada por uma sensação de vida e alegria. Era um pequeno lugar em que nos conectávamos."

A mãe de Eileen costurava à mão os vestidos leves que facilitavam a atividade de se mover e dançar. E foi plantada a semente para a conexão entre roupas, liberdade, amor, autoexpressão, felicidade — e, por fim, a cura.

Como ela alavancou essas primeiras experiências para criar uma empresa cujos produtos proporcionam essa cura a suas clientes?

Por ter estudado design de interiores, Eileen compreende a relação entre os princípios de design da forma e função e a experiência humana do sentimento. Ela reflete:

Desde o início, eu era uma pessoa que se sentia pouco à vontade. Precisava de roupas confortáveis e um pouco mais de tranquilidade na vida. Os ideias de liberdade, tranquilidade, conforto e fluidez — todos ideais femininos — estão incorporados às roupas. Minha ênfase sempre esteve na sensação, na experiência de usá-las: no tecido, em como você se sente na roupa e em permitir-se realmente sentir, não ser um objeto.

Eileen confidencia: "Acho que comecei a desenhar roupas para realmente me curar."

Embora ela tivesse ideais elevados e estivesse construindo um negócio bem-sucedido, seu caminho não foi fácil. Eileen reflete sobre o fato de, inconscientemente, ter repetido alguns padrões não resolvidos do relacionamento dos pais em sua vida. Sentindo-se sufocada no casamento, ela culpou o marido, que também trabalhava na empresa, por tudo que estava dando errado. Quando se divorciaram, ela sentiu que sua vida estava desmoronando e se deu conta de que culpar o agora ex-marido não era o caminho para a felicidade ou para o empoderamento na próxima fase de sua vida.

Eileen começou a assumir pessoalmente a responsabilidade, a olhar para seu interior.

Logo após o divórcio, ela foi ao Instituto Ômega, em Rhinebeck, Nova York, para relaxar, ler e refletir. Elizabeth Lesse, uma das fundadoras do Ômega, bateu a sua porta e afirmou que ela poderia extrair ainda mais do retiro se participasse de um workshop. E um dos workshops disponíveis naquela semana focava exatamente a dança. Embora ela adorasse dançar quando jovem, de alguma forma, ao longo das décadas, tinha parado de dançar e se tornou cada vez menos à vontade e desconectada com seu próprio corpo. Depois de cinco dias dançando, Eileen se sentiu refeita! Após décadas estando dentro de sua cabeça, ela embarcou em uma jornada de autocura por meio da incorporação que continua até hoje. Ela lembra:

> Além da dança, comecei a ir a retiros de ioga e meditação. Adotei práticas que me ajudariam a me conectar, manter-me firme e me curar, incluindo psicoterapia. Não acredito que os negócios teriam ido tão bem se eu não tivesse me submetido à terapia, porque eu não teria condições de manter o foco.

Naturalmente, muitas pessoas ficam pouco à vontade quando são crianças; e todos projetam questões não resolvidas da infância no parceiro quando se casam. São muitos os padrões de disfuncionalidade, mas muitas vezes eles ficam no inconsciente, provocando muitos conflitos e sofrimento na vida pessoal e profissional. Algumas pessoas despertam e se comprometem com o crescimento e a mudança por meio do autoconhecimento, em vez de agir de modo inconveniente ou se entregar a alguma dependência. Artistas transformam a experiência do sofrimento em algo criativo, muitos terapeutas se envolvem em sua profissão como meio de lidar com suas próprias lutas interiores, e líderes de Empresas que Curam se dedicam a criar empresas que ofereçam soluções paras as necessidades humanas de modo sustentável e lucrativo.

Sem o marido na empresa, Eileen começou a se expressar por completo por meio de seus desenhos e de sua visão do que a empresa deveria ser. Ela desenvolveu sua expressão artística ao mesmo tempo em que alimentava um ambiente de trabalho terapêutico, combinado a uma visão de negócios poderosa.

Ela declara: "Quanto mais liberdade consigo, mais quero que as pessoas a meu redor também a tenham."

Curar-se é uma jornada interminável. Eileen continua a trabalhar em seu autoconhecimento, no crescimento pessoal e nas habilidades de liderança e comunicação. Ela mantém um diário, medita e faz ioga todos os dias, e criou uma cultura corporativa incomum na qual o autodesenvolvimento é estimulado e apoiado. Para Eileen, esse é um modo de vida, mas também um ótimo negócio. Ela explica:

> Projetos falham quando as pessoas não trabalham bem em conjunto. Assim, quando você cura relacionamentos, você libera sua energia e um trabalho incrível ocorre. Oferecemos apoio de orientadores experientes a nosso pessoal e realizamos workshops sobre dar e receber feedback. Nós nos dedicamos a ajudar as pessoas a se relacionarem, trabalharem em conjunto e se entenderem mutuamente.

Eileen se identifica com as dificuldades dos novos empregados na empresa e se dedica com entusiasmo a ajudá-los a melhorar a autoconfiança e autodeterminação. Ela adora inspirá-los a se tornarem líderes mais eficientes, a cultivar a habilidade de interagir de modo mais construtivo e alegre com os colegas.

A empresa faz muito para ajudar as pessoas a se entenderem e descobrirem seu propósito. Além de treinamento em comunicação e feedback, ela oferece workshops sobre esclarecimento de valores e autoconhecimento a todos os empregados, não só aos líderes. Isso proporciona às pessoas uma linguagem comum para compreender a si mesmas, aos outros e a seus relacionamentos. A empresa tem um consultor que oferece um programa especial para ajudar os empregados a entenderem como padrões inconscientes da infância motivam seu comportamento, algo que Eileen compreendeu logo no início que proporciona tremenda liberação para sua criatividade. Depois de curar muitas de suas próprias feridas da infância, ela quer ajudar seus empregados a fazerem o mesmo para despertar todo o potencial e trabalhar em conjunto com harmonia.

Empresas que Curam não separam a vida profissional da pessoal, ou a persona profissional do autêntico ser humano; em vez disso, elas buscam encorajar a plenitude e a realização de todos os membros da equipe. Eileen prioriza o bem-estar de todo seu pessoal e suas famílias. Ela explica:

> Precisamos começar com a vida das pessoas como são, porque muitas pessoas lutam e sofrem. O sofrimento se deve a muitos fatores. Alguns vêm do trabalho, outros podem estar relacionados à vida doméstica: uma doença, um filho com distúrbio de aprendizado ou, talvez, dificuldades financeiras. Se não procurarmos esse tipo de problemas, não os veremos e, se não os virmos, não faremos nada a respeito e, consequentemente, as pessoas continuarão a sofrer. Naturalmente, isso afetará sua capacidade de trabalhar.

Eileen Fisher criou uma cultura em que desafios pessoais são confrontados com solidariedade e preocupação. Como mãe de uma criança com transtorno do espectro autista, Eileen tem sensibilidade especial em relação a famílias com necessidades especiais.

Eileen deseja servir de modelo para o comportamento e as prioridades que a empresa necessita refletir. Quando o filho de sua assistente tentou falar com a mãe em meio a uma reunião importante, Eileen insistiu para que ela atendesse a ligação. Tendo passado por situações difíceis com seus dois filhos, ela foi tirada de reuniões com frequência ao longo dos anos para tratar de situações pessoais desafiadoras. Ela incentivou uma cultura em que todos sabem que podem colocar os filhos e as famílias à frente das exigências profissionais. Em vez de reduzir a eficiência, essa política gera um compromisso entusiasmado com a excelência, pois os empregados sentem gratidão e respeito pelo modo como eles e suas famílias são reconhecidos.

Além de promover o bem-estar emocional e espiritual, a empresa também oferece importante apoio ao bem-estar físico. Como o sistema de saúde não oferece os tipos de atendimento que a empresa gostaria que eles tivessem, todos recebem mil dólares adicionais por ano para educação em bem-estar. Eles podem usar esses recursos em medicina complementar, acupuntura, massagens ou cura de energia. A empresa também leva profissionais ao escritório. Há uma sala de massagens e aulas de ioga no local com frequência.

A empresa é muito lucrativa e cerca de 40% dos lucros anuais são distribuídos a 84% dos empregados do sexo feminino em forma de bônus. A abundância também atinge o mundo de maneiras maravilhosas: em 2017, a empresa doou US$1,5 milhão para mais de 300 organizações cujo foco é o empoderamento de mulheres e meninas, apoiando o tratamento justo de todas as pessoas ou preservando o meio ambiente.

Na época em que Billy Crystal tornou o "Esconderijo de Fernando" um meme, a franqueza e curiosidade de Eileen a levou a fazer perguntas sobre como as mulheres poderiam se vestir de modo mais confortável e, por fim, sobre como dirigir uma empresa de um jeito mais humano, ecologicamente saudável e inteligente.

Ela compreendeu que o modo como a mulher se sente em suas roupas tem importância primordial e que a mulher que se sente bem no que está vestindo irradiará sua beleza interior. A epifania de Eileen, quando renunciou ao uniforme da escola católica em Des Moines, fê-la criar o que chama de "um sistema de se vestir que é simples e maravilhoso". Você até pode dizer: *Maravilhoooso!*

A PARÁBOLA DO BURACO

COMO A APPLETREE ANSWERS CUROU A DISPARIDADE ENTRE RICOS E POBRES

Em 1995, John Ratliff fundou a Appletree Answers, um tradicional serviço de atendimento telefônico. Funcionando a partir de seu apartamento de dois quartos em Wilmington, Delaware, Ratliff expandiu os negócios por meio de uma série de aquisições de mais de 20 locais nos EUA. Ele empregou mais de 600 pessoas, 85% das quais trabalhavam por hora e 15% eram executivos assalariados.

Ele nos conta sobre o momento em que ficou claro que algo não estava certo no modo como seus funcionários horistas eram tratados em comparação com os assalariados. Em um frio dia do final do outono, uma das CFOs da Appletree pertencentes aos 15%, estava dirigindo para o escritório quando entrou em um buraco, estourou um pneu dianteiro e entortou a roda. Felizmente, ela era associada da AAA e eles enviaram um guincho que a levou a um concessionária Mercedes próxima. Um "carro de cortesia" a levou para o trabalho e ela tinha seguro para cobrir as despesas do conserto. Ela chegou com 90 minutos de atraso e foi recebida pela equipe que lhe ofereceu solidariedade e uma xícara de café.

Um outro dia, uma dos 85%, uma funcionária do atendimento ao cliente, estava dirigindo para o trabalho e entrou no mesmo buraco. Ela também estourou um pneu dianteiro e entortou a roda. Como não era membro do AAA, ela teve de chamar um guincho e um amigo para levá-la ao trabalho, já que não podia pagar um táxi. Ela chegou ao trabalho com cerca de três horas de atraso, foi repreendida pelo supervisor, que descontou o atraso de seu pagamento e lhe disse que perderia o emprego caso se atrasasse outra vez. Além disso, o conserto da roda e o pneu novo custaram mais do que ela ganhava em quatro dias de trabalho de oito horas. Com US$160 no banco, o que ela podia fazer? Como chegaria ao serviço no dia seguinte? Como levaria as crianças para a escola?

Ratliff lembra:

Fomos tão solidários com nossa CFO e caímos matando a outra pessoa para quem aquilo foi um grande problema. Pegamos seu dia ruim e o tornamos ainda pior. Depois do tormento, dissemos: "Agora, sente-se em seu lugar com um sorriso no rosto e certifique-se de que nossos clientes tenham uma ótima experiência." Tudo ao contrário. Não houve nenhuma solidariedade para a pessoa que mais precisava dela.

Em 2008, um colega do setor lhe perguntou qual era sua taxa de rotatividade dos horistas. Quando respondeu que era de 118%, o colega disse: "Uau! Isso é ótimo. Você está bem abaixo da média do setor de 150%."

Depois de pensar, John sentiu que sua taxa de rotatividade de empregados horistas não era um bom motivo de orgulho, mesmo que fosse melhor que o padrão do setor. Mais tarde, quando descobriu que a taxa de rotatividade de seus funcionários assalariados era de apenas 3%, ficou chocado com a visível discrepância. John se deu conta de que estava administrando dois ambientes de trabalho diferentes dentro da mesma empresa: um de onde as pessoas nunca queriam sair, e outro do qual as pessoas mal podiam esperar para sair. Ele reflete: "Você pode imaginar o tipo de luta de classes esse sistema de castas criou. Se você realmente quer manter uma cultura horrível, deixe seus funcionários assalariados felizes e os horistas infelizes. Junte-os e observe a discórdia se instalar."

Depois de cuidadosa consideração, Ratliff e sua equipe sênior decidiram cuidar melhor dos funcionários horistas. Seu trabalho em lidar com um cliente exigente e insatisfeito após outro era desafiador. Embora compreendessem que pessoas insatisfeitas prejudicariam o funcionamento e a produtividade do empreendimento e gerariam uma alta rotatividade, eles começaram a encarar o problema como algo além de uma mera questão tática de negócios. Como Ratliff comenta: "Comecei a compreender quanto sofrimento muitos de nossos funcionários experimentavam no trabalho. Foi um verdadeiro despertar de consciência."

Ratliff e seu grupo de líderes perceberam que os funcionários horistas que estavam saindo eram de camada socioeconômica inferior e que os assalariados pertenciam a um estrato mais elevado. Eles viram que a empresa era um reflexo dos desequilíbrios da sociedade e se comprometeram a encontrar uma abordagem criativa para desenvolver uma cultura que gerasse mais engajamento, integridade e realização para todos.

Primeiro, eles encararam com seriedade a tarefa de redefinir e vivenciar seus principais valores. Embora tivessem se dedicado a identificar os principais valores e pensassem que os tinham tornado parte da organização por colocá-los em pôsteres nas paredes, em cartões nas mesas etc., compreenderam que os valores continuavam a ser algo abstrato e não transmitiam a cultura de fato.

Ratliff, seu COO e o diretor de engajamento de empregados decidiram viajar até as diferentes filiais da empresa para conhecer todos os empregados. Eles anunciaram uma série de reuniões para todos os funcionários, para comunicar os valores e gerar engajamento. Ratliff comenta: "Quando você tem uma rotatividade de 3% em cargos assalariados, você está bem engajado e alinhado e acha que está tomando ótimas decisões. Comemoramos nossa estratégia de implementação de valores essenciais e ficamos orgulhosos de nós mesmos."

Algumas semanas depois, quando chegamos ao primeiro escritório em Reston, Virgínia, Ratliff ofereceu 20 dólares para qualquer pessoa que pudesse enumerar os seis valores. Depois de uma longa pausa, alguém ergueu a mão. Ela só sabia dois. Enquanto isso, os valores estavam listados em um pôster bem atrás de onde estavam sentados!

Ao irem de uma filial a outra, a mesma história se repetiu; as pessoas acertavam apenas um ou dois valores essenciais. Ratliff e sua equipe sênior estavam ficando exaustos e se sentiam desmoralizados, e ele se lembra de pensar: "Imaginamos que alguém ligaria para as outras filiais e avisaria que essa pergunta seria feita!"

A última reunião foi agendada no escritório em Porto Rico. A caminho do aeroporto, John parou em um caixa automático e essa máquina em especial estava entregando apenas notas de 100 dólares. Esse se mostrou ser um importante golpe do destino. Na reunião, John fez a pergunta habitual sobre os valores e um jovem ergueu a mão e acenou empolgado. Ele enumerou todos os seis valores essenciais sem hesitar. John procurou no bolso e tirou uma nota de 100 dólares, que era tudo que ele tinha e a entregou ao rapaz. O empregado começou a chorar de alegria. Todos se levantaram e aplaudiram.

Essa história se espalhou rapidamente pela empresa. Foi um momento decisivo em sua cultura organizacional. Depois disso, os valores essenciais realmente começaram criar vida. Ratliff e sua equipe tornaram os valores 1/3 do peso na pontuação das revisões de empregados para todos na empresa, em todos os níveis. Sempre que davam feedback, seja por propósitos de melhoria ou elogio, eles focavam os valores.

Ratliff comenta: "Nossos empregados se deram conta de que estávamos comprometidos em viver os valores. Eles pararam de ser apenas um pôster na parede e se integraram à cultura da organização."

Além de enfatizar os valores essenciais, a equipe de Ratliff deu início a programas complementares que ajudaram a transformar a cultura. Mais notadamente, eles criaram um programa chamado Dream on [Continue a Sonhar] — um programa do tipo *Formule um Desejo* para os empregados. A ideia era a de que todos poderiam apresentar um sonho e os líderes da empresa tentariam transformá-lo em realidade. Eles pediram: "Conte-nos a história de seu sonho e por que ele é tão importante para você." As pessoas também podiam pedir ajuda para lidar com os "buracos" da vida.

Quando eles lançaram o programa Dream On, os executivos que o conceberam se cumprimentaram com tapinhas nas costas, considerando-se gênios. Mas não houve resposta nos primeiros dez dias, provavelmente porque, como Ratliff imagina, as pessoas apenas não acreditaram que ele era real.

Depois de promover o programa internamente, a equipe de Ratliff finalmente recebeu o primeiro pedido de uma de suas funcionárias em St. Louis. Ela escreveu: "Sou mãe solteira. Meu ex-marido parou de pagar a pensão há duas semanas. Fui despejada de meu apartamento na semana passada e meus dois filhos e eu estamos morando em meu carro. Sinto muito, mas preciso de ajuda. Eu simplesmente não aguento mais ver meus filhos assim."

Depois de ler isso, John ficou com os olhos marejados de lágrimas. Ele conta: "Senti-me envergonhado. Eu me perguntei: 'Que tipo de empresa estou dirigindo? Uma mãe que trabalha aqui em período integral não tem onde morar e ela levou todo esse tempo para nos contar?'"

Ratliff e sua equipe conseguiram um hotel para ela e os filhos no mesmo dia em que receberam o pedido e, dois dias depois, ajudaram-na a se mudar para um novo apartamento — normalmente, é um grande problema para um empregado sem dinheiro pagar o depósito caução. Ele sabia que mais de 40% dos trabalhadores norte-americanos tem menos que US$400 no banco; como teriam condições de reunir o valor de três meses de aluguel?[1]

Quando Ratliff lhe disse que o Dream On era confidencial e que ela não precisava contar a ninguém, a resposta dela foi: "Não contar? Quero contar para todo mundo! Nunca fizeram algo tão bom para mim!" Ela contou sua história, que viralizou em toda a companhia. Logo outra funcionária em circunstâncias parecidas pediu ajuda, e dois dias depois estava em um apartamento. Dentro de duas semanas, eles tiveram cerca de 50 pedidos. Como Ratliff observa: "Esse foi o efeito dominó que mudou tudo."

À medida que o programa Dream On ganhava impulso, eles aprenderam como torná-lo mais eficiente. Cada pedido era aceito para consideração.

Alguns eram atendidos no dia seguinte, e outros, alguns meses depois, mas todos eram reconhecidos.

Durante um período de quatro anos, realizaram mais de 250 sonhos. Ratliff comenta: "Não estávamos encarando isso como um programa de incentivo voltado para funcionários de alto desempenho. Ao contrário, ele se baseia em um senso de preocupação e solidariedade para todo o nosso pessoal." Ele acrescenta: "Quando você começa a ler alguns deles, compreende que não damos valor a muitas coisas pelas quais outras pessoas têm de lutar desesperadamente — não só horistas, mas empregados assalariados também."

O efeito nos negócios foi extraordinário. Em pouco menos de quatro anos, a rotatividade voluntária de empregados caiu de 118% para 18%.

Ratliff comenta: "Houve muitas consequências positivas. Mesmo que a rotatividade não mudasse, ainda teria sido uma medida extremamente valiosa. Ela criou muita empatia e energia positiva dentro da empresa." Ele acrescenta: "Nós recebemos alguns pedidos realmente modestos de nossos funcionários horistas. Por exemplo: 'Meu sonho é ter um meio de transporte confiável para ir trabalhar.' Muito simples, mas muito sério."

Ratliff confessa que, como empreendedor, no início estava tão focado em clientes que não compreendia ou valorizava as pessoas que faziam seu sonho se tornar realidade. A iniciativa Dream On mudou isso radicalmente.

À medida que mais vidas eram mudadas para melhor, a boa vontade gerada se tornou palpável. Como John explica: "Com o tempo, a cultura de empatia começou a se espalhar por toda a organização." Como parte dessa iniciativa, ele renomeou seu RH como Departamento da Experiência do Empregado, cuja principal função era garantir que os empregados tivessem uma ótima experiência no trabalho, e não apenas cumprir regras e administrar riscos. Eles contrataram um diretor de engajamento e um diretor de experiência de empregados. Isso levou a outra prática de cura: a gerência passou a pedir a cada funcionário assalariado que tivesse subordinados diretos que lhe fizessem uma pergunta todos os dias: "*O que posso fazer agora para que sua experiência como empregado hoje seja melhor do que a de ontem?"* Essa pergunta se tornou o mantra da organização. Ratliff conta, exultante: "Todos começaram a pensar o tempo todo sobre o que poderiam fazer para melhorar a experiência do funcionário para todos. Tentamos eliminar qualquer coisa que fosse irritante. Eram pequenas e grandes coisas. Isso mudou todos os setores da empresa, do modo como administrávamos o TI à folha de pagamentos."

Muitas empresas promovem o conceito de "comunicação aberta", mas o mantra lhe deu vida. O trabalho em um call center é desafiador, mas, quando os empregados descobriram que seus pedidos e necessidades estavam sendo tratados com prioridade, o desempenho disparou.

Imagine que você tenha ficado sentado durante anos em uma cadeira desconfortável com dor nas costas, mas ninguém estivesse interessado; então, certo dia, seu chefe lhe pergunta de que você precisa para melhorar sua experiência no trabalho. Você diz que precisa de uma cadeira nova e, então, no fim da semana, você ganha uma!

Ratliff enfatiza: "É quase tudo muito simples. Mesmo assim, o poder vai muito além do que a maioria de nós consegue compreender. O empreendedor tem a responsabilidade fundamental de criar um lugar na empresa que agregue valor à vida e ao bem-estar da pessoa, em oposição a um lugar que reduz o valor. Em outras palavras, curamos em vez de causar dor. Falei sobre isso para muitos públicos e as pessoas me procuram e me dizem que tentaram fazer o mesmo. Nunca me disseram que não funciona."

Em junho de 2012, ele vendeu a empresa por um preço elevado e hoje presta consultoria sobre como outras companhias podem criar culturas de cura ao mesmo tempo em que geram altos lucros.

Muitos especialistas falam sobre a "disparidade entre ricos e pobres", em que conservadores muitas vezes argumentam que tudo está bem do jeito que está e que os pobres só precisam trabalhar mais, enquanto liberais frequentemente defendem impostos mais altos e redistribuição de renda. As duas abordagens falham.

A Appletree não "redistribuiu renda", tampouco criou um sistema socialista; em vez disso, ampliou a preocupação, a bondade e a cura com o resultado de mais prosperidade e felicidade para todos os envolvidos. Para a maioria de funcionários horistas, "o problema não é "trabalhar duro"; muitos têm vários empregos para poder se sustentar, mas muitas vezes são vitimizados por credores predadores ou penalizados por "impostos financeiros" que cidadãos mais ricos podem se dar ao luxo de evitar. Nossa próxima história mostra como outro empresário preocupado está ajudando a curar essa ferida.

CRIANDO ESPAÇO PARA SONHOS

COMO A PAYACTIV ESTÁ AJUDANDO POBRES TRABALHADORES A SUBIR PARA A CLASSE MÉDIA

Em 1998, a jornalista e ativista Barbara Ehrenreich se disfarçou para conhecer de perto o mundo dos trabalhadores com salário mínimo nos Estados Unidos. Aceitando qualquer emprego, Ehrenreich se mudou do Maine para Minnesota e para a Flórida, trabalhando como ajudante em um lar para idosos, garçonete, camareira e vendedora do Walmart.

Ela procurou moradia com base no que poderia pagar com seu salário, o que significou se limitar a motéis residenciais deploráveis e estacionamentos para trailers arruinados. Ela ficou chocada ao descobrir o quanto o trabalho era duro. Ehrenreich, PhD em Biologia, explica: "Os empregos eram mental e fisicamente desafiadores — lutei para aprender os sistemas de pedidos por computador em restaurantes, memorizar os nomes e as restrições alimentares de 30 pacientes com Alzheimer e, no Walmart, memorizar a exata localização de todos os itens de vestuário feminino — que então eram mudados depois de alguns dias." Ela também constatou que um emprego não era suficiente para cobrir mesmo as despesas básicas e que, como a maioria dos pobres trabalhadores, ela precisaria de dois ou até três empregos para se manter.

Em 2001, ela publicou *Miséria à Americana: Vivendo de Subempregos no Estados Unidos*, um livro que se tornou um importante best-seller. Para americanos prósperos, a economia pode parecer forte enquanto escrevemos este livro no início de 2019, mas a maioria das pessoas está financeiramente fraca, vulnerável e vivendo à beira do desastre. Nosso sistema financeiro sofisticado, tecnologicamente avançado e de rápido crescimento, agrava a carga daqueles que menos condições têm de usufruir dele, criando intermediários que oferecem financiamento para atender necessidades de curto prazo, pagar contas ou comprar um carro etc., mas o fazem de um modo que, quase sempre, garante a ruína financeira de seus clientes. A penúria provocada por taxas de juros usurárias é agravada por multas e tarifas que sugam a vida dos que menos condições têm de pagá-las.

Dados de Estresse Financeiro

- Cerca de 95 milhões de norte-americanos — 78% de empregados em tempo integral — gastam tudo que ganham antes do próximo pagamento.

- Cinquenta por cento têm menos de US$400 no banco e não têm condições de conseguir US$2 mil para uma emergência.

- Sessenta por cento são tecnicamente inadimplentes, o que significa que suas dívidas excedem seus bens. A maioria se endivida mais a cada ano.

- Setenta e um por cento de empregados alegam sofrer de estresse financeiro.

COMO OS TRABALHADORES POBRES SÃO ASSALTADOS

- *Taxas para saques a descoberto:* Incluem taxas sobre cheques devolvidos de US$25 a US$40 e taxas de proteção para saques a descoberto. Elas somam mais de US$25 bilhões por ano, o que é cerca de 50% a mais que toda a indústria da música dos EUA.

- *Tarifas bancárias:* A maioria das famílias trabalhadoras na América não consegue manter um saldo médio mínimo e, assim, precisam pagar de US$10 a US$25 por mês para manter a conta. Elas pagam a cada saque e pelo uso do cartão de débito. Isso soma até US$10 bilhões por ano.

- *Lojas de penhores:* Há mais de 11 mil penhoristas nos EUA, gerando uma renda anual de mais ou menos US$15 bilhões com taxas de juros entre 5 e 25% ao *mês*, além das taxas de serviço que podem chegar a 20% ao mês. Um empréstimo de US$400 pode acabar custando perto de US$1 mil por ano com juros e taxas.

- *Cartões de crédito subprime:* Um cartão de crédito subprime com limite de US$300 pode acarretar uma taxa anual de US$49, uma taxa de processamento de conta US$99 e uma taxa de US$89 de taxa de participação no programa, juntamente com uma taxa mensal de manutenção de US$10.

- *Empréstimos para compra de carros subprime:* Empregados da classe trabalhadora normalmente moram longe de regiões prósperas onde trabalham e, por isso, precisam de um carro para ganhar seu salário. Mas o mesmo carro que custaria US$16 mil à vista acaba custando mais de US$25 mil em um financiamento de 5 anos.

- *Empréstimos atrelados ao pagamento:* Há mais de 21 mil companhias que oferecem empréstimos atrelados ao dia do pagamento. A maior parte das pessoas é paga por hora, mas só recebe o pagamento a cada duas semanas. Contudo, muitas contas vencem no início do mês, de modo que muitas pessoas arrumam dinheiro antes de receber o próximo pagamento. Com uma taxa em torno de 10%, eles podem pedir algumas centenas de dólares. Se não forem pagos no dia do pagamento, o que é muito comum, a dívida é rolada a juros compostos. Depois, eles são vendidos a empresas de cobrança, que perseguem as pessoas agressivamente para pagar o total e mais.[1]

Esses são apenas alguns dos elementos do que tem sido chamado de "taxas financeiras" impostas aos pobres trabalhadores. Ocorre um efeito óbvio indesejável de tudo isso na qualidade de vida das famílias submetidas a esse assalto.

Segundo o Centro de Trabalho Social Financeiro, problemas financeiros são os maiores fatores de estresse na vida das pessoas. Eles são as principais causas de divórcio e contribuem para a violência, o consumo de álcool e a dependência de drogas, uma ampla série de doenças relacionadas ao estresse e à falta de moradia.

Acontece que, apesar de muitas empresas lucrarem com todo esse sofrimento, no geral as taxas financeiras não são boas para os negócios.

AS CONSEQUÊNCIAS DO ESTRESSE FINANCEIRO PARA AS EMPRESAS

O estresse financeiro faz com que os empregados fiquem distraídos e provoca altos índices de absenteísmo, além de "presenteísmo' — quando os empregados estão presentes de corpo, mas com a mente ausente por causa das preocupações. Calcula-se que empregados financeiramente estressados passam cerca de 24 horas por mês lidando com questões de dívidas. Empresas com empregados com estresse financeiro apresentam uma rotatividade elevada e têm mais despesas com assistência médica. Uma alta rotatividade significa maiores custos de recrutamento, orientação e treinamento de substitutos.

Em um artigo publicado em *The Nation* intitulado "Lucrando com o Pobres", Ehrenreich explica que os trabalhadores pobres não são alvos atraentes para os assaltantes de rua, porque não têm muito dinheiro na carteira. Mas ela mostra como grandes empresas muitas vezes assaltam quem tem menos condições:

> Emprestadores, incluindo grandes empresas de crédito como as que emprestam com base no dia de pagamento do salário, assumiram o papel do agiota de rua, cobrando taxas de juros absurdamente altas dos pobres. Quando complementadas com multas por atraso (elas mesmas sujeitas a juros), a taxa de juros efetiva resultante pode chegar a 600% ao ano, o que é perfeitamente legal em muitos estados.[2]

Assim como jornalista do nível de Studs Terkel, H. L. Mencken e outros, Ehrenreich tem o dom de inspirar uma raiva justificada e despertar a consciência dos leitores, mas onde podemos encontrar soluções para arrancar até centavos dos pobres trabalhadores?

A EPIFANIA DE SAFWAN SHAH

Safwan Shah cresceu no Paquistão, onde, quando criança, testemunhou caos social, tumultos e a imposição de toques de recolher e lei marcial. Seu pai era um tipo raro — um servidor público honesto que se recusava a aceitar subornos — e, por isso, era "transferido" para outra cidade a cada dois anos. Apesar de sua infância itinerante, Safwan era ótimo aluno e se formou como engenheiro elétrico.

Em busca de uma vida melhor para si mesmo e sua família, ele imigrou para os Estados Unidos em 1º de janeiro de 1989. Logo concluiu o mestrado seguido por um PhD em Engenharia Aeroespacial. Em 1994, ele foi até o Vale do Silício, onde iniciou vários empreendimentos de risco com resultados variados. Em 1999, fundou a Infonox, uma empresa que atendia a cassinos, permitindo que patrões acessassem o dinheiro com facilidade e segurança.

Ele ajudou a desenvolver um caixa automático equipado com câmeras de biometria facial, scanners de identidade, sensores de impressões digitais e verificadores, e scanners de imagens. Esses caixas automáticos podiam verificar a identidade do cliente, pagar cheques, receber transferências de dinheiro, abrir linhas de crédito, resgatar recompensas — a maioria das coisas que um caixa humano no cassino pode fazer.

Em 2008, a Infonox foi vendida para a TSYS, onde Safwan permaneceu alguns anos como presidente antes de se "aposentar". Ele se formou em Administração de Empresas pela Stanford e jogou muito golfe durante alguns anos. Dinheiro não era mais um problema, mas significado, sim.

Ele começou, com o encorajamento da mulher, a refletir sobre como utilizar suas ideias, conhecimento e experiência para servir a um propósito maior. Certo dia, enquanto pensava na questão em um café, considerou as circunstâncias dos empregados horistas que o serviam. Ele lembra:

> Trinta anos antes foi a primeira vez em que observei alguém pedir um adiantamento de salário a um empregador. Eu era estagiário em uma fábrica durante as férias de verão e um operário da linha de produção fez esse simples pedido ao supervisor: "Hoje é o dia 27. Posso receber dez dias de salário para serem deduzidos do pagamento que eu receber no dia primeiro?" Muito justo, pensei. Afinal, esse funcionário já tinha trabalhado por seu dinheiro. No entanto, a resposta do supervisor foi uma reprimenda: "É melhor você assumir o controle de sua vida e administrar melhor suas finanças. Não sou um banco nem um emprestador." Fiquei espantado... nunca esqueci... alguém necessitado tinha pedido dinheiro que já tinha ganhado e foi rejeitado.

Safwan se entusiasmou em tratar dessa injustiça. Sua epifania pode ser resumida na ideia de que, para cerca de 100 milhões de trabalhadores que dependiam do salário nos EUA, o *momento* em que o dinheiro chega é quase tão importante quanto a quantia. Ele pergunta:

Por que motivos as pessoas vão trabalhar? Se você é um funcionário administrativo, está bem dizer que você trabalha para ter autonomia, conhecimento e propósito... Mas, quando você trabalha por US$10 ou US$15 a hora, você trabalha para pagar as contas: para pôr comida na mesa, para sobreviver.

Ele acrescenta: "Quando você ganha US$15 a hora, você é tratado como um produto. Ninguém vai te enviar para assistir palestras para se inspirar."

Safwan fez algumas perguntas básicas:

- Por que mais de US$100 bilhões deveriam ficar em um sistema toda semana, ganhos, mas inacessíveis?
- E se mesmo 5% desses recursos ficassem acessíveis aos empregados que mais precisam deles? Em 52 semanas, essa quantia se transformaria em US$260 bilhões.
- Ajudaria a reduzir taxas predatórias, riscos de saque a descoberto e produtos de empréstimos a curto prazo predatórios?
- Por que não podemos usar a tecnologia para remover obstáculos entre o tempo em que a renda foi gerada e o acesso a ela?

Assim nasceu a PayActiv. A ideia era simples: permita que as pessoas acessassem o dinheiro que já ganharam. As pessoas obtêm o dinheiro com "o interessado mais sério e lógico em suas vidas financeiras: seu empregador". Isso transforma a espiral viciosa de débito, sofrimento, presenteísmo e alta rotatividade em uma espiral virtuosa em direção à solvência, dignidade e produtividade.

Os testemunhos de usuários são numerosos e sinceros. Este resume o poder da PayActiv:

Eu tenho três filhos e meu marido e eu trabalhamos. Pagamos por saques a descoberto pelo menos quatro vezes e um multa por atraso do aluguel seis vezes no passado. A PayActiv nos ajudou a evitar essas taxas. Ela possibilita começar a viver o sonho de poupar para sermos proprietários algum dia.

Safwan está na missão de despertar a consciência de CEOs. Ele ressalta: "Você não precisa emprestar dinheiro de seus empregados mais pobres." A moral está clara. A Bíblia aconselha: "Paguem-lhe o salário diariamente, antes do pôr do sol, pois ele é necessitado e depende disso. Se não, ele poderá clamar ao Senhor contra você, e você será culpado de pecado." (Deuteronômio 24:15 NVI.) Na *Divina Comédia*, de Dante, aqueles que assolam os pobres com multas e altas taxas de juros se tornam residentes permanentes do Sétimo Círculo do Inferno. Safwan também acredita firmemente que a energia e o engajamento desencadeados quando os trabalhadores horistas são liberados das taxas financeiras mais do que compensará o investimento no serviço da PayActive.

No fim de 2018, Safwan escreveu para a diretoria, o conselho e os investidores da PayActiv:

> Temos o melhor trabalho no mundo. Em 2108, atendemos 442.158 trabalhadores e passamos US$537.479.371 a suas mãos por meio do acesso oportuno ao salário já ganho. Colocamos mais US$110 milhões nos bolsos de trabalhadores de baixa renda. A maioria das estimativas mostra que adicionamos US$200 ao poder de compra mensal de um trabalhador comum. Um aumento de 7%.
>
> Com sua ajuda, ajudamos trabalhadores que estão afundando, trazendo-os à superfície para que possam respirar e recuperar sua força e seu rumo. Sim… temos uma ideia de negócio fantástica, mas tudo perde a importância em comparação ao fato de que fazemos mães, pais e crianças sorrirem.

ONDE ESTÃO OS IATES DOS CLIENTES?

**COMO BOBOS, UM XAMÃ E LARRY FINK
ESTÃO COMEÇANDO A CURAR WALL STREET**

Em 1940, o ex-corretor da bolsa Fred Schwed publicou *Where Are the Customers' Yachts?*[1] [Onde Estão os Iates dos Clientes?, em tradução livre.] O título vem de uma pergunta inocente que um visitante em Nova York fez depois de ver a série de iates de propriedade de executivos de Wall Street. É claro, não havia nenhum iate de cliente. A consultoria financeira geralmente é mais muito lucrativa para quem a vende do que para quem a compra.

A crise financeira de 2008–2009 foi um exemplo notório das muitas disfunções no interior do setor financeiro, acabando com mais de US$11 trilhões de riquezas para norte-americanos em uma névoa de confusão e falsidade sobre "títulos garantidos por hipotecas", "CDS" (Credit Default Swaps) e outras criações exóticas e fétidas.

O setor financeiro gera riqueza desproporcional para seus habitantes enquanto, com frequência, agregam pouco valor à economia ou à vida das pessoas. Taxas onerosas e veladas e conflitos de interesse desenfreados o tornam um dos principais motores do capitalismo inconsciente.

A cultura de Wall Street é dominada por pressão e estresse extremos, muito bem retratada no filme *O Lobo de Wall Street*. Muitas vezes, ela é predatória em relação aos clientes e abusiva em relação aos empregados, apesar de muitos desses serem exorbitantemente remunerados.

Há exceções notáveis no etos da ganância e prevaricação, prenúncios do surgimento de um jeito melhor.

Acreditava-se que os bobos da corte eram os únicos que podiam falar a verdade aos monarcas. Os irmãos Tom e David Gardner decidiram, 25 anos atrás, chamar sua consultoria de investimentos de The Motley Fool [algo como O Bobo Diversificado], enfatizando seu compromisso em falar a verdade e adotar uma atitude positiva e divertida. Tendo crescido em um ambiente familiar estável e amoroso com uma tradição de sucesso empresarial e valores cristãos, eles foram introduzidos na arte de investir ainda jovens com uma filosofia simples: ótimas empresas buy-and-hold conscientes para o longo prazo. Ela gerou uma companhia de sucesso, para eles, para os empregados e os clientes. Como David nos disse: "Muito do otimismo despreocupado norte-americano está arraigado em nós, como irmãos, e, portanto, em nossa empresa, nossa marca e no que estamos tentando fazer no mundo."

O propósito da The Motley Fool é "deixar o mundo mais esperto, feliz e rico". David fala: "O ramo das finanças deveria ser maravilhoso. Achamos que pessoas que pouparam dinheiro são heróis, porque elas tiveram a disciplina de gerar sua própria sustentabilidade financeira. A gestão de riqueza, quando feita adequadamente, é uma profissão maravilhosa, porque você trabalha com heróis para torná-los mais capazes de alcançar mais coisas para a família, a comunidade e o país."

Com o apoio de Lee Burbage, CPO da The Motley Fool [Diretor de Pessoas], Tom e David criaram um local de trabalho em que os empregados, conhecidos como "Bobos", sentem-se valorizados e apoiados. David nos disse: "Passamos muito tempo como nossos colegas Bobos tentando garantir que eles estejam fazendo o que amam e aquilo em que são bons. Se você estiver fazendo algo que o entusiasma e que domina, e o estiver fazendo com pessoas de que gosta em uma missão na qual acredita, estará no lugar em que todos queremos estar."

Cada um do agora forte complemento de 320 Bobos tem acesso a um coach de vida, que os procura algumas vezes por ano e pergunta: "Você está feliz? Você está fazendo o que quer para expressar seu principal objetivo?" O desejo de apoiar as pessoas na busca para utilizar seus talentos e realizar seus sonhos sempre foi parte da cultura da Motley Fool. Dez anos atrás, um dos Bobos da equipe de tecnologia estava pensando em sair para concretizar seu sonho de ser um personal trainer, mas, em vez disso, ele se tornou o primeiro consultor de bem-estar da empresa em tempo integral. Quando as pessoas têm apoio em seu bem-estar e amam o que fazem, não querem perder um dia, e a empresa não precisa criar uma política para faltas por doença e adota uma política de férias "tire quantos dias precisar".

A empresa também ajuda clientes a curarem experiências financeiras prejudiciais anteriores, o que aconteceu com a maioria. Ela os orienta a compreender o poder do investimento para ajudar a moldar o futuro. David declara: "Quando aplicamos dinheiro em uma ação ou uma startup, estamos fazendo uma escolha de lhe dar vida e não a alguma outra coisa. Nós estamos determinados a moldar o futuro todos os dias, aos poucos. Estimulamos os clientes a investir seu dinheiro de um jeito coerente com o futuro que desejam. Dizemos: faça seu portfólio refletir a melhor visão para nosso futuro."

Lawrence Ford partilha o compromisso da The Motley Fool de ajudar os clientes a investirem de modo a atender sua melhor visão para o futuro. Ele se tornou consultor financeiro depois de se formar na faculdade e logo se tornou um dos melhores funcionários de sua empresa. Aos 36 anos, tinha dois barcos, duas criadas, duas Mercedes e uma grande casa em Connecticut, perto de um campo de golfe, com uma piscina no fundo. Mas, apesar de sentir que seu sucesso se baseava na verdadeira preocupação com seus clientes, ainda ficava desiludido com a cultura tóxica predominante no setor.

Em busca de crescimento espiritual e sabedoria mais profunda, Lawrence deixou o mundo das finanças e se engajou em uma intensa busca espiritual de três anos, que incluiu ser iniciado em uma linhagem xamânica tibetana. Prestes a se tornar monge, sua orientação interior o levou de volta ao campo das finanças para ser a mudança que queria ver no mundo.

Ele voltou a Conecticut e fundou una nova firma de consultoria de investimentos registrada com a intenção de ajudar clientes a curarem a ansiedade e a preocupação que costumam ter sobre dinheiro. Ele compreendeu que o segredo para realizar essa tarefa era alinhar os portfólios e os valores das pessoas, para que seus investimentos fossem expressão de um senso de propósito, e, no processo, utilizar o capital para ajudar a curar a Terra.

Conscious Capital Wealth Advisors HQ parece mais um spa do que uma companhia de serviços financeiros. Os treze praticantes no escritório incluem especialistas em gestão de transições de vida, condicionamento físico, nutrição, massagem e planejamento de vida. No escritório, há aulas de ioga, tai chi, qigong e meditação para os funcionários e clientes. Lawrence explica: "Você contrata serviços financeiros, mas recebe tudo isso porque estamos tentando atender a pessoa como um todo. Qual é a vantagem de fazermos você alcançar suas metas se você não estiver saudável para usufruí-las?" Essa excepcional abordagem holística ao investimento levou a *Washington Post Magazine* a exibi-lo na capa como "O Xamã de Wall Street".[2]

Os Bobos e o Xamã são operações relativamente pequenas, mas são prenúncios de um movimento para levar a cura aos serviços financeiros. Esse movimento está ganhando impulso como mostrado pela carta que Larry Fink, CEO da BlackRock (com US$6,44 trilhões sob gestão a tornam a maior empresa de gestão de ativos do mundo), escreveu recentemente aos CEOs. Fink enfatizou que as empresas precisam liderar a cura do mundo:

> Desencorajada por mudanças econômicas fundamentais e pelo insucesso do governo em proporcionar soluções duradouras, a sociedade está cada vez mais procurando empresas, púbicas e privadas, que tratem de questões sociais e econômicas urgentes. Essas questões vão de proteger o meio ambiente à aposentadoria e à desigualdade racial, entre outras.

Fink defende que é essencial que as empresas que desejam prosperar no longo prazo tenham um propósito claro. Ele explica: "O propósito unifica a gerência, os empregados e as comunidades. Ele motiva o comportamento ético e cria uma verificação essencial das ações que vão contra os melhores interesses dos participantes."

Fink sabe que estamos no início da maior de riqueza da história, à medida que os *boomers* passam aproximadamente US$24 trilhões aos *millennials*. Ele cita um recente levantamento junto a *millennials* no qual eles responderam qual deve ser o principal objetivo de uma empresa e concordaram em peso que "melhorar a sociedade" era mais importante do que "gerar lucro".

Fink explica: "À medida que a riqueza troca de mãos e as preferências de investimento mudam, as questões ambientais, sociais e governamentais serão cada vez mais relevantes nas avaliações corporativas." E ele conclui: "Em uma época de grande disrupção política e econômica, sua liderança é indispensável."

Isso não se aplica só aos CEOs, aplica-se a todos nós.

OBRIGADO POR COLOCAR VENENO NO MEU MICROSCÓPIO

COMO A HILLMANN CONSULTING CORRIGE AMBIENTES TÓXICOS COM INTEGRIDADE E PREOCUPAÇÃO

Chris Hillmann fundou a empresa de consultoria ambiental que leva seu nome em 1985. Ele explica sua motivação para criar sua própria companhia e como ela se transformou em uma Empresa que Cura:

Meu emprego após a faculdade foi em uma empresa fora de Staten Island. Naqueles velhos tempos, a remoção de amianto em Nova York era controlada por "empreiteiros de resíduos sólidos" — também conhecidos como a Máfia. Com meu recém-conquistado diploma de bacharel em Administração de Empresas, fui eleito seu cara de "segurança". Mas logo ficou óbvio que eles não tinham interesse em segurança ou bem-estar humano. Eles já estavam estragando meu equipamento e mudando meus resultados. Eles eram bandidos.

Chris acrescenta:

A empresa focava a correção de toxinas, mas o ambiente de trabalho era tóxico. Eu não suportava trabalhar ali. Logo depois que saí, meu ex-chefe foi preso e cumpriu pena por subornar um funcionário da APA (Agência de Proteção Ambiental).

Chris se demitiu e conseguiu um emprego em uma empresa de consultoria ambiental que esperava ser um local melhor para trabalhar. Ele se tornou assessor em contaminação por amianto e um monitor de projetos de remoção, e foi certificado para analisar amostras de ar e materiais sob o microscópio.

Mas, então, em um projeto em um edifício comercial na cidade de Nova York, ele detectou níveis perigosamente elevados de amianto em uma área ocupada. O gerente do edifício lhe ofereceu US$5 mil para mudar o resultado. Ele se recusou e seu chefe o tirou do projeto no dia seguinte.

Chris observa: "Tive a repugnante impressão de que, depois de me tirar do projeto, meu próprio chefe aceitou a propina."

A suspeita de que a nova empresa também era corrupta foi confirmada depois que ele ficou a cargo do monitoramento dos níveis de amianto em uma escola católica em Delaware. Ele descobriu níveis perigosos de resíduos de amianto no carpete e até entre as páginas dos livros da biblioteca. Chris informou a descoberta ao chefe, mas então o ouviu conversando com um representante da escola e lhe dizendo que era apenas poeira e sujeira, não amianto. "Eu não acreditei! Como alguém poderia se dispor a colocar outras pessoas, principalmente crianças, em risco de mesotelioma e muitas outras doenças fatais, a fim de ganhar alguns dólares a mais?"

Chris entrou em outra sala e ligou para a diretoria da escola para contar a verdade. Ele apresentou seu pedido de demissão, porém, nas duas semanas antes de sair, pediram-lhe para analisar amostras no laboratório. Quando se inclinou para observar a amostra no microscópio, ele notou, bem a tempo, que um fluido de dispersão (um potente irritante) tinha sido passado nas oculares — presumidamente para feri-lo!

Chris saiu e nem olhou para trás. Ele concebeu a ideia de uma empresa de consultoria ambiental que realmente se importasse com o ambiente e todos os seus participantes. Ele pensou: "Deve haver um jeito!" Chris diz: "Eu sabia que poderíamos alavancar integridade, ciência e tino comercial para nos destacarmos nesse ramo."

Percebendo que ele precisava de um sócio com formação científica a fim de obter a licença para operar um laboratório, Chris perguntou ao irmão Joe se poderia ajudar. Joe, que era formado em Ciências Atmosféricas e da Terra, mudou-se da Virgínia para se juntar a ele em Nova Jersey. Eles compraram equipamentos usados, incluindo o primeiro microscópio, e arrumaram empregos noturnos para se manter enquanto completavam o processo de certificação necessária para iniciar uma firma de meio ambiente.

Joe era o cara da ciência e Chris era o cara de vendas e gerência; ambos atuavam como técnicos em cada projeto. Chris conta: "Eu me lembro de fazer visitas de vendas em sofisticados edifícios em Nova York, subindo 40 andares de elevador, comparando meu terno de segunda mão com o vestuário elegante dos outros passageiros e desejando que eu parecesse mais velho e mais bem-sucedido."

As limitações de vestimentas de Chris não impediram o crescimento da empresa. Depois de um faturamento de US$360 mil no primeiro ano, US$1,9 milhão no segundo e US$3,2 milhões no terceiro, a Hillman decolou, conseguindo muitas das maiores empreiteiras de Nova York como clientes e expandindo seus serviços e área geográfica de atuação.

Porém, nem sempre foi fácil, e a empresa teve de lutar para atravessar três recessões. Chris lembra o momento mais difícil quando pareceu que teriam de declarar falência porque o banco estava cortando sua linha de crédito para um mínimo durante a recessão no momento em eles mais precisavam. Ele ri enquanto explica: "Não abrimos falência, porque não tínhamos condições de pagar um advogado especialista em falência." Chris acrescenta: "O advogado que consultamos nos deu um ótimo conselho. Ele disse: '"Abram conta em um novo banco!' Foi o que fizemos, e tudo deu certo."

Chris conta: "Também dispensamos vários clientes e nos recusamos a trabalhar com outros quando sentimos que não operavam de modo ético."

Para Chris e seu irmão, ficou evidente que a honestidade e a integridade foram a base da empresa. Eles também acharam natural que a gentileza, a preocupação e a generosidade fossem modos intrinsecamente valiosos de ser e que esses valores os ajudariam a ser bem-sucedidos. Chris fala:

> Muitas vezes, competimos com empresas que usam principalmente agentes autônomos terceirizados para não pagar benefícios ou oferecer instrução e treinamento a seus funcionários. Nós escolhemos um modelo diferente. Nós achamos que, ao cuidar bem de nossa equipe, eles cuidariam bem de nossos clientes. Sempre achamos que seria bom fazer o bem.

Por seu programa "A Hillmann se Preocupa", a empresa cuida de seu pessoal de várias formas. Só em 2018, a empresa:

- Pagou as despesas de um programa de reabilitação bem-sucedido para um empregado que ficou dependente de medicamentos;
- Fez alguns empréstimos sem juros — e até doações financeiras — para ajudar empregados com várias situações pessoais difíceis, como enchentes inesperadas ou danos provocados por ventos ou a substituição de um forno quebrado;
- Continuou a pagar o salário de um empregado que foi diagnosticado com distúrbio cerebral terminal e fez arranjos para que ele fizesse a transição para um programa de assistência sustentável de longo prazo a pessoas com deficiência;
- Deu seis semanas de licença paga por luto a um empregado que perdeu um parente próximo.

Além de ser uma fonte de apoio financeiro e emocional para empregados que estão passando por dificuldades, a Hillmann cria um ambiente de cura ao oferecer uma iniciativa criativa de bem-estar do empregado, um programa de desenvolvimento de liderança customizado, uma política de distribuição de 20% dos lucros aos empregados e, o mais importante, um senso de propósito elevado. A declaração de propósito da empresa é simples e clara:

Criar um futuro melhor para todas as comunidades que tocamos.

Não é surpresa que a Hillmann Consulting apareça todos os anos em vários registros de "Melhor lugar para se Trabalhar". Como outras Empresas que Curam, o foco da Hillmann no bem-estar de seu pessoal se transforma em serviços para a comunidade.

Desde o início, Chris e o irmão contribuíram com uma porção significativa de seus lucros para causas nobres em sua comunidade. Ao longo dos anos, eles têm sido apoiadores consistentes da Habitat for Humanity, o Boys and Girls Clubs, e outras instituições de caridade, mas à medida que a companhia se expandiu para incluir escritórios em Boston, Virgínia, Califórnia e outras cidades do país, a equipe de executivos da Hillmann agora faz uma doação anual para ser usada em causas locais.

E o espírito de doar se manifesta mais do que apenas a doação de dinheiro. Os empregados da Hillmann contribuem com seu tempo, energia, criatividade e conhecimentos para tudo, desde a montagem e distribuição de "cestas de apartamento" — panelas e frigideiras, louça, talheres, aspirador de pó, lençóis, toalhas, cobertores, produtos de limpeza —, para famílias menos afortunadas que estão se mudando para casas populares, à doação de serviços de consultoria para construção de um abrigo para mulheres.

Toda essa bondade faz da Hillmann um lugar maravilhoso para se trabalhar; ela proporciona à empresa uma vantagem competitiva para atrair e manter o melhor pessoal e também para gerar relacionamentos de longo prazo com os clientes.

Chris comenta:

Sempre estivemos comprometidos com uma cultura de preocupação, mas, quando crescemos e abrimos vários escritórios em diferentes locais e multiplicamos o número de pessoas na empresa além do ponto em que é fácil conhecer e interagir com todos individualmente, nós nos demos conta de que precisávamos definir nossos valores e comunicá-los com consistência e inteligência.

Chris e sua equipe administrativa e de vendas descobriram um benefício inesperado que surgiu do trabalho de articular seu propósito e seus valores:

Agora, quando estou em visitas de vendas e conto a clientes em potencial que nosso objetivo é melhorar nossas comunidades, eles começam a realmente prestar atenção. Eles compreendem que nossas intenções são sérias e começam a tomar muitas notas. No início, isso me deixava muito preocupado, porque estamos em um negócio que, tradicionalmente, é muito sensível a preços, em que as pessoas muitas vezes só procuram o prestador de serviços mais barato... mas o efeito de comunicar nossa paixão pela solidariedade suscita algo nos clientes que os faz querer nos contratar e pagar mais!

• • •

Stephanie Cesario, diretora-geral de Serviços de Construção da Hillmann, conduziu a tarefa interna para definir e comunicar a essência da cultura de preocupação da empresa. Ela observa:

Quando você lida com saúde, segurança humana e qualidade de construção, quer pessoas que realmente se importam. Os prestadores de serviço de baixo custo nesse espaço não têm equipes comprometidas com a preocupação; eles adotam uma única abordagem de curto prazo. Os clientes reconhecem que pouparão dinheiro no longo prazo ao trabalhar conosco.

Matt Kamin, chefe do grupo de Gestão de Riscos na Construção da Hillmann, acrescenta: "Em nossa reunião de planejamento estratégico anual, há três anos, identificamos 'recrutar e reter as melhores pessoas' como nossa principal prioridade de negócios. Também nos comprometemos ao importante compromisso de nos tornarmos uma empresa de cura mais consciente. Esse comprometimento foi então expresso em um vídeo que produzimos destacando nossa cultura de preocupação. Na semana passada, eu o mostrei a um candidato que tinha ofertas de dois de nossos concorrentes pelo mesmo salário. Mas, quando ele viu o vídeo sobre tudo o que fazemos para tornar o mundo um lugar melhor, ele se deu conta de que nossas intenções são sérias e agora trabalha para nós. Quando começamos essa jornada para ser uma Empresa que Cura, confesso que fiquei um tanto cético, mas agora sei que foi a melhor coisas que fizemos. Tivemos um crescimento incrível desde que começamos esse trabalho, 40% só no ano passado, e o ano passado também foi, sem dúvida, o mais lucrativo."

NÃO "SÓ" COM FINS LUCRATIVOS

COMO A KIND SNACKS TORNA O "SAUDÁVEL" DELICIOSO E LUCRATIVO

Roman Lubetzky, pai do fundador da KIND, Daniel Lubetzky, tinha apenas 11 anos quando ele e a família foram aprisionados em um campo de concentração nazista. Perto de morrer de fome, Roman lembra de um ato de bondade inesperado que acredita ter salvado sua vida: um guarda no campo lhe jogou uma batata podre. Isso não parece muito apetitoso, mas, para a criança faminta, proporcionou nutrição para mantê-lo vivo; além disso, ele sabia que o guarda tinha se arriscado a ser preso ou até morto por ajudar um prisioneiro judeu.

Depois de ser libertado de Dachau aos 15 anos, Roman se refugiou com parentes na Cidade do México. À medida que recuperava lentamente a saúde, começou a aprender espanhol e inglês e ler vorazmente. Ele se tornou um empresário bem-sucedido, casou-se e começou uma família.

Daniel nasceu na Cidade do México em 1968. Quando tinha 16 anos, a família imigrou para San Antonio, Texas, em parte devido ao crescente antissemitismo no México. Depois de se formar em Economia e Relações Exteriores, Daniel estudou na França e em Israel, e depois obteve o título de Doutor em Jurisprudência na Faculdade de Direito de Stanford, em 1993.

Daniel se entusiasma com o modo pelo qual o pai o inspirou:

Ele via a vida como um presente, uma bênção, pois muitas pessoas a sua volta morreram no campo de concentração. Ele sentiu que sobreviveu graças à bondade dos outros. Sua missão de vida foi ser bondoso. Se alguém estava tendo um mau dia e estava triste — um comissário de bordo, um garçom —, ele contava piadas sem parar até conseguir um sorriso. Ele estava aqui para levar luz ao mundo e me inspirou de diversas maneiras.

O pai de Daniel também incentivou seu espírito empreendedor. Daniel começou seu primeiro empreendimento aos 8 anos, realizando apresentações de mágica como o "Grande HouDani". Ele criou mais magia ao iniciar vários empreendimentos bem-sucedidos quando ainda estava na faculdade. Inspirado pelo exemplo de bondade e consciência do pai em resposta ao profundo sofrimento, ele sempre foi de opinião que os negócios podem ser mais do que só um meio de ganhar dinheiro; eles podem ser uma força para ajudar a curar os maiores problemas do mundo. Por volta dos 12 anos, enquanto se preparava para seu bar mitzvah, Daniel ficou obcecado em encontrar soluções para o conflito árabe-israelense e, depois, escreveu sua tese na faculdade sobre como o problema poderia ser resolvido por meio do capitalismo consciente. Ele escreveu: "A ideia fundamental é usar os negócios como uma força para unir pessoas, derrubar estereótipos e reparar relações."

Ele colocou essas ideias em prática com uma empresa chamada PeaceWorks, que inaugurou no início dos anos 1990, depois de terminar a faculdade de Direito. A ideia era conseguir que palestinos, israelenses, jordanianos, egípcios e turcos trabalhassem juntos com o objetivo comum de produzir várias iguarias saudáveis apreciadas pelas culturas do Oriente Médio, como patês de tomates secos, vários pestos e tapenades, o que, na época, era relativamente novo para o paladar norte-americano.

Daniel aprendeu muitas lições com a PeaceWorks, principalmente que ter uma boa causa não é suficiente; você precisa criar um produto que as pessoas realmente adorem. Ele diz: "Você pode ter um produto feito pela Madre Teresa, mas as pessoas não o comprarão de novo se não for o melhor."

A PeaceWorks ainda está em atividade e, em 2004, Daniel lançou a KIND Healthy Snacks, uma companhia cujos petiscos deliciosos, nutritivos e saudáveis agora geram cerca de US$1 bilhão no varejo. Essa empresa "não *só com fins lucrativos*" está no centro de um movimento para espalhar a bondade pelo o mundo por meio de várias iniciativas sociais.

Daniel explica: "Está claro que objetivos sociais, quando autênticos, podem realmente fortalecer a marca e o valor da companhia. Mas mais importante que isso é saber por que estamos aqui. Só para ganhar dinheiro? Todos morreremos. Não levaremos o dinheiro conosco. O que podemos fazer para garantir que o mundo de nossos filhos seja melhor do que hoje?"

Daniel se dedica ao ideal da Empresa que Cura. Ele está obcecado em ajudar os outros a pensar com criatividade em como planejar empresas que ajudem a alcançar nossos objetivos sociais mais críticos de modo sustentável e escalável. Ele explica: "O benefício comercial não é o único e, cada vez mais em minha opinião, nem mesmo o principal, mas é resultado de construir algo que é realmente transcendente."

Essa abordagem transcendental se baseia em uma mentalidade criativa voltada para soluções que analisa os problemas de uma perspectiva de *ambos/e*, em vez de *um* ou *outro*. A lógica habitual determina que podemos ter *um* petisco saboroso *ou* um saudável, um alimento prático *ou* um saudável, *uma* empresa lucrativa *ou* uma socialmente consciente. No entanto, as barrinhas KIND são deliciosas *e* boas para você; elas são práticas *e* saudáveis, e a empresa é financeiramente bem-sucedida *e* está tornando o mundo um lugar melhor!

Líderes podem ser generosos, solidários, atenciosos e fortes, focados e poderosos. Essa integração de elementos aparentemente opostos é fundamental à cultura KIND.

Ser generoso não significa ser leniente e não comprometido com a excelência. Generosidade e excelência andam lado a lado. Ser generoso exige grande força e coragem para enfrentar injustiças e ajudar os outros.

Ser generoso não é o mesmo que ser legal. Administrar uma companhia sendo legal pode lhe trazer vários problemas. Você não oferece feedback insatisfatório, tampouco toma decisões difíceis necessárias, porque é legal, e acaba sendo medíocre e fechando as portas. Generosidade exige força, coragem, franqueza e atenção.

As práticas de contratação da KIND são essenciais para manter e escalar esses valores em ação. A companhia busca ativamente candidatos que manifestam energia e preocupação positivas, que têm um senso de propósito e que são fundamentalmente generosos.

Culturas de cura positivas não surgem só porque alguém criou uma missão ou declaração de valor fantásticas. A liderança da empresa deve realmente integrar os sentimentos nobres e reforçá-los continuamente. Isso acontece de fato na KIND: "Valorizamos a colaboração e prezamos o espírito de equipe, então os cultivamos e investimos neles constantemente. Nunca tomamos esses elementos como certos, falamos e nos lembramos deles o tempo todo."

Os empregados da KIND, na frase clássica de Ken Blanchard: "Flagram uns aos outros fazendo algo certo." Eles mandam bilhetes, chamados *Kindos*, uns aos outros (em referência ao termo "*kudos*", originário do grego *kydos*, usado no inglês para felicitar ou reconhecer o mérito de alguém), e aqueles que melhor incorporam os valores da empresa são reconhecidos como *Kindos do Ano*.

Nas raras ocasiões em que a KIND precisa dispensar um empregado, eles não usam o termo "demissão". Daniel explica: "Você nunca verá uma transição hostil em que alguém recebe uma caixa de papelão é e acompanhado para fora do edifício. Outras empresas fazem isso rotineiramente." Ele acrescenta: "Criamos uma cultura que não atrai pessoas egoístas. Não temos idiotas aqui."

Daniel está procurando encontrar o equilíbrio dinâmico entre o rápido crescimento da KIND e os valores humanistas que preza. Ele explica:

Em nosso sistema econômico, ficar do mesmo tamanho é uma blasfêmia comercial. Você não pode decidir que tem uma empresa realmente bacana e não quer crescer, porque, no espaço de produtos de consumo, você é medido pelo desempenho do espaço das gôndolas. Se você não estiver vendendo mais que os concorrentes, eles vão descontinuar seu produto. É um mundo implacável; ou você vence e tira mercado de seus concorrentes, ou eles o tomarão de você.

Ele acrescenta:

Esse modo de vida em que tudo gira em torno de ser o melhor, quem cresce mais depressa ou quem é mais eficiente é muito perigoso, porque nos impele a um mundo em que o consumo define a felicidade das pessoas e nos faz chegar aonde estamos hoje. Ainda não tenho as respostas para como lidar com isso, mas elas terão de incluir a redefinição de como determinamos o sucesso dos negócios.

• • •

Seria compreensível se Roman Lubetzky tivesse se tornado uma pessoa amarga e vingativa depois de perder parte da família e de sua infância, e então vivenciar o antissemitismo no país para o qual fugiu. Mas, em vez disso, ele escolheu afirmar a vida, o humor e o amor, e passou essas qualidades ao filho.

Nas profundezas do "inferno na terra", um pequeno gesto inesperado de bondade ajudou a salvar a vida do garoto. Há um longo caminho de uma batata podre até uma barra de chocolate amargo com cerejas e castanhas de caju. Mas como escreveu o famoso poeta grego Esopo (620–564 AC):

O nível de nosso sucesso é limitado apenas por nossa imaginação e nenhum ato de bondade, por menor que seja, será desperdiçado.

A KIND é uma das marcas de crescimento mais rápido no mercado de petiscos. A Mars comprou uma participação minoritária da empresa em 2017, com valor superior a US$4 bilhões.[1] Mais de um bilhão de barras da KIND foram saboreadas no ano passado, e vários atos de generosidade foram inspirados pelas iniciativas de Daniel. Essas iniciativas são parte de um movimento para reimaginar o conceito de sucesso dos negócios para que ele sempre inclua bondade, cura e amor.

REDEFININDO O SUCESSO

**COMO A REVISTA *CONSCIOUS COMPANY*
FUNCIONA DE ACORDO COM SEUS VALORES E PROPÓSITO**

Em março de 2014, Meghan French Dunbar estava saboreando um pedaço de pizza e uma taça de vinho tinto com a amiga Maren Keely na Pizzeria Locale, em Boulder, Colorado. Um ano antes, tinha finalizado seu MBA com foco na sustentabilidade das empresas e encontrou um emprego no setor editorial. Durante a conversa, Maren, que então estava cursando um MBA com foco em fazer das empresas uma força para mudanças positivas, perguntou a Meghan: "Por que não existe uma revista para conscientizar empresas? Existe a *Inc.*, *Entrepreneur*, *Fast Company* e *Success*, mas onde está a revista para empresas que realmente querem fazer o bem no mundo?"

O primeiro pensamento de Meghan foi: "Claro que essa revista existe. Deve haver uma!" Essa parecia uma brecha óbvia no mercado. Elas voltaram para a casa de Meghan depois do jantar, ligaram o computador, começaram a procurar e descobriram, com surpresa, que não existia nada parecido no mercado.

As duas amigas conversaram durante horas sobre as possibilidades e ficaram muito empolgadas em lançar uma revista focada em empresas como um catalisador para um mundo melhor.

Naquela noite, Meghan sonhou com a ideia e ficou inspirada, até eufórica, com seu potencial.

Quando acordou na manhã seguinte e verificou seu e-mail, ficou chocada ao descobrir que tinha sido despedida do emprego. Foi totalmente inesperado. Meghan reflete:

> Em vez de pensamentos loucos, caóticos e amedrontados do tipo: "Santo Deus, fui despedida. Que raios vou fazer?", minha reação imediata foi: "Sim! Este é o universo me dizendo que devo lançar uma revista sobre empresas sustentáveis!"

Levou alguns dias para convencer Maren, cujo ceticismo sobre mensagens do universo se baseou na clara percepção de que elas não tinham dinheiro nem experiência. Mas o entusiasmo e o senso de missão de Meghan era irresistível, e, juntas, começaram a procurar formas de como proceder. Primeiro, elas precisavam de um nome e isso foi fácil: *Conscious Company*. O nome de domínio estava disponível e elas criaram os novos endereços de e-mail. Em seguida, elaboraram uma lista de desejos com vinte líderes conscientes de empresas que admiravam e gostariam de ver na revista. No topo da lista estava John Mackey, fundador e CEO da Whole Foods Market e cofundador da Conscious Capitalism, Inc.

Meghan e Maren escreveram para os 20 líderes, avisando-os de que iriam lançar a revista em janeiro de 2015 e lhes perguntando se participariam. Para sua surpresa, horror e alegria, 19 disseram que sim, incluindo John Mackey.

De repente, o que parecia um sonho distante para o futuro era agora uma prioridade tangível, irrefutável e urgente. Meghan lembra: "Até esse ponto, tínhamos a sensação de estar em uma brincadeira para ver quem iria tirar o corpo fora primeiro. Mas, então, quando John Mackey se comprometeu, tudo se tornou real muito depressa. Ambas compreendemos: uau — há mesmo alguma coisa acontecendo aqui!"

Determinadas a criar uma revista especial de alta qualidade, elas se deram conta de que precisavam de um plano de produção, dinheiro para um projetista e a logística e, claro, muito mais dinheiro para mandar a revista para a gráfica.

Elas lançaram uma campanha de financiamento coletivo de 30 dias no Kickstarter, com a meta de arrecadar US$50 mil. O dinheiro começou a entrar do mundo todo, enviado por pessoas inspiradas por sua visão. Mas o Kickstarter funciona de modo que, se você não atingir sua meta, não recebe *nenhum* dinheiro. Faltavam alguns dias e elas tinham um total de US$$42.638 em intenções —e, então, o dinheiro parou de entrar. Faltavam US$7.362, mas elas tinham certeza de que isso terminaria como nos filmes, com alguém surgindo no último momento com a solução. Isso não aconteceu.

Meghan lembra: "Nós nos sentamos no chão do apartamento de Maren e assistimos nossa campanha descer pelo ralo. Em sua sabedoria maravilhosa e infinita, o Kickstarter realmente começa uma contagem regressiva nos dois últimos minutos. Era como esperar a explosão de uma bomba... tick, tick, tick... e então, a tela piscava: 'Sinto muito, você perdeu'. Simples assim, nossos US$42.638 desapareceram."

Foi um duro golpe. Embora amigos e parentes nos apoiassem e fossem solidários, muitos também ficaram secretamente aliviados com a possibilidade de agora essas duas jovens promissoras parassem de desperdiçar tempo e dinheiro em uma busca quixotesca para lançar uma revista impressa na era digital.

Meghan e Maren tiraram uma semana para se reorganizar e descobrir o que fazer em seguida. Quando elas voltaram, encontraram suas caixas postais inundadas de e-mails de pessoas de todo o mundo que participaram da campanha do Kickstarter incentivando-as a continuar. Em resumo, elas diziam: "Vocês têm de fazer isso. O mundo precisa de vocês! Lancem uma nova campanha de financiamento. Reduzam a meta. Avisem-nos; vamos dar o dinheiro novamente." Assim, elas lançaram uma nova campanha, dessa vez no Indiegogo, e levantaram US$20 mil. Elas contrataram o primeiro funcionário (um projetista) e, milagrosamente, publicaram a primeiro número no prazo. Com John Mackey na capa, a primeira edição da revista foi colocada em todos os mercados Whole Foods do país e as pessoas a adoraram!

A boa notícia era que elas tinham conseguido lançar o primeiro número. A ruim, que precisavam fazer tudo de novo em três meses e encontrar um modo de pagar pelo trabalho. Elas conseguiram e, de algum modo, continuaram durante um ano, na luta para utilizar cada centavo disponível em seus cartões de crédito, e conseguindo que alguns parentes também pagassem algumas despesas com os seus. Mas elas ainda precisavam de mais dinheiro, então Meghan saiu em uma missão de arrecadação que reuniu US$710 mil junto a investidores-anjo.

A injeção de capital manteve a solvência da empresa e deu a impressão de que o sonho agora era uma realidade viável, mas sob a superfície havia problemas significativos.

Principalmente, havia um crescente desalinhamento entre as metas da revista e o modo pelo qual era dirigida. A *Conscious Company* fornece informações e orientação a líderes de empresas com base em três princípios básicos:

1. *Liderança Consciente*: A autoconsciência, o bem-estar e o desenvolvimento pessoal contínuo do líder dão o tom da cultura consciente;
2. *Locais de Trabalho Conscientes:* O local de trabalho deve ser planejado e dirigido de modo a sustentar o bem-estar e o desenvolvimento contínuo a todos os empregados;
3. *Impacto:* A empresa deve atender a um propósito que vai muito além da geração de retorno financeiro.

Embora elas estivessem fazendo um ótimo trabalho contando as histórias de líderes que estavam vivendo esses princípios, as fundadoras estavam se afastando deles. Meghan trabalhava de 75 a 80 horas por semana, não se exercitava e negligenciava a família e os amigos. Ela e Maren não davam atenção à cultura que estavam criando no trabalho nem ao menos tinham tempo para pensar em cuidar da equipe. Sua crença tácita era: "Estamos fazendo grandes coisas no mundo, o resto se ajustará automaticamente." Elas não codificaram um propósito para a organização ou para os valores e normas que adotariam. Meghan lembra: "Apesar do fato de estarmos realizando um ótimo trabalho e publicando uma revista maravilhosa que as pessoas estavam achando extremamente valiosa — tínhamos todas essas histórias chegando de todas as partes do mundo de pessoas que começaram suas empresas depois de lerem uma de nossas revistas — internamente, estávamos experimentando uma inacreditável quantidade de discórdia e sofrimento."

O estresse intenso estava se manifestando na forma de divergências desagradáveis sobre o rumo para a empresa. Eles aceitaram um terceiro sócio na tentativa de criar mais harmonia, mas isso só piorou as coisas. Em 2016, apesar de dar a impressão para as pessoas de que a revista estava prosperando, Meghan se viu no ponto mais baixo de sua vida. Ela sentia dores intermitentes no peito e fortes ataques de pânico e se viu desesperada quase todos os dias.

Além disso, apesar do sucesso inicial, a revista estava caminhando para a falência. Com o dinheiro acabando e a cultura desarticulada, a situação era terrível. Meghan reflete: "Nós conseguíamos chegar a um acordo. Escrevíamos sobre engajamento, mas os membros de nossa equipe estavam se afastando. Estávamos nos movendo às cegas. Eu não via uma luz no fim do túnel. Era horrível."

Meghan estava desolada com o pensamento de que poderia decepcionar tantas pessoas que tinham acreditado nela. "A ideia de que eu decepcionaria meus investidores (pessoas que eu tinha convencido a me dar dinheiro), minha equipe (pessoas que eu tinha convencido a trabalhar comigo), nossa comunidade (as pessoas que liam nossa revista) — era o fator mais desanimador que eu já tinha enfrentado na vida."

Estava claro que mudanças gradativas não solucionariam a situação; medidas drásticas eram necessárias. Meghan e Maren compreenderam que se pudessem vender a empresa para um comprador alinhado a sua missão, poderiam avançar e se realinhar. Depois de seis meses trabalhando com um comprador em potencial, elas venderam a companhia no dia 1º de dezembro de 2017, em uma negociação em que todos saíram ganhando e em que Meghan continuou como CEO.

Com esse recomeço, Meghan pensou sobre o que precisava fazer para que a empresa fosse fiel aos ideais que estava disseminando. Como poderia reconfigurar a companhia? Como ela poderia construir uma empresa que estava se curando? Como poderia construir uma organização compassiva que estivesse totalmente alinhada com quem ela queria estar e com como ela queria que a equipe se sentisse? Com a ajuda de Nathan Havey, um consultor, Meghan e sua equipe esclareceram o propósito, que é:

Redefinir o sucesso nas empresas a serviço de toda a vida.

Eles elaboraram uma declaração contundente de seus valores essenciais, que são: tratar as pessoas de maneira maravilhosa, escolher a alegria e o amor, orgulhar-se do produto, praticar a confiança radical e a paciência corajosa, ser autêntico, ser aberto e curioso e fazer o que se diz. Eles também criaram normas e práticas culturais a serem cumpridas em uma base diária, semanal e mensal, para garantir que cumpririam seu propósito e viveriam seus valores essenciais.

Meghan se comprometeu ao próprio desenvolvimento pessoal com seriedade. Ela contratou um coach e um terapeuta, adotou práticas diárias de meditação e ioga e começou um diário.

A empresa se curou rapidamente do trauma do ano anterior e começou a prosperar. As novas práticas culturais foram muito úteis. Por exemplo, com uma equipe geograficamente dispersa, a semana começa todas as segundas-feiras com uma reunião de equipe virtual, aberta com um check-in pessoal; as pessoas falam sobre o que fazem como seres humanos e pelo que estão mais gratas no momento. A reunião termina com cada membro da equipe falando de seu propósito pessoal (o de Meghan é ser a força do amor). Eles partilham seus pontos altos e baixos, do que têm orgulho (ou nem tanto) de terem feito na semana anterior em relação a seu propósito pessoal. Às sextas-feiras, a equipe foca o propósito e os valores essenciais da empresa e têm uma conversa semelhante sobre pontos altos e baixos. A companhia pratica uma transparência radical, reconhecendo que qualquer coisa que a pessoa esteja vivenciando em casa a afetará no escritório. Os membros da equipe podem levar quaisquer traumas ou dificuldades pessoais para o local de trabalho e falar sobre eles com a equipe. O foco é: "O que precisamos fazer para apoiá-lo?" A diferença entre a nova cultura e a antiga é imensa.

Os ideais de cura que Meghan defende na Conscious Company Media foram testados dez dias antes de falarmos com ela. No segundo mês de sua primeira gravidez, ela sofreu um aborto espontâneo e, diante da profunda decepção, se perguntou: "Como liderar em um momento de intenso trauma? Como aparecer na segunda-feira para liderar uma reunião com toda a equipe quando estou arrasada por dentro?"

Ela abriu a reunião da segunda-feira seguinte contando sua experiência à equipe e pedindo apoio. Seu pessoal logo se juntou a ela e lhe ofereceu amor e apoio que fizeram uma profunda diferença em sua recuperação. Ela reflete:

> Todos experimentamos trauma, sofrimento e perdas e temos de continuar a avançar em nossa vida. Imagine um mundo em que a empresa que você está formando ou na qual está trabalhando pode ser um lugar em que não tenha que sofrer sozinha, mas realmente procurar sua equipe em busca de apoio. Você pode realmente ficar cercado de solidariedade e compaixão quando vai trabalhar.

Na primeira semana após o aborto, Meghan tirou alguns dias para cuidar de si mesma e recuperar as energias. Ao ser um modelo de autocuidado, ela facilita aos outros na organização fazer o mesmo quando necessário.

Os líderes podem ajudar a criar e moldar culturas de cura que, então, ajudam a curar a todos, inclusive o líder. As empresas só podem atingir o nível de consciência do líder. Se ele está passando por um trauma, o mesmo ocorrerá com a organização.

Meghan reflete:

> Quando conheço melhor fundadores e CEOs, quando você realmente retira o verniz, percebe que há muito sofrimento nos níveis mais

elevados. Os líderes sequer esperam que se discutam sua solidão e ansiedade. As pressões de ser um líder são intensas: você é responsável pela lucratividade da empresa, pelo bem-estar e segurança de seus empregados, por seu próprio trabalho. E, é claro, em cima de toda essa responsabilidade, ser um CEO não o deixa imune aos traumas da vida.

Meghan é uma batalhadora nata que cultivou a autoconsciência necessária para otimizar sua energia de modo a despertar o melhor em si mesma e nos outros. Ela observa:

> Aprendi que, se eu estiver tensa ou ansiosa, enfrentando qualquer tipo de dificuldade, esse geralmente é um sinal de que preciso de uma folga... fazer algo reparador. Pode ser deitar cinco minutos, acariciar meu cão, dar um passeio ou simplesmente escrever algumas palavras em meu diário.

Meghan e sua equipe estão fazendo um trabalho muito melhor em viver seus ideais do que estão escrevendo. Eles também descobriram que contribuir para a expansão e evolução da comunidade do Capitalismo Consciente os ajuda a oferecer e receber ainda mais apoio.

Meghan reflete sobre o motivo de a Conscious Company Media ser tão importante para ela e, em sua opinião, para o mundo.

> As empresas são os maiores agregadores de potencial humano na face da Terra. Elas são o lugar em que passamos a maioria de nossas horas acordados e, se pudermos realmente ter organizações que tratam das questões sociais e também criar locais de trabalho em que as pessoas se sintam valorizadas e respeitadas, elas irão para casa com uma sensação de empolgação, e não de medo. Essa energia vai para as casas, espalha-se das casas para as comunidades e das comunidades para o mundo. Se todos tiverem o prazer de poder trabalhar em uma empresa orientada por um propósito, acho que esse seria um dos

maiores fatores de alavancagem de mudanças que poderíamos ter no mundo. Apoiar os líderes que estão por trás dessas empresas orientadas por propósitos e garantir que eles tenham o apoio, a atenção e o estímulo de que precisam é uma das coisas mais importantes que poderíamos fazer.

Ao integrar seus ideais de cura com a liderança da empresa ao mesmo tempo em que gera lucros consistentes, Meghan e a Conscious Company Media estão, de fato, redefinindo o sucesso nas empresas a serviço de toda a vida.

COMO SE CHEGA AO CARNEGIE HALL?

**COMO A JABIAN CONSULTING
TRANSFORMOU SEU MODELO DE NEGÓCIOS
PARA INCLUIR FAMÍLIAS COMO PARTICIPANTES**

À s vezes, na vida, só compreendemos o custo de algo quando é tarde demais. Recentemente, um amigo nosso estava caminhando, em uma noite fria de dezembro, da Grand Central Station até o Carnegie Hall a fim de assistir a um concerto. Seu traje formal não lhe ofereceu muita proteção do vento gelado e intenso, e era impossível encontrar um táxi na agitação da hora do rush, então, seguindo um impulso, ele fez sinal para um "pedicab" de três rodas para transportá-lo nos últimos dez quarteirões. Nosso amigo foi criado na Índia, onde se lembrava de ver engenhocas de três rodas semelhantes, chamadas de ciclo-riquixás, como o meio de transporte mais barato. Ele calculou que a viagem curta lhe custaria cerca de US$10, mas estava preparado para oferecer até US$20 para o condutor por enfrentar o frio. Quando lhe perguntou o preço, o rapaz resmungou algo sobre cobrar por minuto. Nosso amigo não deu muita importância a isso, enrolou-se em um cobertor e se recostou ao banco para usufruir o rápido passeio e as luzes que enfeitavam a cidade. Ao chegar ao Carnegie Hall, o condutor tirou o celular do bolso e começou a calcular. Ele disse: "Foram 12 minutos e meio a US$6,99 o minuto. O senhor me deve US$87,50." Nosso amigo ficou indignado e exclamou: "Eu não vou pagar isso por um percurso de 12 minutos. Isso é mais que US$400 por hora!" Ele ofereceu US$20, mas o condutor protestou e começou a ficar agressivo. Depois de uma troca de ameaças de chamar a polícia, o rapaz pegou os US$20, soltou uma série de obscenidades nova-iorquinas e se afastou pedalando.

Infelizmente, essa história é uma amostra do que acontece com frequência na vida; somos levados a dar uma volta e só percebemos o custo quando é tarde demais. Isso ocorre com muitas das profissões mais cobiçadas em nossa sociedade. Muitas vezes, o verdadeiro custo, o custo humano, é insuportável. Quando realmente nos damos conta disso, estamos envolvidos demais.

Na clássica pergunta sobre como chegar ao Carnegie Hall, a resposta não é com "um pedicab", é com "prática, prática, prática". A prática da consultoria gerencial há muito tem sido considerada uma das mais atraentes opções de carreira para os melhores alunos formados por escolas de administração de elite. É um trabalho lucrativo e intelectualmente estimulante, oferecendo a jovens a oportunidade de causar um impacto significativo nas estratégias e operações de empresas importantes. Mas o glamour tem seu preço: a maioria dos consultores precisa sair de casa todos os domingos e só voltar na sexta-feira à noite. Embora isso não pareça um problema no início da carreira, começa a parecer uma barganha de Fausto depois do casamento e pode se tornar uma carga angustiante depois que se tem filhos.

Essa foi a história de Nigel Zelcer, Chris Reinking e Brian Betkowski, os cofundadores da Jabian Consulting, uma empresa de consultoria diferente com sede em Atlanta, com filiais em Dallas, Charlotte e Chicago. Ocorreu a cada um dos fundadores que, sem perceber, tinham entrado em um caminho que não estava alinhado com suas prioridades de vida.

Eles tinham crescido com a noção de sucesso baseada nas normas culturais norte-americanas em termos de status, posição e riqueza. O pai de Chris, por exemplo, era um executivo de tecnologia bem-sucedido, mas, como seus contemporâneos, ele passava cinco dias por semana na estrada. Quando Chris estava terminando o ensino médio, todo esse tempo longe finalmente custou ao pai o casamento e atrapalhou o relacionamento com a família. Mesmo assim, Chris cresceu, tornou-se um consultor e se viu preso a um estilo de vida com uma agenda muito parecida com a do pai.

Uma mudança em relação à época do pai de Chris é que hoje há muito mais mulheres viajando a trabalho. Chris se casou com uma consultora, e ambos progrediram em seu estilo de vida acelerado — até começarem uma família. Foi então que Chris refletiu: "Olhei em volta e reconheci que continuar daquela forma era inaceitável. Não me lembro de quantas vezes me vi em salas de reunião às 19h com colegas que ligavam para seus filhos para fazer as orações antes de dormir ou cantar canções de ninar. Eu pensei: 'Isso está errado. Esse não é o tipo de pai que quero ser'." Em vez de treinar os filhos no futebol ou softball, ele via pais perguntando o placar do jogo. Ele viu mães consumidas pela culpa enquanto falavam com pais ansiosos em casa tentando dar banho e alimentar seus filhos pequenos.

Chris pensou: "Deve haver um jeito de fazer esse trabalho que amamos... mas também poder valorizar nossos cônjuges, casamentos e filhos, e nossa comunidade como um todo."

A jornada de Nigel foi semelhante à de Chris. Ele trabalhou muitos anos na Accenture e se tornou executivo sênior. Depois, ele teve o primeiro filho e suas prioridades mudaram. Embora amasse e fosse excelente no trabalho, ele começou a questionar o preço pessoal que tinha de pagar para continuar nesse caminho.

Brian, que também tinha trabalhado na Accenture, acrescenta: "Quando criança, e depois enquanto estudava no Instituto de Tecnologia da Geórgia, sempre gostei de construir coisas. Eu queria saber como elas funcionavam e, se algo funcionava bem, queria encontrar um jeito de melhorá-lo. Essa é a mesma mentalidade que nos ajudou a criar a Jabian."

Como consultores especializados, Chris, Nigel e Brian tinham experiência em ajudar clientes a encontrar soluções engenhosas para seus maiores problemas. Uma das formas pelas quais excelentes consultores ganham honorários elevados é ajudando os clientes a descobrir suposições limitantes que afetam seu sucesso. Eles começam a aplicar essas habilidades aos próprios problemas. Logo ficou claro que as práticas que achavam tão dolorosas eram simplesmente normas incontestadas do setor; elas não eram transmitidas por decreto divino. Eles se deram conta de que poderiam desafiar o dogma do mercado. O resultado foi uma epifania expressa na pergunta:

Por que não criar uma empresa de consultoria local?

Eles decidiram começar uma empresa de consultoria gerencial independente com uma diferença fundamental: os consultores nunca teriam de tomar um avião para atender os clientes. *Nunca.* Todos seus clientes estariam sediados nas cidades em que moravam. Por experiência própria, eles sabiam que, por não viajar de avião ou passar as noites em um hotel, eles teriam muito mais tempo para dedicar a coisas realmente importantes, além de estar realmente em melhor posição de atender os clientes.

Nigel afirma: "Mudamos o modelo e o transformamos em um emprego muito mais normal; você consegue ir para casa em um horário normal e dormir na própria cama." E também:

Ninguém fez objeção em trocar as milhas acumuladas para se tornar uma pessoa completa. Nossos consultores hoje levam vidas muito mais felizes — são treinadores dos times de futebol dos filhos e participam das atividades de organizações, igrejas e outros empreendimentos da comunidade que enriquecem a qualidade de vida.

Todos os anos, a revista *Consulting* homenageia os 25 melhores consultores do país, com um processo no qual os clientes indicam os consultores que tiveram o maior impacto em suas empresas.[1] A Jabian é uma pequena empresa com 13 anos presente em apenas quatro cidades, mas três de seus consultores foram premiados, concorrendo com todas as grandes empresas.

Kristine Jordan foi uma das integrantes da equipe da Jabian a receber esse reconhecimento nacional. Formada pela Texas A&M, onde se formou em Engenharia Industrial e estudou Administração de Empresas. O pai de Kristine foi sócio sênior da Andersen Consulting. A mãe dirige um estúdio de dança e de ginástica. Kristine se tornou uma consultora de sucesso na Accenture enquanto também praticava e dava aulas de ginástica, sua paixão (que depois abandonou para dar aulas de dança). Como nos disse: "Eu me tornei meus pais — os dois!"

Uma estrela em ascensão na Accenture, onde trabalhou nove anos, Kristine estava pronta para começar uma família, mas sentiu que a vida como sócia sênior na firma não seria um caminho para a felicidade ou a realização. O pai tinha sido um consultor que viajou durante 28 anos e ela sabia o que a vida tinha significado para a mãe e para ela. Ela poderia fazer como muitas de suas amigas, que trocaram a consultoria por um emprego administrativo ou até pararam de trabalhar por completo. Mas Kristine adorava a consultoria gerencial e era ótima na profissão. Felizmente, ela conheceu os sócios da Jabian, que foram unânimes em querer que se unisse à firma. Depois de um período de cuidadosa reflexão, ela decidiu aceitar a oferta.

Oito anos depois, Kristine tem três filhos — incluindo gêmeos — e um casamento feliz. Foi promovida três vezes e é acredita nos efeitos da cultura da Jabian em sua realização e crescimento pessoal e profissional. Ela diz:

Logo depois que entrei para a empresa, compreendi que trabalhar aqui estava me tornando uma pessoa melhor. No passado, quando viajava o tempo todo, tinha uma visão um tanto egoísta da vida, porque só tinha de me preocupar em chegar do ponto A ao ponto B. Eu trabalhava, comia, fazia exercícios e dormia. No dia seguinte, repetia tudo. Eu ajudava clientes, mas não estava realmente contribuindo para a vida de amigos ou familiares.

Kristine acrescenta:

O tempo que eu gastava viajando é investido hoje em oferecer uma ajuda mais abrangente aos clientes e cultivar e usufruir relacionamentos com colegas e pessoas em nossa comunidade, além de ter uma ótima vida familiar. Comecei a dar valor a pequenos gestos de gentileza que abrilhantam a vida de outras pessoas. Como certo dia em que eu soube que uma amiga estava com dificuldades e pude parar e comprar um café para ela a caminho do trabalho. É uma coisa pequena, mas faz uma grande diferença se você pode fazer uma pessoa sorrir. Pode ser apenas para uma pessoa, mas há o efeito cascata. Talvez estejamos curando a nós mesmos e aos outros simplesmente estando presentes.

Ao contrário de muitos grandes concorrentes, a Jabian emprega aproximadamente o mesmo número de mulheres e homens. Ao criar um ambiente que favorece a vida familiar, eles podem atrair e reter astros como Kristine. Como Nigel diz: "Pense em quantas mulheres brilhantes cursaram a faculdade, são muito talentosas, querem começar uma família e, no entanto, se veem praticamente impossibilitadas de continuar a subir na carreira por causa das normas do mercado. Isso é o que eles costumavam chamar de o 'caminho da mamãe'. As mulheres tinham de sair de seu caminho profissional e andar pela faixa da direita se também quisessem ser mães. Essas trocas forçadas eram produto de um pensamento limitado e da falta de solidariedade. Não precisa ser desse jeito."

Kristine e sua família estão prosperando na cultura da Jabian voltada para a família. Eles participam de uma série de programas familiares patrocinados pela empresa, incluindo eventos esportivos, piqueniques, concursos de bolos e o Day of Service [um dia em que voluntários participam com ONGs de vários eventos relacionados à comunidade] anual, realizado no Dia de Martin Luther King Jr. Ela e os filhos adoram participar do evento de pintura patrocinado pela Fundação da Arte no Hospital de Atlanta. Crianças com três anos ou mais ajudam a "pintar por números" várias telas grandes. A Jabian atua junto a várias organizações locais em cada uma de suas quatro cidades nesse dia. Integrar as crianças no Day of Service significa que os empregados não precisam escolher entre ficar em casa com as crianças, que estão de folga na escola, ou participar. E, tendo perdido muito da infância dos filhos, o pai de Kristine agora compensa esse período estando sempre disponível para os netos. Ele ganhou o apelido de Gruber, ou Granpa Uber [Vovô Uber], porque está sempre disponível para apanhar as crianças e fazer o que for necessário para dar apoio à filha no trabalho e na vida.

Em um piquenique para a família patrocinado pela empresa, Nigel foi abordado pelo marido de uma nova funcionária. Ele disse: "Preciso lhe dizer que nunca vi minha mulher com um sorriso tão grande. Desde que passou a trabalhar para você, ela é a pessoa mais feliz do mundo."

Além de descartar a norma do "guerreiro da estrada", a Jabian também derrubou outro pressuposto de um velho paradigma de empresas de grande escala: a prática do "para cima ou para fora". Todos os anos, as grandes empresas disponibilizam um número limitado de promoções. Os que não conseguem ser promovidos são solicitados a deixar a empresa. Geralmente, o resultado é uma cultura interna feroz em que as pessoas não ajudam as outras a terem êxito. Em muitas companhias, a concorrência interna é muito mais acirrada do que a entre empresas.

A Jabian mudou isso com uma cultura de apoio positiva. Eles a chamam de "Cresça ou saia". Em vez de limitar as oportunidades de promoção, a Jabian convida as pessoas a demonstrarem seu compromisso de crescimento pessoal e profissional. A firma emprega um especialista de "desenvolvimento de carreiras" para ajudar todos os membros a elaborarem estratégias para cultivar seu potencial e aproveitar melhor suas oportunidades. Se você não estiver interessado em aprendizado contínuo e em adotar uma mentalidade de crescimento, então esse não é o lugar para você! Ao contrário de muitas firmas, a Jabian apoia e recompensa seu pessoal pelos esforços de ajudar e apoiar uns aos outros, e essa orientação pró-social de equipe é um elemento significativo na consideração de promoções na companhia. Essa cultura positiva está ajudando a Jabian a atrair e reter muitos consultores talentosos de concorrentes maiores, que preferem trabalhar em um local onde as pessoas realmente se preocupam umas com as outras e querem progredir juntas.

Além dos benefícios de cura para os consultores, suas famílias e comunidades, a Jabian descobriu que ser local e estar disponível é melhor para os negócios. Chris explica: "Como não estamos voando constantemente, podemos desenvolver relacionamentos mais profundos com os clientes." Ele conta o exemplo do vice-presidente de tecnologia de uma firma importante que foi líder interno de um projeto. Ser local possibilitou a Chris conhecer o VP e, ao longo de alguns jantares descontraídos, descobrir que ele tinha pretensões de ser um CIO. Chris o ajudou a gerar um plano e o apresentou a sua profunda rede na comunidade de CIOs local e, dentro de seis meses, o VP foi promovido a CIO. Como CIO, ele ficou em posição de contratar consultores gerenciais e a escolha foi fácil.

O trabalho voluntário da Jabian ajudou o estado da Geórgia a desenvolver sua primeira estratégia de tecnologia, trabalhando com o governador e vice-governador nesse objetivo há cerca de dez anos. Desde então, a Jabian ajudou a reformular e renovar a estratégia. Isso é algo que não teria sido possível se eles atuassem como uma firma de consultoria convencional.

Esses são dois ótimos exemplos de uma abordagem em que todos ganham porque resultou em mais negócios para a empresa.

Nigel comenta:

Muitas empresas tentam ver o que podem tirar da comunidade. Nossa filosofia nos faz procurar meios de fortalecer a comunidade, porque, quando construímos uma comunidade realmente forte, fazer mais negócios dentro dela é um resultado natural. Em comunidades fracas, os negócios começam a desaparecer.

Nigel acrescenta:

Antes de conhecermos o Capitalismo Consciente ou a Empresa que Cura, dizíamos apenas: "Faremos a coisa certa porque isso gerará um bom carma corporativo. Sabemos que é bom focar as coisas certas e acreditamos que o lado empresarial vai funcionar." Mesmo em 2008-2009, no centro da recessão, crescemos mais depressa do que antes simplesmente por fazermos as coisas certas.

O antigo modelo de consultoria impõe muitos custos humanos e não entrega benefícios adicionais. O modelo da Jabian oferece todos os tipos de benefícios sem qualquer custo adicional; na verdade, há uma grande economia de custos por causa de todas as viagens de avião e contas de hotel que passam a inexistir. Os empregados são mais saudáveis, felizes e menos estressados. Os cônjuges não ficam mais ressentidos e esgotados. As crianças têm uma chance melhor de crescer com mais tempo e atenção regular do pai consultor. Empresas locais sem fins lucrativos se beneficiam do trabalho voluntário de algumas das mentes mais brilhantes do mundo dos negócios. Os clientes podem usufruir relacionamentos mais profundos com consultores que estão disponíveis fora das limitações habituais dos consultores que viajam. E tudo isso sem prejuízo para os lucros.

O modelo de negócios para consultoria gerencial e outras firmas de serviços especializados foi desenvolvido em uma época anterior, baseado em um conjunto de pressupostos de ganhar-ou-perder, competição acirrada e soma-zero. Direito, publicidade e até medicina sofrem com os mesmos tipos de conceitos insanos e desumanos sobre o que significa ser profissional.

A Jabian oferece um exemplo inspirador do que é possível quando esses conceitos são desafiados para que a criatividade, a consciência e a compaixão possam se integrar nos negócios.

Frederick Winslow Taylor foi um dos fundadores da profissão e consultor gerencial. Taylor fez seu nome quando conheceu Andrew Carnegie em uma recepção de um clube de cavalheiros em Pittsburgh. Tomando uísque e fumando charutos, Taylor sugeriu que tinha alguns conselhos gerenciais para o magnata e Carnegie respondeu que pagaria US$10 mil — uma grande soma no século XIX — se o conselho fosse útil.

Diz a lenda que o conselho de Taylor — que Carnegie deveria fazer uma lista com as dez principais prioridades, começando com a número um — resultou no primeiro dos muitos honorários significativos pagos aos consultores. Carnegie foi um dos ícones empresariais americanos que ajudou a criar condições de como as pessoas encaram o sucesso. Ele fez uma fortuna imensa, mas prejudicou muitas vidas e devastou a Terra no processo. Tentou compensar os danos construindo bibliotecas, universidades e, é claro, o Carnegie Hall. Mas hoje sabemos que há um jeito melhor de chegar lá.

HOSPITALIDADE CONSCIENTE

COMO A USHG TORNOU A DISCÓRDIA ENTRE IRMÃOS EM CONCÓRDIA ENTRE IRMÃOS

O comediante George Carlin certa vez brincou: "Outra noite, jantei em um restaurante familiar muito legal. Havia uma discussão em todas as mesas." Como ocorre com muitos líderes de cura, a abordagem do fundador do Union Square Hospitality Group, Danny Meyer, aos negócios se moldou em sua dinâmica familiar desafiadora.

No clássico *O Herói com Mil Faces*, Joseph Campbell nos ensinou que encontramos significado e propósito na vida ao seguirmos nossas alegrias, ou nossas mágoas, às vezes ambas. Para Danny, o filho do meio de três irmãos, a alegria veio muito mais tarde, depois de experimentar a instabilidade e a mágoa de uma infância difícil em Saint Louis. Crescendo durante a guerra do Vietnã, os distúrbios de Watts e o Watergate, havia uma discussão todas as noites, durante o jantar, entre a mãe liberal democrata e o pai conservador republicano. Muitas vezes, as divergências eram acaloradas e seus irmãos participavam, exacerbando a discórdia. Danny aprendeu a ouvir e ser solidário com todas as partes. Para ele, tornou-se importante encontrar meios de reunir as pessoas e encontrar um denominador comum.

Um fator sobre o qual todos concordavam na mesa da família Meyer era a importância da arte, da cultura e da boa comida. Quando não estava discutindo, a família de Danny estava viajando para conhecer museus, sítios históricos e restaurantes maravilhosos na Itália e na França, graças ao empreendimento do pai: uma inovadora agência de viagens, pioneira no conceito do turismo culinário em pousadas campestres da Europa. Infelizmente, a visão de negócios do pai de Danny não estava de acordo com sua paixão, seu paladar e imaginação, e ele acabou indo à falência. E então seus pais se divorciaram.

Danny reflete: "Quando me tornei dono de restaurante aos 27 anos, eu realmente confundi trabalho e família. Acho que eu estava tentando criar a família que gostaria de ter tido em termos de respeito, apoio e pertencimento."

É claro que Danny compreendia a diferença: você não pode demitir membros da família, mas, às vezes, você precisa demitir pessoas que trabalham para você. Porém, ele também compreendia que, mesmo quando precisava demitir alguém, podia fazê-lo com cuidado e respeito. Não importa o que aconteça, um restaurante realmente parece uma família substituta para muitos empregados, porque eles trabalham em equipe e a maioria dos profissionais do ramo passa mais tempo junto do que com as próprias famílias.

Quando inaugurou o Union Square Cafe, em 1985, Danny seguiu sua alegria, seu amor pela comida deliciosa, autêntica e despretensiosa, e por vinhos artesanais servidos com elegância e amor. Aprendeu com o negócio, os erros de relacionamento do pai e as experiências maravilhosas que ofereceu, como a oportunidade de jantar no Taillevent, em Paris, onde experimentou o auge do que um ótimo restaurante pode ser. Danny decidiu criar um ambiente familiar positivo de cura, altamente funcional para todos os envolvidos.

Seu êxito foi muito além do que imaginou. O Zagat Survey (um guia de restaurantes) classificou o primeiro restaurante de Danny, o Union Square Cafe, como o mais popular de Nova York inusitadas nove vezes.[1] O sucesso do café levou à evolução do Union Square Hospitality Group, gerando muitos outros restaurantes bem-sucedidos, incluindo o Gramercy Tavern, o Jazz Standard, o The Modern e a incrivelmente popular cadeia Shake Shack.

A família do restaurante USHG conquistou 28 Prêmios James Beard. Como a duas vezes vencedora desse prêmio, Karen Page, MBA de Harvard que viaja por todo o país entrevistando chefs e donos de restaurantes para seus best-sellers incluindo *The Flavor Bible* [A Bíblia do Sabor, em tradução livre] e *What to Drink with What You Eat* [O que Beber com o que Você Come, em tradução livre], atesta: "O melhor dono de restaurante de Nova York, Danny Meyer, tem exercido uma influência profunda, elevando o padrão da culinária e da hospitalidade nos EUA e além."

O USHG agora partilha seus conhecimentos sobre como criar ótimas acomodações no setor hoteleiro e oferece consultoria a outros aspirantes a ter Empresas que Curam. Em seu best-seller *Hospitalidade e Negócios: O Rei da Gastronomia de Nova York Conta o Segredo do Sucesso,* Danny começa partilhando uma prece sobre os onze restaurantes que abrira até então: "Até o momento, não passei pela experiência de precisar fechar nenhum deles e espero nunca passar." Mas, depois de 11 de setembro de 2001, Tabla, seu elegante restaurante temático indiano, começou a enfrentar dificuldades. Quando chegou a recessão de 2008, os negócios declinaram ainda mais, e, com relutância, o restaurante fechou em 2010. No final de 2018, uma confluência de circunstâncias desafiadoras o levou a fechar o franco-americano North End Grill, aclamado pela crítica, no Battery Park. Apesar dessas decepções, seu histórico de sucessos no intensamente competitivo ramo de restaurantes de Nova York é espantoso: setenta e cinco de novos restaurantes fracassam, mas cerca de 90% das casas de Meyer tiveram êxito.

Um elemento significativo nesse sucesso surpreendente é o ambiente de cuidado e cura que ele cria para sua equipe e que ficou ainda mais claro quando testado pela adversidade. O fechamento do Tabla lhe ensinou uma importante lição de negócios. Como ele explica: "Você não pode tomar seu conceito mais esotérico e encaixá-lo no espaço mais amplo com os maiores custos fixos." Ele conta que no dia em que contou à equipe do restaurante que tinha decidido fechá-lo: "Acho que nunca chorei tanto em minha vida."

A lealdade de Meyer para com sua equipe o tinha inspirado a subsidiar o Tabla durante dois anos com recursos pessoais, mas ficou claro que a reviravolta que esperava era improvável. Seus conselheiros o convenceram de que o suporte artificial de vida que estava proporcionando não faria o paciente reviver. "Eles argumentaram que manter um navio naufragado na superfície era o pior jeito possível de cuidar da tripulação." Mas, então, ele teve uma ideia: embora o restaurante tivesse de ser fechado, ele poderia encontrar vagas para o pessoal que trabalhava lá e colocá-los de modo a que desenvolvessem suas carreiras. "Comecei a pensar: 'E se pudéssemos conseguir empregos mais estimulantes dentro ou fora de nossa empresa?'"

A ideia se mostrou excelente, visto que os veteranos do Tabla assumiram posições-chave em outros empreendimentos de Meyer. Como a *Crain's New York Business* publicou em 2010, Danny Meyer está "elevando os padrões de como fechar um restaurante... em um ramo no qual os empregados ficam felizes de receber um aviso-prévio de alguns dias, o Sr. Meyer está se superando para ajudar os 90 funcionários de período integral a encontrar novos empregos antes que a última refeição seja servida no dia 30 de dezembro".[2]

Meyer brincou com o repórter da *Crain*'s: "Isso não é algo em que eu queira me especializar. Mas a medida para nossa empresa não deve ser só como abrimos restaurantes. Também precisamos nos distinguir em como fechamos um estabelecimento."

O desejo de Danny de criar uma atmosfera familiar de cura no Union Square Cafe e além evoluiu para o que ele chama de *hospitalidade consciente*. Nós identificamos oito elementos-chave dessa abordagem.

1. CONTRATE PESSOAS COM UM ALTO "QH"

QH, ou *Quociente de Hospitalidade*, é a primeira qualidade que Meyer procura ao recrutar e contratar os membros de sua equipe. Ele busca pessoas que naturalmente gostam de atender às necessidades dos outros. Essas são pessoas que entendem que "você se sente melhor quando faz os outros se sentirem bem". Danny enfatiza: "Hospitalidade é um esporte de equipe", e pessoas com um elevado QH despertam o melhor nos membros de sua equipe, para que, juntos, possam criar experiências maravilhosas para os hóspedes.

Pessoas com elevado QH também costumam ser mais otimistas e enxergam o melhor nos outros, e, como sabemos a partir de décadas de pesquisas sobre o efeito Rosenthal ou Pigmaleão, essa característica costuma inspirar os outros a realmente serem melhores, dessa forma gerando um círculo virtuoso de expectativas positivas e alto desempenho.[3]

2. SEJA UM AGENTE, NÃO O GUARDA DO PORTÃO

Nós, que viajamos com frequência e sempre jantamos fora, apresentamo-nos no balcão de check-in de uma companhia aérea, na recepção de um hotel ou na entrada de um restaurante, reconhecemos uma diferença imediata, profunda e vívida entre ser recebido como um ser humano ou processado como um objeto. Pessoas com um alto QH têm probabilidade muito maior de atender como o defensor ou agente do cliente. Os que não o tem costumam agir mais como o que Danny chama de "guardas do portão". Ele escreve:

> Em todas as empresas, há funcionários que são o primeiro ponto de contato com os clientes (atendentes em portões de aeroporto, recepcionistas em consultórios médicos, caixas de banco, assistentes de executivos). Essas pessoas podem ser consideradas como agentes ou guardas do portão. Um agente faz as coisas acontecerem para os outros. O guarda do portão coloca barreiras para manter as pessoas do lado de fora... No mundo da hospitalidade, raramente há algum elemento intermediário.

A diferença entre agente/guarda do portão é importante na medida em que toca algo no fundo de nosso ser. Meyer explica:

> Momentos depois de nascer, a maioria dos bebês se vê recebendo as primeiras quatro dádivas da vida: um olhar, um sorriso, um abraço e

alimento. Recebemos muitas outras dádivas durante a vida, mas não superam essas quatro primeiras. Elas podem ser a mais pura transação de hospitalidade de todas, e não é nenhuma surpresa que as desejemos pelo resto de nossa vida. Eu, pelo menos, desejo.

3. INSPIRE OS EMPREGADOS COM UM PROPÓSITO MAIOR, ALÉM DAS GORJETAS

Na eleição presidencial norte-americana de 1980, o ex-congressista John B. Anderson concorreu como candidato independente contra Ronald Reagan e Jimmy Carter. Anderson inspirou universitários e outros voluntários com sua campanha moderada e ambientalmente presciente. Um de seus apoiadores foi o jovem Danny Meyer, cuja experiência em organizar voluntários idealistas lhe proporcionou uma ótima visão sobre como despertar o melhor nas pessoas. Ele declara: "Aprendi a tratar as pessoas como voluntárias."

Se você começar com pessoas que adoram atender os outros e então lhes dá oportunidade para desenvolver e expressar sua paixão pela hospitalidade, gerará uma experiência de realização que redefine o sucesso. Como Meyer observa: "Se você sentir que está encontrando o equilíbrio entre suas necessidades espirituais, emocionais e físicas, isso para mim é sucesso."

Meyer sustentou esse princípio com outra inovação radical, que chama de *hospitalidade incluída*. Na Europa, onde o atendimento tem uma longa tradição de profissão digna e valorizada, a gratuidade é *"compris"* [está incluída], enquanto nos EUA, especialmente em Nova York, ser garçom é algo que as pessoas fazem enquanto esperam sua grande chance na Broadway. A decisão de Danny de eliminar a gorjeta gerou controvérsia e não foi fácil de implementar, mas a meta é beneficiar os empregados com um sistema mais justo e profissional de geração e distribuição de renda e beneficiar os clientes com a simplificação do aspecto transacional da experiência gastronômica. A julgar pela crescente popularidade de seus restaurantes, está funcionando.

4. PROPORCIONE VALOR EXCEPCIONAL

Meyer também fez algo realmente radical quando abriu o Union Square Cafe: ele não cobrou os mesmos preços escandalosamente altos que é preciso pagar por boa comida e bom atendimento em Nova York. Desde então, à medida que os clientes ficaram mais sofisticados, a demanda por comida requintada e uma atmosfera acolhedora a um preço justo cresceu rapidamente. Meyer manteve os preços, incluindo os dos vinhos finos em suas premiadas listas de vinhos, em níveis razoáveis.

5. MELHORIA CONTÍNUA E RECUPERAÇÃO DO ATENDIMENTO

Mesmo quando um de seus restaurantes vence um prêmio James Beard ou é escolhido como o melhor de Nova York, Meyer enfatiza: "Sempre há espaço para melhoria." Quando ele começou, os críticos gastronômicos profissionais exerciam um enorme poder e podiam criar ou acabar com uma reputação. Hoje, com o Instagram, Yelp etc., todos são críticos. A política de Meyer é ouvir e aprender com todos os feedbacks possíveis.

Reconhecendo o desafio de manter uma excelência consistente e continuar fiel a seus maiores ideais, ele nos disse: "Eu realmente tento acreditar que podemos ser esse tipo de Empresa que Cura e, no entanto, sei que hoje existe uma dinâmica humana que não parece curativa para alguém. Acho que é muito importante ter ideais elevados quando se quer melhorar. Não sei se vivemos totalmente os princípios todos os dias, mas ter ideais e estar atento ao feedback faz com que você chegue mais perto."

Um elemento de cura da cultura da USHG é uma abordagem positiva e responsiva, presente desde o início, que os profissionais do ramo chamam de *recuperação de atendimento*. Como Danny explica: "Um ótimo restaurante não se distingue pelos poucos erros que comete, mas como lida com eles."

Nos primeiros dias do USC, houve um certo volume de caos devido à demanda por reservas e porque, para Danny e sua equipe, era um empreendimento do tipo "fazer e aprender". Em 1985, bem poucos restaurantes nos Estados Unidos ofereciam vinhos de sobremesa em taças. Danny mantinha um estoque em um refrigerador especial afetuosamente conhecido como "armário dos remédios". Sua equipe descobriu que um Vin Santo, da Toscana, servido como cortesia mostrou ser um remédio perfeito para acalmar a *agita* de um cliente que esperava muito tempo por uma mesa.

Meyer também não demorou a se dar conta de que o cliente nem sempre tem razão. (Leia seu livro para apreciar a história interessante do dia em que ele foi obrigado a dar um soco em um cliente desordeiro e agressivo.) Ele reformula a questão de um jeito inovador: "Não importa quem está certo ou errado. O importante é que o cliente sempre deve ser ouvido. É muito mais importante para ele se sentir ouvido do que estar certo."

Ele acrescenta: "Aprendi que pode ser desanimador para sua equipe dizer que o cliente tem sempre razão, porque ninguém deve ter de comprometer a própria autoestima e dignidade para fazer algo para o cliente."

Apoiar os empregados dessa forma realmente inspira um atendimento exemplar ao cliente. Meyer explica: "Apoio mútuo e respeito pelas preocupações e dignidade das pessoas contribuem grandemente para a cura do ambiente. Essas atitudes promovem um ambiente que geralmente evita a causa da maioria das queixas dos clientes."

6. ALAVANQUE A TECNOLOGIA PARA MAIS CONEXÃO HUMANA

Danny acredita que a tecnologia deve ser alavancada para facilitar o trabalho do restaurante e tornar a experiência do cliente mais satisfatória. Quando o Union Square Cafe reabriu, depois de se mudar para um local próximo, Danny equipou seus gerentes e sommeliers com Apple Watches sincronizados a um sistema de reservas de última geração que possibilita ao restaurante armazenar e acessar dados sobre as preferências dos clientes. Danny exclama: "A tecnologia deve ser usada para ampliar a capacidade de usar seu coração!"

7. MEDEIE A DISCÓRDIA ENTRE IRMÃOS

Parte da motivação de Danny para eliminar as gorjetas de seus restaurantes foi promover a cooperação, colaboração e redução da competição interna. Na mesa de jantar da família Meyer, havia muita competição entre os irmãos pela atenção dos pais. Danny reflete: "Qualquer um com irmãos sabe o que é essa rivalidade. A dinâmica é muito forte nos humanos e no reino animal. Veja um ninho de pássaros: quando o pai ou a mãe voltam com alimento, e há oito bicos abertos à espera, haverá conflito."

A competição saudável, incluindo a competição interna, estimula as pessoas a melhorar, inovar e crescer. A questão é: como podemos garantir que a competição continue saudável? Danny pensou muito no assunto e cunhou uma frase para essa abordagem: *concórdia entre irmãos*.

A dinâmica humana da rivalidade entre irmãos remonta a Caim e Abel. Em vez de procurar erradicá-la, o que iria contra a natureza humana, Danny procurou descobrir como aproveitar essa dinâmica de um modo positivo.

> Nós competimos, mas competimos para realmente tornar o mundo um lugar melhor. Competimos para nos inspirar mutuamente encorajando uns aos outros. Parte do que tento fazer como líder e tento ensinar aos demais líderes a fazer é realmente celebrar a competição interna, mas de modo a genuinamente ficarmos felizes com o sucesso de nossos irmãos, mesmo quando você gostaria de ter vencido.

Um elemento da estratégia do USHG em usar essa dinâmica em proveito de todos os interessados é sua pesquisa De Ótimo Lugar para Trabalhar. A empresa decidiu não a usar como meio de competir por reconhecimento no mundo exterior, mas sim de autoavaliação e de se mostrar responsável por melhorar a cultura todos os anos. Danny diz: "Preferimos competir entre nós. E todos os anos ficamos aquém de onde gostaríamos de estar."

O verdadeiro segredo para criar uma cultura em que gerentes, cozinheiros, garçons e sommeliers de fato apoiem e comemorem o sucesso dos outros é uma forte ênfase na criação de uma cultura de pertencimento. Ela se manifesta no acolhimento da diversidade e da inclusão. Danny se entusiasma ao declarar que a "hospitalidade não conhece gênero ou raça".

Durante a inauguração recente de um Shake Shack em sua cidade natal de Saint Louis, Danny ficou muito emocionado ao testemunhar a realização de seu sonho em criar o sentimento de pertencimento pelo qual ansiou quando criança. Ele explica:

Sempre que abrimos em uma nova cidade, levamos um grupo de gerentes de outros restaurantes de todo o país para ajudar na inauguração. Um dos gerentes tinha acabado de ser promovido na semana anterior e teve essa oportunidade na primeira semana de participar da equipe que estava ajudando a abrir, em S. Louis. Enquanto era apresentado, começou a cantoria que ocorre em cada Shake Shack onde há um novo gerente — 20 pessoas batendo palmas e cantando: "Um de nós, um de nós, um de nós."

Danny conta:

Fiquei muito emocionado! Fiquei arrepiado, porque eles estavam inculcando a importante noção de pertencimento, de estar conectado a algo maior, naquele gerente. E, também, reforçando essa solidariedade para si mesmos.

Essa é uma verdadeira experiência de cura. Em nossa sociedade, muitas instituições sociais que costumavam atender às necessidades de pertencimento das pessoas diminuíram acentuadamente. Danny acredita que o local de trabalho tem condições de preencher essa lacuna de um jeito que pode curar a sociedade.

8. HOSPITALIDADE COMUNITÁRIA

A visão original de Danny para seu primeiro restaurante incluiu um senso de serviço comunitário. Ele previu que o bairro de Union Square tinha grande potencial e acreditou que poderia atrair clientes que então se veriam motivados a despertar o melhor na área vizinha.

Assim que começou a ter lucro, ele começou a patrocinar eventos de caridade para a comunidade com foco especial em ajudar os que passavam fome.

O segundo restaurante de Danny, Gramercy Tavern, foi aberto em 1994. Uma presença perene no topo da classificação do Zagat Guide dos restaurantes mais populares de Manhattan, ele é descrito como "tão perfeito quanto um restaurante pode ser".[4] Uma postagem recente do restaurante no Twitter dá uma amostra de sua cultura de cura:

> Hoje nossa equipe embalou 2.800 refeições para pessoas doentes demais para cozinhar para si mesmas na cidade de Nova York. Obrigado, @godslovenyc![5]

Terry Coughlin começou sua carreira no Gramercy Tavern quando tinha só 27 anos. Acabou ajudando a abrir o Maialino, a trattoria estilo romano de Danny, onde desempenhou um papel importante na criação de um empreendimento lucrativo. Então, Terry enfrentou o maior desafio de sua vida: sua filha caçula teve leucemia. Ele explica: "Impotente com uma filha doente, passei os cinco meses mais difíceis de minha vida." Felizmente, ela se recuperou. Terry foi dominado pelo alívio e pela gratidão que se traduziu em um entusiasmado desejo de ajudar os outros. Ele procurou Danny com um plano de alavancar a popularidade do Maialino, arrecadando fundos para um programa de apoio a famílias com filhos lutando contra o câncer. Terry conta: "Ele não hesitou!"

Danny disse: "Sim, vamos fazer algo especial", e concordou em organizar um evento anual para arrecadar fundos no restaurante e ele mesmo comprar uma mesa. A iniciativa de Terry arrecadou mais de US$2 milhões para a causa até hoje. Ele diz: "Não sei dizer o quanto fiquei emocionado com a atitude de Danny e seu grande apoio para esse sonho. Isso significa tudo para mim."

Terry acrescenta:

> Isso mudou minha vida... estar no setor de serviços assume um significado totalmente novo. Pude tomar a experiência mais terrível de minha vida e curar de uma maneira nunca imaginada... quando compreendi que poderia ajudar os outros, fiquei empoderado e me curei.

O extraordinário sucesso de Danny Meyer por mais de três décadas se baseia em sua orientação de cura em relação aos empregados, clientes e comunidades. Na cidade de Nova York, talvez o mercado mais difícil do mundo para restaurantes — e um lugar não conhecido pelas delicadezas sociais —, realmente cuidar de pessoas e alimentar seus espíritos mostrou ser uma fonte insuperável de vantagem competitiva sustentável.

Danny reflete: "No fim, o mais importante é criar resultados positivos e encorajadores para as experiências e relacionamentos humanos. As empresas, como a vida, giram em torno de como você faz as pessoas se sentirem. É simples assim, é difícil assim."

DA MARCHA DA MORTE AO PASSEIO DA ALEGRIA

**COMO A MENLO INNOVATIONS
CRIA UM ÓTIMO SOFTWARE
COM 24 BEBÊS NO ESCRITÓRIO**

Quando Richard Sheridan era um garotinho, seus pais liam para ele na hora de dormir, incluindo Fábulas de Esopo. Sua preferida era "O Vento Norte e o Sol", cuja moral é:

A bondade e a amabilidade são sempre mais fortes que a fúria e a violência.

Richard Sheridan teve a felicidade de viver uma infância idílica, repleta de gentileza e amor. Embora a família não tivesse muito dinheiro, havia muita alegria e bondade. Seus pais tinham o casamento convencional dos anos de 1950; ela ficava em casa enquanto ele trabalhava. Mas o profundo respeito e apoio mútuos que partilhavam deu a Richard uma percepção clara de como as pessoas poderiam desempenhar diferentes papéis com dignidade e alegria. "Nossos pais nos cobriram a mim e a meus dois irmãos de pura bondade e amor e transmitiram, pelo exemplo e encorajamento, a paixão pelo aprendizado."

Seus pais estimularam sua paixão por aprender sobre computadores e tecnologia da informação. Ele observa: "Escrevi minhas primeiras linhas de código em uma máquina de teletipo em Mount Clemens, Michigan, aos 13 anos de idade." Ele acrescenta: "Pelo que sei de História... isso foi só um pouco mais que 10 anos depois de Edison aprender a usar o telégrafo na estação ferroviária de Mount Clemens!"

Em 1971, a Intel inventou o primeiro microprocessador, o 4004, e, nesse mesmo ano, a escola de ensino médio de Richard começou a oferecer aulas de ciências da computação.[1] Ele ficou obcecado por codificação em uma época perfeita, o início da era dourada dos softwares. Ele conseguiu o primeiro emprego como programador antes de poder dirigir. Richard ficou atordoado e entusiasmado por ser pago para fazer algo de que gostava tanto.

Por fim, ele se formou na Universidade de Michigan em Ciência da Computação e Engenharia da Computação. Suas habilidades estavam sendo procuradas e as empresas competiram para contratar seus serviços. Ele lembra: "Todos os anos traziam aumentos, promoções e opções de ações com mais autoridade e um escritório maior e todas as armadilhas de sucesso que o mundo oferece!"

Seu entusiasmo pela codificação continuou, mas ele ficou desanimado ao descobrir que o ambiente corporativo em que o trabalho acontecia não estava alinhado com os valores humanos que tinha aprendido a valorizar. Embora fosse geralmente bem tratado já que gerava tanto valor a seus empregados, ele se viu cercado por uma cultura que utilizava força e ameaças para manipular o comportamento. O ambiente era "louco, desumano e centrado em crises". Ele explica: "A empresa era organizada e gerenciada de modo que cada momento parecia uma crise. Era comum passar a noite trabalhando subsistindo à base de pizza e refrigerante. As pessoas falavam rotineiramente sobre uma 'marcha da morte' para cumprir o prazo de entrega de um projeto de software."

Embora ele gostasse de trabalhar com intensidade, o ambiente frenético e não saudável levou a resultados que arriscaram seu comprometimento com a excelência e a qualidade. Muitos projetos ultrapassavam em muito o orçamento e uma elevada porcentagem era, de uma maneira aparentemente aleatória, cancelada em meio ao processo. Os produtos de software que realmente eram concluídos estavam cheios de defeitos, levando à insatisfação dos usuários.

À medida que aprendia mais sobre o setor, Richard chegou à deprimente conclusão de que essas práticas disfuncionais não ocorriam só na empresa em que trabalhava. Ao contrário: "Toda a indústria parecia ter perdido o rumo."

Ele começou a se perguntar se poderia haver um modo melhor. Ele começou a estudar os aspectos humanos do negócio, mergulhando nas obras de pensadores inspiradores no espectro do gerenciamento humanista e da liderança eficiente, como Peter Drucker, Tom Peters e Peter Senge. Ele reflete: "Compreendi que, comparada aos sistemas humanos e à dinâmica de relacionamentos, a tecnologia era fácil!"

Apesar de sua insatisfação, ele continuava sendo promovido. Mas seu sucesso externo não aliviou sua insatisfação interior. Aos trinta e poucos anos, ele se deu conta de que esse caminho era insustentável. Como a maioria no setor, ele rotineiramente deixava de jantar com a família, chegava em casa tarde, exausto e desanimado. Aos 20 e poucos anos, a situação era desagradável, mas tolerável, porém agora se percebia que *sua* vida tinha se tornado uma marcha da morte. Sentindo-se encurralado e receoso pelos efeitos cumulativos do estresse em seu bem-estar físico e emocional, ele ficou apavorado de continuar no mesmo ritmo por mais 30 anos. Sua mulher notou que seu espírito estava sofrendo e o encorajou a aplicar todos os seus ideais e conhecimentos na mudança de suas circunstâncias. Depois de decidir que sua fantasia de largar o emprego e iniciar uma empresa de aventuras e canoagem nas águas do limite de Minnesota não era o caminho ideal, Richard se fez as perguntas clássicas apresentadas por Tom Peters:

Se não a excelência, então o quê? Se não a excelência agora, então quando?

Agora era a hora para ele embarcar em outro tipo de aventura: resolveu aplicar tudo que aprendeu sobre excelência, qualidade e liderança nos livros que leu — e, ainda mais fundamentalmente, tudo o que aprendeu com os pais sobre bondade, respeito e alegria de viver — para transformar seu local de trabalho. Ele tinha se tornado vice-presidente de P&D da Interface Systems, uma empresa pública em Ann Arbor, Michigan, e, nos dois anos seguintes, conduziu um esforço de transformação que refez a cultura da empresa. Ele mudou tudo sobre como o trabalho era realizado e redescobriu a alegria que o tinha atraído ao ramo de software, para começar. A vida estava se tornando muito agradável outra vez.

Então, em março de 2000, houve o *crash* do NASDAQ e tudo começou a desmoronar. Embora, para ele, a explosão da bolha ponto-com tenha parecido um desastre, acabou sendo algo positivo. Ele não pôde continuar suas práticas de liderança consciente na Interface: ela foi comprada por uma companhia de Redwood, Califórnia, em setembro de 2000 e depois fechada em abril de 2001. Isso criou um vazio que só poderia ser preenchido com a criação da empresa de seus sonhos.

Primeiro, ele precisava de um nome e isso foi fácil. Além dos pais, a inspiração de Richard, quando criança, vinha de seu herói, o maior inventor dos Estados Unidos, Thomas Edison. Quando tinha 8 anos, seus pais o levaram a Greenfield Village, um museu vivo da história americana na região de Detroit, onde foi reconstruído o laboratório de Edison de Menlo Park. A filosofia de Edison, como manifestada nessas três citações, influenciou a abordagem de Richard:

- Se fizéssemos todas as coisas de que somos capazes, nós nos surpreenderíamos a nós mesmos.
- Aqui não há regras! Estamos tentando realizar alguma coisa!
- Eu nunca tive um dia de trabalho em minha vida.
  Era tudo diversão.

Edison é lembrado como a figura inspiradora que iluminou o planeta, criando o fonógrafo — e, portanto, a indústria contemporânea baseada na gravação sonora — e inventando a tecnologia que lançou a indústria cinematográfica. Mas Richard é de opinião que, embora Edison tenha um registro recorde de 1.093 patentes individuais nos Estados Unidos, sua *maior* invenção foi o primeiro processo colaborativo de inovação sistemática.[2] Richard e seus sócios queriam criar uma cultura colaborativa de inovação sistemática sem regras convencionais. Eles queriam se surpreender a si mesmos e aos envolvidos com suas realizações e fazer tudo isso de um modo divertido e cheio de alegria. Assim, eles chamaram esse novo empreendimento de Menlo Innovations.

Desde o início, os "menlonians", como gostavam de se chamar, tinham um propósito claro e poderoso de cura:

Pôr fim ao sofrimento humano no que concerne à tecnologia.

Segundo Richard:

A criação de software é um dos empreendimentos mais úteis e exclusivos realizados pela humanidade. Há uma alegria e uma satisfação fundamental nesse processo criativo, e estamos determinados a construir um local de trabalho que os evidencie.

Richard viu uma oportunidade de aliviar o sofrimento desnecessário que era considerado normal por qualquer um dos três principais grupos interessados na empresa.

Em primeiro lugar, estão as pessoas que pagam pelo software a ser criado, que ficam aborrecidas e zangadas quando os orçamentos são excedidos, os prazos, perdidos, e a qualidade inexiste.

Em segundo, estão os usuários, as pessoas que os desenvolvedores não conhecem, mas cujas vidas são impactadas em diversas condições pelo código que escrevem. Richard diz: "Normalmente, o software tortura as pessoas. Como uma indústria, as pessoas atendidas são conhecidas como 'usuários bobos', então livros 'para leigos' são escritos para essa pobre gente. Defeitos e falhas são renomeados como 'funções'. Não precisa ser assim. Desde o início, decidimos honrar as pessoas que atendemos. Inventamos uma prática totalmente nova que chamamos de antropologia de alta tecnologia."

Em terceiro, está o grupo mais importante, o de pessoas que criam o software. Richard se deu conta de que a chave para resolver as duas primeiras questões está em cuidar muito bem dessa equipe. A Menlo Innovations procurou tratar as principais causas de sofrimento dos empregados no setor: excesso de trabalho e isolamento. Para começar, eles adotam uma carga rígida de 40 horas de trabalho semanais. Chega de marchas da morte! E eles criaram um ambiente no qual cada desenvolvedor trabalha com um parceiro que é alternado a cada cinco dias, para que todos aprendam a colaborar uns com os outros e ninguém fique preso a um projeto sozinho.

Essa abordagem colaborativa de rotação de parceiros mudou um dos hábitos disfuncionais na indústria de tecnologia: a dependência da "torre de conhecimento", alguém na equipe que sabe tudo sobre algo, muito mais do que qualquer outra pessoa. Isso pode ser bom para quem ocupa essa posição, mas ela pode acabar se tornando uma prisão da qual é impossível escapar. Ela fica refém do escritório e seus pedidos de férias costumam ser negados, já que ela é insubstituível. Em vez disso, a Menlo criou um sistema de interdependência, no qual o partilhamento do conhecimento é valorizado e encorajado. Formar duplas e trocar os parceiros acabou se tornando um jeito brilhante de realizar essa transferência de conhecimento todos os dias.

Richard conta que a Menlo não tem uma emergência grave com um software há quinze anos, em um ramo em que geralmente saltam de uma emergência a outra. "Não temos necessidade de apagar incêndios, porque nossa abordagem colaborativa e equilibrada evita que o incêndio comece." Ele acrescenta: "Ao limitar o trabalho 40 horas por semana e encorajar nosso pessoal a tirar férias integrais, criamos um grupo que trabalha com muito mais eficiência e competência."

A Menlo Innovations se tornou um lugar que aspirantes a empresários e homens de negócios estabelecidos visitam para aprender sobre o caminho revolucionário para uma cultura feliz e lucrativa. Uma evolução fantástica dessa cultura começou em 2007, quando Tracy, que trabalhava na Menlo apenas há um ano no controle da qualidade, ficou grávida do segundo filho. A Menlo já tinha uma generosa licença maternidade, mas, depois que ela se afastou para ter o bebê e se sentiu pronta para voltar a trabalhar, descobriu que a creche que tinha planejado usar estava lotada. Os pais e sogros moravam muito longe para ajudar. Quando ela ligou para Richard para explicar seu problema, ele respondeu: "Traga seu bebê para o escritório."

Isso foi, enquanto escrevemos este livro, 24 bebês da Menlo atrás. Os bebês vêm com a mãe ou o pai, às vezes os dois, quando o casal trabalha junto. Richard diz:

> Temos um ótimo arranjo aqui para dar apoio aos pais e é uma delícia. As pessoas ficam impressionadas com isso. A alegria e o prazer de levar os bebês para o trabalho não têm preço. A equipe ajuda a criar as crianças! Até nossos clientes se comportam melhor quando há bebês no escritório.

À medida que os bebês chegam, a Menlo melhora cada vez mais em integrá-los ao local de trabalho. Por exemplo, a Menlo recebeu uma medalha de ouro da Washtenaw County Breastfeeding Coalition por usar políticas inovadoras de apoio à amamentação no emprego. Como especialistas em tecnologia, não tiveram dificuldade em instalar monitores para que os pais ouçam os sons quando os bebês estão dormindo em outro aposento. Quando estão acordados, os bebês brincam pelo escritório, enchendo o ambiente de alegria e risos, principalmente quando emitem sons que Richard descreve como "golfinho encontra pterodáctilo".

Os menlonians também podem levar seus cães para o escritório e essa política "amiga dos pets" multiplica a energia positiva por todo o lugar. Quando neva e as escolas de Ann Arbor são fechadas, os funcionários trazem seus filhos ao escritório, as salas de reunião se transformam em salas de jogos e cinema. O ambiente é fascinante, dinâmico e atrai clientes que, às vezes, levam os próprios filhos quando visitam a empresa. Certa vez, um cliente levou a filha para o escritório da Menlo e disse a Richard: "Sei que não precisava perguntar se podia trazê-la. Eu sabia que estaria tudo bem. Vocês são assim."

A Menlo nasceu como resultado do colapso das ponto-com, e logo foi atingida pelo 11/09. Depois, houve duas guerras e a Grande Recessão. Mesmo assim, a empresa cresceu continuamente com um sucesso consistente. Por quê? Richard explica: "Temos funcionários muito felizes que criam ótimos softwares." Isso gera relacionamentos duradouros com os clientes.

Sediada na cara cidade de Ann Arbor, Michigan, a Menlo emprega talentos norte-americanos relativamente caros do estado. Ela não importa nada. Ela não terceiriza nada. Richard e sua equipe oferecem um exemplo inspirador que ajuda clientes em potencial a calcular o custo das emergências baseadas em software e o custo de oportunidade de projetos fracassados. Quando esses cálculos são esclarecidos, os clientes da Menlo ficam satisfeitos em pagar por hora, em comparação às taxas reduzidas disponíveis no estrangeiro, porque reconhecem que a credibilidade poupa dinheiro ao longo do tempo.

Muitas pessoas consideram o software funcional como algo natural, mas, se fosse fácil, não teríamos desastres graves como o Equifax, ou serviço de saúde do governo ou empresas aéreas cancelando voos em todo o mundo por causa da queda do sistema. A qualidade e credibilidade dos softwares são realmente importantes e clientes experientes sabem que podem contar com a Menlo. Richard diz: "Pessoas tristes, estressadas e cansadas produzem software inferior e softwares inferiores deixam as pessoas mais estressadas, cansadas e infelizes. Queremos criar softwares excelentes, então temos pessoas felizes, alegres e dinâmicas para produzi-los."

Após quase duas décadas de atividade, muitos visitantes da Menlo *ainda* dizem aos funcionários: "Uau, vocês têm muita sorte de trabalhar para uma startup!" A exuberância dos menlonians, sua alegria e inocência infantil são contagiosas. Elas inspiram o fluxo de visitantes que vêm aprender os segredos da companhia.

Eles descobrem que não há segredo. A Menlo partilha tudo que aprendeu sobre criar uma cultura de cura e alegria. Além dos bebês, filhotes e semana de trabalho de 40 horas com período de férias generoso, a empresa também desenvolveu outras práticas culturais que promovem a colaboração e o alto desempenho. Eles dispensaram a hierarquia corporativa comum; não há chefes ou relacionamentos de subordinação. Todas as decisões de contratação, demissão e promoção são tomadas pela equipe. As finanças da empresa são transparentes. Todos sabem quanto os colegas ganham e as equipes controlam o sistema.

Richard se apressa em lembrar os visitantes que a Menlo chegou a essa abordagem por meio de um processo orgânico de comunicação, exame de consciência e evolução. Sua meta não é oferecer uma fórmula para ser copiada, mas inspirar os outros a descobrirem como projetar sua própria jornada em direção à cura, à alegria e ao sucesso.

Na bibliografia de seu livro mais recente, *Chief Joy Officer: How Great Leaders Elevate Human Energy and Eliminate Fear* [*Diretor da Alegria: Como Grandes Lideres Elevam a Energia Humana e Eliminam o Medo*, em tradução livre], Richard descreve sua posição como "Diretor Contador de Histórias". Ele explica: "Fazemos muitas viagens em que contamos histórias de como chegamos onde estamos. Passamos por momentos difíceis e até de desespero, mas conseguimos nos manter fiéis à orientação de nosso coração." Richard compreendeu que partilhar histórias de bondade, generosidade, criatividade e coragem diante da adversidade foi o papel mais importante que desempenhou como líder. Ele se entusiasma: "Em toda a História, a civilização e a cultura foram cultivadas contando histórias." Os menlonians estão reescrevendo a narrativa para a indústria de software, do vento frio da marcha da morte solitária e estressante para o sol brilhante e quente do passeio alegre, colaborativo e orientado por sistemas.

DA ELEGIA
À EXULTAÇÃO

COMO A INTERAPT ESTÁ LEVANDO DINAMISMO
E DIGNIDADE PARA CURAR A DOENÇA NA TERRA DO CARVÃO

J. D. Vance, autor de *Era uma Vez um Sonho: A História de uma Família da Classe Operária e da Crise da Sociedade Americana*, nasceu em Kentucky. Ele cresceu em uma cidade que "vem perdendo empregos e esperança, como uma hemorragia, desde quando consigo me lembrar".[1] Em sua famosa autobiografia, explora a complexa dinâmica cultural, racial e econômica inerente à doença no "cinturão da ferrugem", expressa como um dos maiores índices de alcoolismo, dependência de opioides, obesidade e violência doméstica. O livro de Vance gerou controvérsia e foi interpretado de jeitos muito diferentes por conservadores e liberais, mas soluções práticas para a doença não foram apresentadas pelos conhecedores à direita ou à esquerda.

Ankur Gopal também nasceu em Kentucky, filho de imigrantes da Índia. Seu pai veio estudar engenharia e conseguiu um emprego como engenheiro de petróleo no coração da terra do carvão. Ele voltou a seu país para um casamento arranjado com Namita, médica, e levou sua nova esposa para o Kentucky. O jovem casal se esforçou muito para se adaptar e acabou sendo aceito pela comunidade local. Namita começou uma clínica gratuita para atender a milhares de pessoas necessitadas e se tornou uma figura amada na pequena cidade. Quando Ankur tinha 16 anos, ele estava saindo de uma loja do Walmart quando a caixa lhe perguntou: "Você é filho da Dra. Gopal?" Ele respondeu: "Sim, ela é minha mãe." A caixa disse: "Sua mãe cuidou de nós quando ninguém mais o fez. Ela me fez largar as drogas e voltar à escola, e então me ajudou a conseguir um emprego fixo. Nossa família está prosperando por causa dela. Nós a amamos tanto que demos o nome de Namita a nossa filha!"

O pai de Ankur lhe ensinou diligência, trabalho duro e dever, e a mãe lhe ensinou a solidariedade, generosidade afetuosa e compaixão. Ele lembra: "Cresci como uma típica criança indiana no Meio-Oeste. Eu era bom no tênis e na escola e ótimo em soletrar!" Como a maioria das crianças inteligentes do Kentucky, ter sucesso significava sair do estado. Assim, depois de se formar na Universidade de Chicago, ele trabalhou para a Accenture, no Vale do Silício, durante cinco anos, depois se tornou empresário, abrindo e depois vendendo uma empresa na área de saúde orientada por tecnologia. Depois desse sucesso, ele começou a focar outra ideia inovadora para alavancar seus conhecimentos em software no ramo de assistência médica. Com intenção de voltar ao Vale do Silício, ele planejou uma nova empresa, chamada Interapt, enquanto ficou com os pais em Kentucky.

Quando líderes empresariais locais insistiram para que ficasse na região, sua resposta inicial foi: "Isso é ridículo." A economia no Kentucky estava em dificuldades por causa do declínio da indústria do carvão, e esse parecia um lugar monótono e deprimente para se estar. Mas, por fim, Ankur foi convencido de que a região precisava de tantos empresários quanto possível. Ele viu o valor de ser uma entre poucas empresas no Kentucky em vez de ser uma entre milhares no Vale do Silício. A Interapt cresceu consistentemente e Ankur conquistou vários prêmios, incluindo o prestigioso Prêmio de Empresário do Ano em Tecnologia de 2016 da EY.

Embora suas realizações já fossem extraordinárias, sua consciência o motivou a querer fazer mais para ajudar a aliviar o sofrimento de seu estado natal. Então, ocorreu algo surpreendente. Ele recebeu uma ligação do governador do estado, Matt Bevin, e do congressista de seu distrito, Hal

Rogers. Eles disseram: "O leste do Kentucky está ferido... Você pode nos ajudar a criar empregos e oportunidades?"

Inspirado por esse pedido, Ankur realizou uma pesquisa cuidadosa. Ele fez três recomendações importantes:

1. "O desenvolvimento econômico requer desenvolvimento da força de trabalho; as pessoas precisam aprender novas habilidades."
2. "As barreiras para aprender novas habilidades precisam ser removidas, o que significa que precisamos pagar pessoas para aprender."
3. "Temos de incutir esperança; é isso que está faltando aqui."

Ankur criou um plano de treinamento para pessoas da comunidade local. Ele já tinha um programa na Interapt para treinar a maioria de seus funcionários com formação universitária, para se tornarem desenvolvedores e codificadores de software. Ele nunca tinha feito isso com pessoas saídas de um setor abandonado ou que só tinham diploma do ensino médio. Mas ele se viu inspirado pelo desafio.

Ele recebeu 800 inscrições para as 50 vagas disponíveis para os locais que não tinham conhecimento em software, mas estavam ansiosos em criar uma nova vida para si mesmos e suas famílias. O treinamento de quatro meses foi seguido por um estágio de dois meses. Foi rigoroso, com oito horas de aulas todos os dias, cinco dias por semana; se os alunos passassem nos exames, trabalhavam no desenvolvimento do ciclo de vida de um projeto de software real junto com engenheiros seniores.

Em vez de cobrar pelo treinamento, a Interapt pagou US$400 por semana aos participantes. Depois de seis meses, 35 estagiários entre 50 do grupo inicial foram colocados em empregos de tecnologia. Antes do treinamento, seus salários variavam de zero a US$17 mil por ano. Depois do programa de seis meses, eles estavam ganhando US$30-60 mil por ano. A Interapt ampliou as ofertas de emprego para 25 participantes, mas muitos deles tinham várias outras ofertas de emprego.

Como a mãe, Ankur está tentando curar as feridas da cultura. Comunidades deprimidas não serão revitalizadas com falsas promessas de trazer a mineração de carvão de volta ou com programas de bem-estar social que comprometem a dignidade humana e sufocam a iniciativa.

Esforços como esse precisam ser multiplicados por mil. Ankur diz: "Historicamente, a educação não tem sido muito valorizada aqui. Durante 100 anos, a piada era que, se você tivesse o ensino médio, ganharia US$100 mil por mês e, se fosse à faculdade, ganharia US$40 mil. Mas isso não acontece mais. Temos de ajudar a mudar a mentalidade das pessoas. Olhar para trás para indústrias que estão desaparecendo não ajudará. Mas há novos setores em expansão e estamos comprometidos a ajudar nossos vizinhos a participarem deles."

Agora, a Interapt está aumentando suas ofertas para soldados em processo de transição e suas esposas, para ajudá-los a se adaptar à vida civil com novas habilidades e uma carreira promissora. A Ankur também está trabalhando com a "Cidade do Refúgio" em Atlanta, onde a Interapt Tech Academy está dando a 25 jovens — muitos dos quais vivem em abrigos e estão presos a um ciclo de pobreza — nova esperança e novas habilidades para um futuro melhor.

A meta de Ankur é treinar dez mil pessoas nos próximos cinco anos e está se esforçando para atender a pedidos de todo o país para replicar seus programas em outros estados e outras regiões em Kentucky.

A Interapt é uma empresa lucrativa, mas é muito mais que isso: ela transformou vidas. Uma mãe solteira com dois filhos completou o programa e agora se tornou membro da equipe de desenvolvimento. Nos fins de semana, ela ensina o filho e a filha a codificar, para que possam ter por onde começar. Foi dito a um ex-mineiro de carvão que ele era velho demais para aprender uma nova habilidade aos 43 anos e ele foi pressionado a aceitar um emprego empacotando mantimentos. Agora, recrutadores o procuram várias vezes no mês no LinkedIn para saber se está disponível para outras oportunidades. Quando um estagiário terminou o programa e conseguiu seu primeiro emprego, ele e a mulher postaram no Facebook que aquele era o dia mais feliz na história da família, pois não precisariam mais de cupons de desconto para comprar alimentos.

Ankur reflete: "Quando você dá oportunidade às pessoas, está dizendo a seus semelhantes que eles fazem parte de algo, têm valor, são relevantes, têm esperança e são suficientes." Willie Nelson, a lenda da música country, que foi chamado "o Dalai Lama Caipira", declara: "Quando comecei a contar minhas bênçãos, toda a minha vida sofreu uma reviravolta." O filho de imigrantes indianos e seus colegas estão abençoando suas comunidades com empregos e esperança e transformando a narrativa da elegia à exultação. Ankur exulta: "O carvão de Kentucky impulsionou a nação nos 100 anos passados. O Código de Kentucky fará o mesmo pelos próximos 100."

O ESPÍRITO DE DOAÇÃO

**COMO A H-E-B PARTNERS ATENDE
SUAS COMUNIDADES E DEMONSTRA
HEROÍSMO DIANTE DE CATÁSTROFES**

A H-E-B é uma varejista de mantimentos privada e sediada em San Antonio, Texas, com mais de 110 mil empregados, conhecidos como Parceiros. Gerenciando mais de 400 lojas no Texas e norte do México, a empresa gera uma receita superior a US$26 bilhões por ano com mais de 5% de lucros pré-tributários doados para instituições de caridade.[1]

O nome H-E-B são as iniciais de Howard Edward Butt, que assumiu o controle da pequena mercearia fundada pela mãe quando ele deixou a marinha depois da Primeira Guerra Mundial, em 1919. Em 1905, com o marido incapacitado pela tuberculose e com três filhos pequenos, Florence Butt começou a vender mantimentos que adquiriu com US$60 que tinha economizado durante a vida. Ela fez isso em um minúsculo espaço de 70m² — a família vivia no andar superior e a loja ficava no térreo — que ela alugou por US$9 por mês.

Uma empreendedora pioneira e corajosa, Florence se deu conta de que um serviço de entregas sustentaria seu novo negócio e, então, segundo a história, encheu o carrinho de bebê de Howard com mantimentos e saiu de porta em porta.

À medida que a loja se tornava viável, Florence e Howard entregavam alimentos e outros produtos essenciais em seu carrinho para os sem-teto que acampavam à beira do rio Guadalupe, em Kerrville, Texas. Desde o início, o caráter da família centrou-se na crença que chamou de Espírito de Doação.

Apesar de alguns erros iniciais, Howard preservou e abriu 40 lojas com êxito em seus 50 anos na direção. Em 1971, seu filho Charles assumiu e continua como presidente e CEO. Líder amado, Charles aparece consistentemente no ranking da Glassdoor entre os 10 melhores CEOs dos EUA.

Como todas as Empresa que Curam, a H-E-B cuida muito bem de seus Parceiros, vendedores e clientes. Como eles gostam de afirmar:

Estamos no negócio de pessoas. Por acaso, vendemos mantimentos.

Os parceiros de H-E-B adoram a empresa. Se perguntar a um deles o que significa H-E-B, responderá: *Here Everything's Better* [Aqui Tudo é Melhor].

Talvez o aspecto mais característico e extraordinário da cura que a H-E-B promove no Texas e no mundo é sua operação de assistência em catástrofes. Poucas companhias aliviam o sofrimento na escala da H-E-B, e nenhuma companhia, que tenhamos conhecimento, é mais eficiente em mobilizar seus recursos para ajudar na ocorrência de um desastre.

No dia 25 de agosto de 2017, o furacão Harvey, de categoria 4, atingiu o estado do Texas com violência. Ele precipitou 150cm de chuva em alguns locais, um recorde para uma única tempestade nos EUA continental. O peso de 45cm de água alagou cerca de 3.400km^2 onde viviam 4,5 milhões de pessoas e, realmente, pressionou a crosta terrestre; a cidade de Houston afundou cerca de 2,5cm. Parecido com o Katrina em sua ferocidade destrutiva, a tempestade danificou 204 mil casas e destruiu mais de 1 milhão de veículos.[2] Três quartos de milhão de texanos se inscreveram para receber auxílio junto à Agência Federal de Gestão de Emergências (FEMA). Enquanto o furacão se aproximava do solo, o governo e entidades filantrópicas de auxílio trabalharam freneticamente para mobilizar esforços de assistência. Muitas empresas faziam os próprios preparativos, mas nenhuma com mais conhecimento, generosidade, amor e determinação do que a H-E-B.

O ESPÍRITO DE DOAÇÃO

Comprometido a sempre ser "o último a fechar e o primeiro a abrir" em casos de desastres, a H-E-B manteve um centro de comando com seu pessoal na sede da empresa em San Antonio, que foi complementado por centros de comando em Corpus Christi e Houston, o ponto focal do furacão. Além de manter abertas e abastecidas tantas lojas quanto possível, os centros de comando dirigiram e coordenaram esforços de assistência na comunidade

Quando a tempestade se aproximou, a H-E-B começou a transportar enormes quantidades de leite, pão, água, carne enlatada, pilhas e outros suprimentos essenciais para as áreas afetadas. A empresa instalou suas três cozinhas móveis totalmente equipadas, cada uma com capacidade de alimentar mais de duas mil pessoas por hora, diretamente na área do furacão para servir os primeiros afetados e evacuados. Ela também enviou suas Unidades de Assistência a Catástrofes móveis, que incluem uma farmácia totalmente equipada, assim como um centro de negócios para clientes poderem descontar cheques, receber ordens de pagamento e usar caixas eletrônicos.

Uma manifestação de sua filosofia do Espírito de Doação, a H-E-B tem um longo histórico de lidar com desastres naturais na região em que atua e além. A H-E-B doou dez caminhões de suprimentos essenciais para a cadeia de supermercados Publix, sediada na Flórida, para auxiliar os esforços de assistência após o furacão Irma. Eles enviaram vários aviões lotados de mercadorias para Porto Rico, depois do furacão Marie, e contribuíram com mais de 350 toneladas de alimentos para os sobreviventes do devastador terremoto em Puebla, no México, em 2017.

No entanto, o furacão representou um desafio de magnitude sem precedente. Muitos empregados foram desalojados pela enchente e não podiam ir para o trabalho. Uma loja comum emprega 300 pessoas, mas, com a tempestade, algumas operaram com cinco pessoas, uma na porta e quatro nos caixas. A empresa usou helicópteros para trazer motoristas de caminhão de San Antonio, para que pudessem tirar os caminhões do pátio, levá-los às lojas a fim de que houvesse produtos nas prateleiras. Mais de dois mil Parceiros de Austin, San Antonio, Rio Grande Valley e outros locais responderam ao chamado de trabalhar como voluntários nas lojas em áreas mais afetadas e ajudar com uma série de esforços de assistência à comunidade.

Muitos simplesmente pularam em seus carros e dirigiram para a área de Houston e Costa do Golfo, onde trabalharam muitas horas durante o dia e dormiram nos sofás das casas de outros voluntários locais.

Dias depois da chegada do furacão, Justen Noakes, diretor de preparação para emergências da H-E-B, recebeu uma ligação do coordenador de gerência de emergências (EMC) da cidade de Beaumont, perto de Houston. Atingida pela enchente, a cidade tinha perdido suas bombas de tubo, não tinha pressão e, portanto, não tinha água potável. A FEMA, a Cruz Vermelha e o estado do Texas quiseram ajudar, mas seus recursos eram limitados e não puderam lhes atender. O EMC ligou para Justen, dizendo: "Sei que estou pedindo demais, mas o que a H-E-B pode fazer para que os cidadãos de Beaumont tenham água?" Um comboio de caminhões-tanque foi mobilizado imediatamente com o VP sênior da cadeia de suprimentos da H-E-B no primeiro caminhão. A viagem que, normalmente, leva 90 minutos durou 18 horas em meio a 60cm de água. Mesmo assim, na manhã seguinte, os residentes de Beaumont tinham água potável, o que evitou uma crise de saúde pública e o pânico generalizado que a acompanharia.

Scott McClelland, um dos executivos seniores da H-E-B, lembra as expressões sinceras de gratidão e reconhecimento dos clientes que tinham consciência do esforço realizado pela H-E-B para manter as portas abertas naquelas circunstâncias, principalmente quando outros varejistas estavam fechados. McClelland diz: "Assim que entrei na loja, uma mulher se aproximou e começou a chorar e me abraçar, agradecida por estarmos abertos."[3]

O surpreendente *esprit de corps* da H-E-B é mostrado em catástrofes, mas é cultivado diariamente na empresa. Quando Craig Boyan foi nomeado presidente, Charles Butt disse a ele e a sua equipe de liderança: "Pague a nosso pessoal o máximo que puder, não o mínimo que quiser". Charles explicou: "A diferença de renda entre os que ganham mais e os que ganham menos é grande demais para que a nação tenha um futuro estável."[4] Boyan comenta: "Tentamos ser varejistas extremamente competitivos, mas também tentamos ser uma ótima empresa, e assim cuidamos de nossos Parceiros e suas famílias. Pagamos melhores salários e benefícios do que a maioria dos varejistas." Ele acrescenta: "Procuramos constantemente elevar os salários."

Em seu 110º aniversário em 2015, a H-E-B anunciou um plano de compra de ações que acabará possibilitando aos funcionários serem donos de 15% da empresa.[5] Quando a companhia lançou o plano, 55 mil funcionários receberam ações. A maioria dos Parceiros da H-E-B está inscrita no plano. A meta é ajudar os parceiros nas aposentadorias, complementando seus já generosos planos de previdência.

Além das recompensas financeiras, a cultura da H-E-B desperta o melhor nas pessoas, criando um senso partilhado de propósito e significado. E no melhor estilo texano. De fato, um elemento essencial em sua popularidade é alavancar o orgulho que as pessoas têm pelo estado. A H-E-B mostra e comemora a diversidade da cultura do Texas e oferece todos os tipos de promoções, com o San Antonio Spurs e outras equipes atléticas, e da culinária local — não se surpreenda se você receber uma tortilla grátis enquanto faz compras, e eles até vendem uma frigideira com o formato do Texas!

Craig Boyan explica: "Contratamos pessoas comuns para empregos comuns e as ajudamos a fazer coisas extraordinárias, e as deixamos orgulhosas por serem varejistas extraordinárias." Por exemplo, a companhia tem sua própria frota de caminhões e comemora ser "ótima com caminhões" admitindo os motoristas que dirigiram um milhão de quilômetros com segurança em seu Hall da Fama do Caminhoneiro. A empresa também é líder em práticas sustentáveis e foi indicada para a lista da *Forbes* de Melhores Empregadores em Diversidade dos EUA de 2018.[6]

A preocupação com os Parceiros se traduz em benefícios para os clientes, e a fidelidade dos clientes, em lucro consistente, dividido entre os Parceiros e a comunidade. Boyan diz: "Nossos clientes sabem que nos preocupamos com o que é importante para eles. Nosso objetivo é atender às necessidades de todos os segmentos de mercado no Texas." Para isso, a H-E-B dispõe de um formato gastronômico chamado Mercado Central, vários mercados voltados para o público latino, chamados Mi Tienda, o Joe V's Smart Shop, com preços de custo, e muitas outras iniciativas para animar os clientes.

Boyan acrescenta: "Queremos oferecer os melhores produtos, incluindo alguns exclusivos aos menores preços da região."

Além dos extraordinários esforços de assistência em catástrofes, a H-E-B é um dos maiores filantropos do Texas, apoiando uma série de causas, como:

- Excelência em Educação H-E-B: O próprio Charles faz doações generosas para a educação pública, e a H-E-B contribui com mais de US$10 milhões por ano para programas ligados à educação no Texas, incluindo prêmios a professores, diretores e superintendentes. Ela também apoia iniciativas de diversidade e inclusão e programas de alfabetização na primeira infância;
- Assistência a Banco de Alimentos H-E-B: Desde a fundação em 1982, esse programa entregou mais de 450 milhões de quilos de produtos para 17 bancos de alimentos no Texas e no México;
- Banquetes Solidários da H-E-B: Esses são jantares promovidos nos feriados de fim de ano como parte dos esforços da empresa para combater a fome. A empresa serve 33 jantares festivos por ano a mais de 250 mil pessoas no Texas e no México;
- Torneio de Campeões da H-E-B: Um dos maiores eventos de caridade desse tipo no país, arrecadou mais de US$100 milhões para mais de 600 ONGs do Texas com foco em educação, juventude e famílias de militares;
- Operação Valorização da H-E-B: Foi lançada em 2013 para auxiliar veteranos e membros do serviço ativo das Forças Amadas dos EUA. Entre seus muitos esforços, doou mais de 25 casas livres de hipotecas, personalizadas para soldados feridos e suas famílias.

Para a H-E-B, cuidar da comunidade não foi uma decisão tomada depois, como muitos esforços corporativos de responsabilidade social. Em vez disso, é a manifestação do espírito de doação da fundadora Florence Butt, que continua forte quase 115 anos depois que ela criou essa fantástica empresa.

OS MEIOS
E OS FINS
SÃO OS MESMOS

**COMO A SOUNDS TRUE ESTIMULA O
MUNDO DISSEMINANDO SABEDORIA ESPIRITUAL**

Florence Thornton Butt, fundadora da H-E-B, era uma cristã devota do Tennessee que se mudou para Kerrville, Texas, quando o marido contraiu tuberculose e não podia trabalhar.[1] Seus dois irmãos eram pastores e ela fazia trabalho voluntário na igreja com regularidade. Florence abriu sua pequena mercearia e rezou para que o Senhor abençoasse seu negócio. Suas preces foram atendidas além do que imaginou.

Oito anos depois, outra mulher de negócios pioneira, Tami Simon, fundadora da Sounds True, proferiu uma prece vinda do fundo de seu coração que levou à criação de uma empresa multimídia inovadora que tocou a vida de milhões de pessoas. Tami cresceu em um ambiente cultural e religioso muito diferente do de Florence Butt. Sua família liberal judia ia ao templo todas as sextas-feiras à noite, mas mais por motivação sociocultural do que religiosa. Seus pais não acreditavam em Deus; eles eram judeus pós-holocausto que se perguntavam: "Como Deus pôde deixar isso nos acontecer?" Tami, porém, sempre procurou a espiritualidade. Como recorda: "Minha mãe era racional e um tanto desconfiada de qualquer coisa metafísica e meu pai dormia em sua poltrona, mas eu rezava com fervor até não poder mais."

Tami frequentou o Swarthmore College para se formar em estudos religiosos, a fim de explorar os ensinamentos das grandes tradições espirituais do mundo. Insatisfeita com o que sentia como uma abordagem estéril e acadêmica, ela ansiava pela experiência direta do conhecimento transcendental. Assim, deixou a faculdade e foi para o Sri Lanka, a Índia e o Nepal por um ano aprender meditação e outros métodos práticos para despertar a consciência. Apesar de estar longe de sua casa, ela sentiu como se tivesse descoberto sua morada espiritual. Tami explica:

> Quando comecei a meditar, senti como se tivesse encontrado uma porta, um método, e isso era tudo de que eu precisava. Eu me comprometi a apresentar o máximo de pessoas possível à prática da meditação e, mais amplamente, a qualquer método que ajude as pessoas a sintonizar seu próprio conhecimento interior pelo contato direto com um senso de vivacidade, propósito e inspiração.

Embora sua busca metafísica tivesse sido bem-sucedida, sua encarnação estava comprometida. Como muitos buscadores ocidentais que foram à Índia e ao Nepal, Tami contraiu hepatite. Estava perigosamente abaixo do peso e compreendeu que era hora de voltar para casa, nos EUA. Ela reflete:

> Experimentei algo infinito e atemporal, mas não tinha ideia do que fazer com isso. Tive hepatite e pesava 40 quilos. Meus pais estavam preocupados. Eles ficaram especialmente assustados, porque eu não estava falando e era conhecida como "tagarela" quando criança.

Quando recuperou a saúde e a loquacidade, Tami começou a trabalhar como garçonete e, também, como voluntária em uma estação de rádio pública local em Boulder, Colorado. Embora a viagem ao Oriente lhe tivesse dado uma amostra da autêntica sabedoria e ela sabia que queria partilhar o que aprendera, também se sentia culpada por ter abandonado a faculdade. Não havia oportunidades de emprego ou caminhos profissionais claros para alguém com sua formação. Ao mesmo tempo, ela estava agradecida por todas as oportunidades propiciadas por sua família, que a amava e apoiava, apesar de ter se afastado do caminho que eles gostariam que tivesse seguido. Ela estava agradecida por tudo que aprendeu em sua jornada e sentiu um profundo desejo de contribuir para ajudar os outros e curar o mundo.

Uma prece surgiu do fundo de seu ser:

Deus, estou disposta a fazer seu trabalho. Por favor, mostre-me qual é.

Tami repetiu essa prece várias vezes, dia e noite.

Então, seu pai morreu, deixando-lhe uma herança de US$50 mil. Embora ainda trabalhando como garçonete para ganhar dinheiro, seu trabalho voluntário na estação de rádio pública tinha criado a oportunidade de apresentar um programa no qual entrevistava vários mestres espirituais como forma de continuar seu aprendizado e partilhar sua exploração com os outros.

Um de seus convidados foi um sábio professor que também era um empresário bem-sucedido. Tami tinha a intuição de que ele pudesse ter algumas ideias que poderiam ajudá-la, então ela marcou um encontro no escritório dele. Tami lhe contou sobre a herança que recebera e a dúvida do que fazer com ela. Ele lhe disse: "Qualquer que seja o lugar em que você ponha seu dinheiro, é lá que colocará sua energia." Ela respondeu: "Bem, eu não sei onde quero pôr minha energia." Ele disse: "Sim, você sabe. Volte daqui a três dias e falaremos sobre seus próximos passos."

Os próximos passos de Tami literalmente mudaram sua vida:

Quando saí de seu escritório, tive uma experiência estranha: tive a impressão de estar andando um pouco acima do chão. Eu pensei: "Ah, meu Deus. Não estou em meu corpo. Estou caminhando no ar."

Então, ela ouviu uma voz interior que disse: "Dissemine a sabedoria espiritual." Tami acrescenta:

Foi algo extremamente real. Ninguém poderia tirá-lo. Foi uma sensação clara: "Sim, eu vou fazer isso. Foi-me dado como minhas instruções de trabalho."

Enquanto Tami continuava a caminhar nas ruas de Boulder, seus pés pareceram voltar ao chão e ela começou a pensar em termos práticos sobre como poderia seguir as novas instruções de trabalho. Ela se deu conta de que seu programa de rádio voluntário poderia ser o início de um negócio. Na faculdade, ela tinha descoberto que gostava mais de ouvir palestras do que de ler. Além disso, ela pensou, a publicação de livros era um ramo estabelecido e já havia obras especializadas em sabedoria espiritual. Vídeos não a interessavam. Como ela explica: "Na época, detestava televisão. Meus pais assistiam à muita televisão e eu achava que ela emburrava e esvaziava as conversas." O caminho a sua frente ficou claro. Tami pensou: "Começarei a disseminar a sabedoria espiritual por áudio. Esse é um bom meio para mim. Adoro ouvir. Adoro o rádio e já tenho um programa de rádio."

Tami ficou satisfeita ao descobrir que os ouvintes queriam cópias de suas entrevistas, então ela começou a fazer gravações em fita cassete e vendê-las por US$10 cada. No início, ela vendia três cópias em uma semana, dez em uma semana realmente boa.

Apesar de sua completa falta de treinamento ou experiência comercial e com o que ela descreve como "apenas uma vaga ideia de como eu queria que a empresa fosse", Tami agora tinha uma missão e um propósito claros que estavam em harmonia com seus instintos mais profundos e sua verdadeira natureza. Ela adorava o áudio e adorava a busca pela verdade. O nome perfeito surgiu sem esforço: *Sounds True* [Soa Verdadeiro].

"Meu maior dom intuitivo", afirma Tami, "sempre foi apenas meu amor pela verdade, o amor pelos ensinamentos genuinamente espirituais. Isso simplesmente estava dentro de mim". O instinto de Tami pela verdade era evidente desde o início. Quando os pais assistiam a políticos na TV e Tami estava na sala, ela fazia perguntas precoces como: "Por que ele está mentindo? Como essa pessoa pode ser um líder? E por que as pessoas assistem alguém que não diz a verdade?" Tami explica: "Eu sempre percebia quando algo estava fora de sintonia entre o que ocorria dentro do ser humano e o que ele estava dizendo. Isso me revoltava."

A aversão de Tami pela incongruência, pela dissimulação e pelos subterfúgios a motivaram a trabalhar com e gravar pessoas com "uma congruência entre sua vida interior, seu trabalho e sua expressão vocal". Ela acrescenta: "Adoro quando estou com alguém que tem esse tipo de congruência. Eu relaxo, sinto-me segura e sinto que posso me mostrar. O que você vê é o que você consegue delas, e o que você vê é o que consegue em mim."

A sinceridade de Tami e seu modo de falar direto nem sempre provoca aceitação e popularidade. Ela admite: "Historicamente, acho que minha autenticidade não tem sido muito bem recebida. Em muitas situações, eu me sinto como uma intrusa. Durante muito tempo, eu me senti como uma alienígena. Eu me perguntei: 'Talvez eu tenha vindo de uma estrela diferente e, de algum modo, não sei como, consegui um corpo humano.'"

Ela acrescenta: "Acho que parte do motivo pelo qual abri um negócio foi por achar que ainda não havia uma empresa a qual pudesse me associar." À medida que amadurecia, Tami aperfeiçoou o que chama sua "função de editar" e aprendeu a ser mais diplomática sem comprometer a autenticidade. Ela integrou seus valores de bondade e compaixão com sua lealdade à verdade e isso se tornou a base de sua eficiência como líder.

Tami personifica o que a poeta e analista junguiana Clarissa Pinkola Estés chama de natureza lupina ou selvagem. Estés escreve que, quando as mulheres estão em contato com "a natureza selvagem", elas têm mais condições de viver "uma vida vibrante no mundo interior ou exterior".

Embora a imagem do lobo seja mais romântica, Tami fica mais à vontade com a metáfora do cão de caça. Ela explicou à antiga chefe — e agora autora e apresentadora do podcast *Emerging Women* — Chantal Pierrat o quanto lhe agrada "ser como o cão de caça que fareja a trilha a sua frente, com todos os sentidos intactos, e não tendo os sentidos reprimidos por causa do medo".

Tami tem o dom de "farejar" de professores espirituais genuinamente afortunados. Ela começou a gravar conferências com líderes lendários como Ram Dass e Stephen Levine e, depois, Pema Chodron e Adyashanti, entre muitos outros. Ela trabalhou com dedicação em aperfeiçoar suas habilidades de edição de som e começou a construir seu negócio com vendas por catálogo. O trabalho de Tami ficou ainda mais vibrante quando integrou sua abordagem de partilhar os tesouros do mundo interior com sua compreensão em desenvolvimento do mundo comercial exterior.

Na tentativa de fazer surgir a "sabedoria viva" das tradições espirituais do mundo, ela percebeu que, em vez de continuar a focar programas gravados em conferências para grandes públicos, o ambiente de um estúdio poderia criar uma relação mais íntima com os ouvintes, possibilitando que o carisma e a "transmissão energética" dos autores fossem sentidos pelas pessoas. Em 1990, a Sounds True lançou uma gravação em estúdio de *Mulheres que Correm com Lobos,* de Clarissa Pinkola Estés. O áudio teve um sucesso estrondoso, foi lançado antes do livro e ajudou a torná-lo um best-seller nacional, uma inovação que aumentou em muito a audiência do programa.

Cerca de 30 anos depois, a Sounds True levou mais de 1.500 áudios, vídeos, músicas e livros para um público de milhões e apresentou muitos seminários e eventos online bem-sucedidos, incluindo seu famoso Wake Up Festival [Festival do Despertar]. Duas vezes vencedora do prêmio Inc. 500, como uma das empresas privadas de crescimento mais rápido na América, a companhia é amplamente reconhecida como pioneira por oferecer ferramentas práticas que mudam a vida e aceleram o despertar espiritual e a transformação pessoal.

Felizmente para as pessoas que trabalham na Sounds True, Tami pôde criar harmonia entre as nobres verdades defendidas em seus produtos e a verdadeira gestão da empresa. Muito antes de frases como "tripé da sustentabilidade" ou "pessoas, planeta e lucro" se tornassem parte do vocabulário coletivo, Tami sabia que esses princípios fariam parte de todos os aspectos de sua empresa. Orientada por um propósito vivamente claro desde o início, era um *fait accompli* que relacionamentos harmoniosos com todos os envolvidos e uma administração global eram fatores essenciais não negociáveis. Apesar de não ter experiência em negócios, ela tinha bom senso, então ficou claro que dinheiro e lucratividade alimentariam a manifestação de seus ideais. Muitas empresas funcionam dependendo principalmente do "DOP" — dinheiro de outras pessoas — e tentando alavancá-lo em seu benefício. Mas, abençoada com o capital inicial necessário para abrir sua empresa, o primeiro insight de negócios de Tami foi: *Não gaste dinheiro que não tem*.

E, para muitas pessoas, nos negócios os fins justificam os meios. Mas, segundo a essência da filosofia empresarial da Sounds True, os meios e os fins não podem ser separados. Ela explica: "Acho que os meios e os fins são a mesma coisa — porque, no fim, o que nós todos realmente temos são os meios. Os meios, o caminho em si, devem sempre ser vitais."

Tami se comprometeu não só a *disseminar* sabedoria espiritual, mas também a realmente *aplicá-la* à cultura da organização. O modo pelo qual seu pessoal trabalha em conjunto deve ser coerente e estar de acordo com o que a empresa oferece.

Quando as pessoas questionavam seu idealismo com comentários do tipo: "Seja realista. Olhe, negócios são negócios", Tami respondia, sem acreditar: "Nem sei o que essa frase significa. Não entendo. Isso não significa nada para mim. É ridículo. É absurdo tentar separar o bem-estar das pessoas do modo como fazemos negócios."

Em 1990, o professor do MIT, Peter Senge, publicou o emblemático livro *A quinta disciplina: A Arte e Prática da Organização que Aprende*. Mas Tami já tinha internalizado os princípios de uma empresa que aprende e os praticava em sua companhia. Ela criou um local de trabalho que apoiava a integralidade e o desenvolvimento de todos os envolvidos nela. Ela vê o local de trabalho como uma incubadora de crescimento pessoal e saúde psicológica: "Nossas tendências narcisistas, nossas limitações, nossa falta de motivação, qualquer coisa, só recebem a devida atenção se nos engajarmos na dinâmica relacional do local de trabalho. Tudo isso se revela em uma situação de equipe, e a equipe mostrará o que você não consegue ver em si mesmo." Tami alimentou habilmente uma cultura em que as pessoas dão e recebem feedback livremente sobre como precisam crescer.

Na Sounds True, aprender é importante, mas amar é essencial. Qualquer que seja seu propósito de vida, ele é o modo como expressamos nosso amor no mundo. Tami ajuda todo seu pessoal a aumentar "o sentimento de verdadeira conexão mútua no local de trabalho e com as pessoas que atendemos por meio de nosso negócio". Ela entende que o amor não é manifestado como um cheque que nunca é descontado; assim, ele não faz nada por ninguém.

O compromisso de alimentar um sentimento de conexão e criar um ambiente de trabalho que promova o compartilhamento do amor manifestado, começando em 1990, com um convite para os funcionários da Sounds True de levar seus amigos de quatro patas ao trabalho. O site da empresa prega: "Somos agradecidos pela energia otimista e amorosa gerada pelo partilhamento de nosso espaço com nossos companheiros caninos — mesmo que sejam quinze em um mesmo dia!"

Tami enfatiza que uma *empresa que aprende* também deve ser uma *empresa que ama* e que, quando esses dois elementos se unem, podemos atingir o ideal da Empresa que Cura. Ela explica: "Parte de nossa cura é a disposição de analisar diretamente as partes de nós mesmos que se encontram na sombra e que estão subdesenvolvidas; as partes de nosso condicionamento que ainda temos de observar, aceitar e decidir que podemos transformar e desenvolver. Isso só ocorre quando as pessoas se sentem amadas e são estimuladas a aprender."

A cultura da Sounds True apoia as pessoas a despertar sua autêntica individualidade. Como disse um funcionário: "Aqui, todos têm total permissão de tirar suas máscaras; não há fingimento. Se alguém está triste, está livre para expressar seu sentimento. Se precisa ir para casa, pode fazê-lo; não é preciso inventar falsos motivos."

Tami enxerga um elo forte entra essa autenticidade e a cura. "A ideia de ser autêntico no local de trabalho e como isso gera uma verdadeira conexão é a essência do que cria a cura. Eu não sei o que pode ocorrer de genuíno quando alguém sente que não pode ser genuíno."

Está claro que a cultura da Sounds True é reflexo da natureza de Tami, seu ser essencial. Tami diz: "Sempre me empenhei em manter minha alma intacta. Se eu me desvio dela, os resultados não são bons para mim. Tenho de me manter firme. Quando isso ocorre, a vida transcorre de um modo maravilhoso. No fundo, acho que todos sabem do que precisam para que sua alma continue saudável." A cultura que Tami criou e lidera na Sounds True foi projetada para gerar um ambiente que facilita às pessoas se alinharem com a verdadeira expressão de sua alma, e sua missão e propósito estão focados em ajudar seus clientes a fazer o mesmo.

Embora a empresa reflita seu ser de formas notáveis e muitas pessoas procurem nela uma inspiração, Tami não gosta de se apresentar como um modelo de comportamento. Aos 20 e poucos anos, ela tentou encontrar um para si mesma, mas não funcionou. Ela se deu conta de que o que procurava não podia ser encontrado na história de alguém, mas naquilo que Emerson chamou de "autoconfiança". Ela pensou: "Vou descobrir o que sou e me manter fiel a isso."

Ao longo das décadas, essa visão a guiou e ela acha que essa é uma mensagem importante para todos que procuram um modelo a seguir. Ela diz: "Muitas vezes, acho que procuramos um modelo que nos dê permissão para sermos nós mesmos. Afinal, não há ninguém que seja você. Ninguém tem exatamente seu DNA, seus pais, sua exata combinação de promessas que fez quando chegou aqui, para entregar ao mundo." Ela continua:

> Se eu pudesse ser modelo para alguma coisa, é para isso: *Voe seus próprios sonhos loucos* — sem um modelo. Eles podem ser realmente diferentes, e você vai ter de descobrir isso e confiar em sua escolha, mesmo que haja ou não um lugar reservado para você.

Claro, todos precisamos de tantos exemplos de expressão saudável quanto pudermos conseguir, mesmo porque temos inúmeros exemplos flagrantes do contrário. O perigo está em que um indivíduo invista demais em imitar alguém, assim como muitas empresas gastam tempo e dinheiro demais tomando outras companhias como referência. Todos precisamos achar nossa própria expressão. Ler histórias de heróis e estudar a vida de líderes de cura oferece inspiração e dicas que todos podemos aplicar na busca por nosso caminho único.

Lançado na canção de 1970 "Almost Cut My Hair" pela superbanda de folk-rock Crosby, Stills & Nash, a frase *let your freak flag fly* começou como lema para celebrar os cabelos longos dos hippies, que, há 50 anos, parecia uma expressão ousada para os que queriam descobrir e viver sua própria verdade. O Urban Dictionary observa que a frase "implica pensamento único, excêntrico, aventureiro ou não convencional".

Há mais de cem anos, Florence Butt se determinou a descobrir e viver sua verdade. Como uma mulher com instrução superior — a única mulher em sua classe — que então abriu seu próprio negócio, indo de porta em porta para fazer a empresa progredir, bem, você pode apostar que ela decididamente foi considerada excêntrica e não convencional...

Um ano antes de a canção do CSN ser lançada, os Beatles começaram a meditar com o cabeludo guru Maharishi Mahesh Yogi, o que decididamente pareceu único, excêntrico, criativo, aventuroso e não convencional na época. Hoje, a meditação e treinamento da atenção plena são parte da cultura não só em empresas de tecnologia como Apple, Google e Intel, mas também na Aetna, Goldman Sachs, Procter & Gamble e muitas outras. A sabedoria espiritual está sendo disseminada a níveis antes inimagináveis e a Sounds True contribuiu muito para essa transformação de consciência — porque uma pessoa que abandonou a faculdade se comprometeu com seu próprio sonho louco.

LEVANDO MAIS PUREZA À VIDA CORPORATIVA

COMO A FIFCO SE TRANSFORMOU DE POLUIDORA À SALVADORA DO ECOSSISTEMA

*P*ure life, ou "vida pura", é uma frase que expressa a essência do espírito do maravilhoso país da Costa Rica. Um quarto de seu território é formado por áreas protegidas ou parques nacionais. Embora todo o país tenha o tamanho aproximado da Virgínia Ocidental — menos de 0,04% do território do planeta —, ele abriga 5% da biodiversidade da Terra.[1]

A FIFCO, um dos melhores exemplos de Empresa que Cura do mundo, é uma companhia que se transformou de modo a não só parar de poluir seu tesouro natural, mas também de agora o proteger ativamente, enquanto ainda mostra a outras empresas do mundo como ganhar mais dinheiro sendo melhores administradoras da *Pachamama*, a Mãe Terra.

Integrada à pequena cidade costa-riquenha de La Florida, em 1908, a Florida Ice and Farm Company (FIFCO) começou como um empreendimento agrícola e fábrica de gelo. Com o passar do tempo, a empresa evoluiu para se concentrar somente na fabricação de cerveja (FIFCO).

Como ocorreu essa transformação? Não foi uma conscientização repentina, mas, sim, um processo gradual que começou com Ramon Mendiola ouvindo os envolvidos e, por fim, fechando a lacuna entre a empresa convencional e aplicando os valores que aprendeu com os pais.

Crescendo perto de San José, a capital da Costa Rica, ele teve uma infância confortável, mas não ostentosa. O pai de Ramon era um homem de negócios que enfatizava e servia de modelo à integridade e excelência. Ramon conta: "Meu pai nos ensinou a sermos responsáveis em relação a tudo que fazemos na vida e sempre fazermos o melhor." Ramon diz que a mãe sempre foi sua consciência. "Ela me lembrava o que era realmente importante na vida: ajudar pessoas a minha volta, as que não têm a felicidade de ter tudo que temos. Tudo isso me acompanha desde quando eu era uma criança."

Depois de concluir a faculdade e obter o MBA na Babson College, Ramon trabalhou na Kraft Foods e na Philip Morris durante 11 anos. As empresas faziam parte da mesma entidade corporativa, mas Ramon trabalhava no setor de tabaco. Nesse período, ele realmente não questionou o impacto causado pelos produtos que representava na sociedade. Ele agia como um "homem de negócios normal", focando a criação de marcas, conquistando participação de mercado e gerando lucros. Ele conta que a maior motivação nessa fase de sua carreira, além do profundo desejo de se sobressair, era o medo: medo de que os ativistas ou reguladores pudessem fazer para limitar suas atividades. Nessa época, ele cultivava relações com funcionários do governo e grupos ligados à saúde e ao meio ambiente que se mostrariam colaboradores criativos quando ele mudou para a FIFCO.

Na FIFCO, ele ainda era motivado pelas mesmas forças que o impulsionaram no emprego anterior. Ir do tabaco para o álcool e refrigerantes açucarados não aliviou a pressão de reguladores e vigilantes de todos os tipos. Ele também se sentia pressionado em garantir que a empresa de cem anos resistisse e, para que isso acontecesse, mudanças deveriam ser feitas.

O crescimento e os lucros da FIFCO eram estáveis, mas não do jeito que poderiam ser. Ramon estava determinado a acelerar o crescimento financeiro da empresa. Seus primeiros dois anos, de 2004 a 2006, concentraram-se no aumento da eficiência. Com a ajuda de consultores, aplicou as melhores práticas aprendidas na multinacionais globais e sua própria capacitação empresarial para eliminar ineficiências, reduzir a burocracia e a complexidade e alinhar melhor remuneração e desempenho (definido então em termos puramente financeiros). Ramon separou o negócio mais lucrativo de produção de cerveja da divisão mais recente de bebidas não alcoólicas, levando mais responsabilidade para cada unidade de negócios. Muitas pessoas deixaram a empresa nessa época, pouco à vontade com o nível de intensidade e responsabilidade.

A próxima etapa, de 2006 a 2008, foi de promoção de crescimento agressivo. Ele desafiou os executivos a dobrar o tamanho do negócio em termos de receita e lucros em dois anos, com 70% de crescimento orgânico e 30% de expansão de novos negócios. Tradicionalmente, a empresa tinha crescido somente de 1% a 2% ao ano. Com inovação agressiva em novos sabores, tamanho de embalagens, canais de distribuição, novos produtos como chá gelado e novos segmentos, a empresa conseguiu atingir a meta de Ramon de dobrar de tamanho até 2008.

Mas a empresa estava começando a enfrentar um retrocesso social em relação ao crescimento agressivo. Muito desse crescimento veio do setor de álcool, levando a críticas generalizadas à medida que aumentava o número de motoristas embriagados e alcoolismo. A empresa também foi criticada por causa das bebidas açucaradas, às quais foi atribuída parte da responsabilidade pelo aumento da obesidade. A FIFCO também foi censurada por seu impacto na água, emissões de carbono e resíduos sólidos.

Como Ramon lembra: "Começamos a receber sinais da sociedade, principalmente em relação ao álcool. Quando começamos a crescer rapidamente, houve um leve superaquecimento em termos de consumo de produtos alcoólicos. Depois, tivemos problemas com o uso danoso do álcool, incluindo beber e dirigir." Ramon começou a prestar muita atenção. Ele explica: "Éramos bons em ouvir nossos consumidores e clientes, mas decidimos fazer uma consulta abrangente qualitativa e quantitativa com todos os envolvidos: ONGs, governo, sociedade em geral, reguladores, acionistas e empregados."

O feedback que Ramon recebeu dos envolvidos foi claro. Identificou quatro impactos negativos importantes. O primeiro foi a percepção de que a empresa promovia um consumo de álcool excessivo. O segundo foi sobre os resíduos sólidos: as pessoas se queixaram de garrafas da FIFCO flutuando nos rios e chegando às praias. O terceiro foi a água: a FIFCO era vista como tirando água das comunidades para fabricar seus produtos. O quarto foi a emissão de carbono das fábricas e sistema de distribuição da empresa.

Esse foi o momento verdade de Ramon, sua oportunidade de combinar as qualidades que aprendeu com o pai — integridade, responsabilidade e busca pela excelência — com as lições transmitidas pela mãe — empatia, solidariedade e compaixão. Ramon estava determinado a tornar a FIFCO uma empresa que formasse um "tripé de sustentabilidade" focada em pessoas, no planeta e nos lucros. Ele se deu conta de que questões sociais e ambientais precisavam ser abordadas com o mesmo rigor com que tinha promovido crescimento e desempenho financeiro. Para tanto, foi necessário que a empresa integrasse sua estratégia de negócios às iniciativas corporativas de responsabilidade ambiental e social.

A questão social mais urgente era o consumo excessivo de álcool. Sem saber como enfrentar o desafio, a FIFCO se associou a uma ONG do Canadá que vinha mudando os padrões de consumo de álcool em Quebec há 25 anos, principalmente reduzindo o consumo excessivo e estimulando a moderação. Uma pesquisa da FIFCO constatou que os consumidores bebiam, em média, menos de duas vezes por semana, mas tomavam até cinco drinques em cada ocasião. A relação "ganha-ganha" pareceu clara: mude os padrões de consumo com a redução dos drinques por ocasião enquanto aumenta a frequência. Como Ramon diz: "Como produto, o álcool não é bom nem ruim. Depende de quem e como é consumido: o padrão de consumo." Trabalhando com o Ministério de Saúde e Educação, a FICO deu passos significativos na direção de melhorar os padrões de consumo na Costa Rica e além. Ramon tornou-se o presidente da Latin American Brewers Association e começou a mobilizar a indústria para que compreendesse e mudasse os padrões de consumo em países, desde a Argentina ao México.

O consumo de álcool diminuiu por meio desses esforços, e incidentes com motoristas embriagados se reduziram. Mas a Costa Rica também enfrentava um perigoso aumento na obesidade, assim como muitos outros países latino-americanos. O México tem o maior índice de consumo de refrigerantes carbonatados do mundo e a Costa Rica não está muito atrás. A Ministra da Saúde e Educação perguntou a Ramon o que a empresa poderia fazer para reduzir o teor de açúcar. Ramon se comprometeu a reduzir o teor de açúcar em seu grupo no prazo de três anos. Os únicos produtos que não poderia alterar eram as marcas pertencentes à Pepsi que a FIFCO produzia sob licença. Mas ele poderia agir sore os 70% não relacionados à Pepsi.

Ramon começou removendo refrigerantes carbonatados de máquinas de venda e cantinas de escolas, deixando somente sucos de frutas, chás gelados e produtos semelhantes. Em seguida, ele montou uma equipe, incluindo seu pessoal de P&D, para trabalhar na reformulação de todas as 186 unidade de manutenção de estoque (SKUs). Foi-lhes pedido que reduzissem a quantidade de açúcar e usassem substitutos de baixa caloria. Também lhes foi pedido que utilizassem adoçantes artificiais com moderação, com a meta de passar a somente adoçantes naturais (hoje, é 80% natural).

A equipe reformulou todos os 186 SKUs em quatro meses. Dentro do grupo, o açúcar e as calorias tiveram uma redução de 40% a 50%. Ramon procurou a Ministra da Saúde e Educação com suas formulações técnicas e três caixas contendo os novos produtos. Ele disse à ministra que, dentro de uma semana, a FIFCO começaria a produzir as novas formulações. Ela ficou espantada. "Mas, Ramon, você pediu três anos para fazer isso! Como pôde fazê-lo em quatro meses?" Ramon respondeu: "Nossa equipe de P&D fez um trabalho fantástico."

As novas formulações foram lançadas sem anúncios ao público, apenas as modificações na lista de ingredientes nos rótulos. A empresa monitorou a reação da redução de doçura em alguns dos SKUs, mas a maior parte das pessoas não notou a diferença. Depois de dois anos, quando os consumidores tinham aceitado totalmente os produtos, a empresa lançou uma campanha publicitária com ênfase em quanto os produtos estavam mais saudáveis e mudou os rótulos. Ramon acabou conseguindo motivar a PepsiCo a lhe permitir que também reduzisse o teor de açúcar de seus produtos. Como exemplo, uma lata de 7UP passou de 150 a 100 calorias como parte de uma nova iniciativa global da corporação multinacional.

• • •

A empresa também adotou ambiciosas iniciativas de gestão do meio ambiente.

Em 2008, a FIFCO fez três compromissos públicos significativos em relação aos impactos ambientais: ela se tornaria uma companhia de zero resíduos sólidos até 2011, neutra em água até 2012 e neutra em carbono até 2017.

A FIFCO alcançou as três metas com um processo simples de três etapas: medir os impactos com precisão, reduzi-lo o máximo possível e compensar externamente a diferença. Todas as medidas foram certificadas por terceiros consagrados e confiáveis. A FIFCO investiu em tecnologias ambientalmente avançadas, educou os envolvidos e conectou desempenho ambiental à compensação. A empresa também investe 7,5% de seu lucro líquido anual na criação de projetos para reduzir impactos ambientais.

A FIFCO reduziu seu consumo de água de um pico de 10,9L para cada litro produzido para 4,38L. Eles compensam a diferença fornecendo água potável a pessoas que não têm acesso a ela, recolhendo água da chuva para escolas e comunidades, e protegendo áreas de floresta onde atuam.

A redução de resíduos sólidos é conseguida pela reciclagem, reuso e geração de energia com o que sobra. A FIFCO atingiu uma redução de 99,4% e compensa o resto com um programa de voluntários que recolhe o lixo produzido por outras empresas. Atualmente, a companhia recicla 82% de todas as garrafas de plástico que vende e 77% de todas as outras embalagens. Sua meta é reciclar 100% de suas garrafas e, também, por fim, substituir o PET por biopolímeros.

Mais empolgante, a empresa não está satisfeita em gerar impacto zero. Ela pretende se tornar uma companhia *neutro positiva* em carbono, água e resíduos sólidos. Quer compensar pelo menos 10% mais água, reparar

10% mais dióxido de carbono e recolher 10% mais resíduos sólidos do que produz até 2020. Ela trabalha com toda a sua cadeia de valor para atingir essas metas. A empresa começou com sua cerveja mais conhecida, a Imperial, que se tronou a primeira cerveja positiva em água em 2017.

O que aprendemos com a experiência da FIFCO não só em mitigar, mas, de muitas formas, em reverter seu impacto ambiental? Veja aqui seis lições:

1. Ouvir e respeitar todos os interessados para compreender melhor o problema, além de participar da solução;
2. Ter um propósito maior que contemple êxito em todas as dimensões;
3. Adotar uma abordagem holística na empresa, atenta a um desempenho social, ambiental e financeiro simultâneo, e não sequencial;
4. Conectar medições e remuneração a metas holísticas. Quarenta por cento da remuneração dos líderes da FIFCO está ligada a metas ambientais e sociais, provavelmente prevendo 50% no futuro;
5. Manter um compromisso visível e público em relação a metas tangíveis. Isso cria orgulho, entusiasmo e otimismo entre os empregados e outros interessados;
6. Colaborar amplamente. Nenhum desses desafios pode ser resolvido sozinho, principalmente os mais importantes. Você precisa se associar às instituições acadêmicas, à sociedade civil e ao governo — não só localmente, mas, em muitos casos, globalmente.

Quando ele começou a ouvir as preocupações dos interessados sobre os impactos da empresa, a consciência de Ramon ainda estava arraigada no medo. Contudo, depois de se engajar com os envolvidos, ele começou a notar que a empresa poderia causar um tremendo impacto positivo. O medo se dissipou e foi substituído pela empolgação e, depois, pela alegria.

Ramon fez uma série de compromissos sociais ousados relacionados à água, ao carbono e aos rejeitos sólidos. A companhia os cumpriu de acordo com a programação, gerando uma onda de orgulho nos empregados. A reação foi uma lição para Ramon: fazer a coisa certa deixa as pessoas felizes.

Mesmo que as iniciativas ambientais e sociais tivessem sido dirigidas externamente, Ramon achou que o impacto mais intenso foi sentido por seu pessoal: "O engajamento e o comprometimento dos participantes mais importantes, meus empregados, aumentou muito." Isso cria um círculo virtuoso: fazer a coisa certa gera maior comprometimento e engajamento deles, o que leva a empresa a ser ainda mais eficiente ao fazer a coisa certa.

• • •

Em 2014, Ramon pôde olhar para trás e ver uma década de progresso extraordinário. Ele tinha definido metas ambiciosas e cumpriu todas. Mas ele não estava satisfeito. "Embora estivéssemos fazendo muita coisa positiva, faltava alguma coisa, o senso claramente definido e partilhado de nosso propósito maior." Trabalhando de modo colaborativo com vários envolvidos, a FIFCO resumiu seu propósito em uma frase simples:

Criamos um modo de vida melhor para o mundo.

Talvez essas palavras pareçam inócuas ou banais, mas, para Ramon e sua equipe, elas possuem grande significado e poder. Elas expressam de modo hábil o espírito do foco da empresa em criar oportunidade, bem-estar e crescimento para todos os empregados, proporcionando produtos saborosos e mais saudáveis aos cientes, ao mesmo tempo em que geram retornos financeiros sólidos para os investidores. E fazer tudo isso de um jeito que evita danos e, realmente, melhora o meio ambiente.

Ramon viajou a todas as filiais da empresa para partilhar o propósito diretamente com seu pessoal. Em uma dessas reuniões, um empregado pegou o microfone e disse: "Ramon, tenho muito orgulho de tudo que essa empresa faz em termos de água, missões, a política em relação ao álcool, e tudo o mais. Leio a respeito, eu o vejo na TV, tudo é ótimo; mas, Ramon, você sabe que tem empregados que moram em condições de miséria?"

Ramon ficou espantado e abatido. Ele parou e, então, respondeu: "Obrigado por me falar disso. Não sei quantos de nossos empregados estão vivendo em condições de miséria, mas me dê seis meses para elaborar um plano abrangente como minha equipe de gerenciamento."

Ramon e sua equipe embarcaram em um projeto para entender o problema e criar um plano de como resolvê-lo. A FIFCO contratou uma equipe de assistentes sociais para ajudar. Ramon os acompanhou e entrevistou as pessoas vivendo na pobreza: não só os empregados, mas também suas famílias. Ele queria entender como e por que essas pessoas eram pobres. Ele sabia que não era por causa de remuneração insuficiente; a FIFCO paga os melhores salários da América Central.

Aproximadamente 18,5% dos costa-riquenhos vivem na pobreza, conforme relatado à Organização das Nações Unidas (ONU), e 4,2% vivem em extrema pobreza.[2] Como um país relativamente próspero da América Central, a Costa Rica experimentou um fenômeno perturbador: muitas pessoas escapam à pobreza, mas depois retornam a ela. A pesquisa da FIFCO revelou que uma das primeiras causas era o ciclo vicioso da tentação e da dívida que começa com o marketing agressivo e sedutor de artigos de luxo. Na capital, San Jose, as vitrines de lojas de eletrônicos estão repletas de grandes cartazes anunciando as pequenas parcelas mensais de, por exemplo, uma TV grande de tela plana. Cartazes semelhantes estão dispostos nos showrooms de revendedores oferecendo lambretas e motocicletas. Mas, quando você lê as letras miúdas, encontra as taxas de juros embutidas de 50% a 60%.

Educação financeira é um problema em todos os lugares, mas, principalmente, em países mais pobres. Aspirando a uma vida melhor, as pessoas cedem à tentação de "pequenas parcelas mensais" para adquirir produtos que não têm condições de comprar. Elas acabam pagando uma quantia enorme acima do valor do produto — se conseguirem efetuar os pagamentos. Se algo acontecer em sua vida que as impeça de pagar uma prestação, terão de pagar taxas adicionais que elas não têm a menor chance de poder pagar. Logo, estarão devendo mais do que o produto vale. Os itens são recuperados e vendidos a terceiros, enquanto a dívida esmagadora continua.

Outros fatores que deixam os empregados em uma situação financeira vulnerável incluem decisões financeiras inadequadas, questões de saúde e o grande número de dependentes. Acima de tudo, cerca de 3,6% dos funcionários da FIFCO na Costa Rica estavam vivendo em situação de pobreza: 161 empregados e 644 parentes que dependiam deles.[3]

No final do estudo de seis meses, a empresa lançou seu programa: FIFCO Oportunidades. Ramon fez outro ousado compromisso público: enquanto o governo precisa de uma média de dez anos para tirar uma pessoa da pobreza, a FIFCO o faria com cada funcionário em três anos ou menos. Com as informações e concordância das famílias afetadas, a empresa desenvolveu uma iniciativa customizada que incluía disponibilizar um mentor para cada família para ter aulas práticas de educação financeira. Um dos casos mais difíceis foi confiado ao CFO da empresa. Ramon lhe disse: "Se você não puder ajudar essa família a sair da pobreza, ninguém poderá!"

Na pesquisa, os assistentes sociais também encontraram muitos problemas masculinos que os costa-riquenhos chamam de "machismo". Assim, o programa incluiu apoio aos homens a ser melhores maridos e pais. Em geral, o programa incluía aulas e apoio em quatro áreas essenciais ao desenvolvimento humano: nutrição e estilo de vida saudável, habitação, educação e gestão financeira familiar abrangente.

A FIFCO se associou a bancos e a secretarias de governo para ajudar os funcionários a refinanciar os empréstimos com juros altos, obter assistência para habitação ou questões de saúde. A meta não era apenas salvar as pessoas de suas dificuldades financeiras imediatas, mas lhes ensinar como impedir que voltassem a ocorrer no futuro.

Conforme prometido, em dezembro de 2018, três anos depois que o programa foi lançado, todo o grupo estava oficialmente fora da pobreza. Em 2018, a FIFCO ampliou o programa para os funcionários da Guatemala. Ela planeja estender o programa para os EUA em 2020.

A FIFCO faz um investimento de meio milhão de dólares por ano no programa. Ao longo de três anos, o valor alcançou US$1.875 para cada uma das 800 pessoas afetadas. Ramon diz: "Esse é um preço baixo para compensar o impacto sobre todas essas vidas no futuro próximo. Ele pode até ter um impacto em várias gerações à medida que as crianças crescerem em lares mais seguros e aprenderem sobre finanças e outras responsabilidades ainda jovens."

Assim, qual foi o impacto do programa sobre a empresa? Além do óbvio nos 3,6%, há um impacto mais sutil nos restantes 96,4%. Como Ramon diz: "Os funcionários estão muito agradecidos. Eles veem nossa empresa realmente pensando e fazendo algo sobre esse problema e cuidando de seus colegas." A classificação da FIFCO como um bom lugar para se trabalhar já era alta, mas disparou ainda mais como resultado desse programa.

Embora o programa tenha sido um sucesso inegável, Ramon está triste com o fato de que outras empresas parecem relutar em seguir seu exemplo. A mentalidade comercial habitual é: "Vamos demitir esses irresponsáveis e contratar pessoas novas que não criem esse tipo de problema, para começar." A maioria das empresas, de quase todos os países, acha que aliviar a pobreza é responsabilidade do governo ou de organizações sem fins lucrativos. Ramon questiona esse conceito: "E se, em vez de esperar que o governo resolva o problema da pobreza ou responsabilizá-lo, começássemos a olhar primeiro para dentro, para o interior de nossas organizações?"

Tirar as pessoas da pobreza foi crucial, mas também é importante evitar que os outros cheguem a essa situação. Na FIFCO, outros 2% de funcionários estão à beira da pobreza. Assim, a companhia ampliou elementos de seu programa para incluir esse grupo. Os recursos estão disponíveis e intervenções proativas foram implementadas para garantir que nenhum funcionário caia nessa armadilha no futuro.

Depois de completar o programa inicial de três anos com sucesso, Ramon agora está partilhando amplamente a experiência com o mundo exterior.

A meta máxima da FIFCO é "inspirar outras empresas do mundo a se comprometerem a erradicar a pobreza em sua base de empregados. A pobreza pode ser erradicada se o fizermos em cada organização por vez. O setor privado enfrenta um desafio importante: o de complementar os esforços do governo e trabalhar para construir uma sociedade mais justa e igualitária."

• • •

A FIFCO complementa sua iniciativa de Oportunidades com um programa incrível de funcionários voluntários. Chamado de *Elegí Ayudar*, ou "Escolhi Ajudar", a empresa contribui com dois dias úteis de serviço comunitário para cada um de seus 6.300 funcionários, aproximadamente 70 mil horas por ano. Em 2016, o tempo acumulado doado foi de 450 mil horas. Ramon queria levar a iniciativa adiante e assumir outro compromisso público: até 2020, a FIFCO terá completado 1 milhão de horas de serviço voluntário.

Uma equipe multifuncional que trabalhava em atingir essa meta adicional teve uma ideia brilhante: engajar *todos* os envolvidos na empresa em reduzir e reverter o impacto ambiental causado por ela, começando por suas famílias. Assim a companhia começou a convidar famílias com filhos de 15 anos ou mais (por motivos de seguro e responsabilidade) a realizar trabalho voluntário significativo, o que eles adoraram. Esse tornou-se um meio para as famílias se aproximarem mais e ensinar a seus membros sobre problemas reais enfrentados pelas comunidades e pelo meio ambiente.

O próximo elemento foi até mais significativo: engajar-se com os clientes. Eles começaram com alguns pilotos com suas duas marcas mais importantes. Esses pilotos se mostraram muito bem-sucedidos em engajar consumidores a ajudar a reduzir o impacto causado pela empresa, gerando muita publicidade e posts na mídia social. Em 2018, a FIFCO criou mais de 20 experiências com consumidores, com a participação de todas as suas marcas importantes. Ramon está fascinado. "Hoje, os consumidores, especialmente os millennials, querem transcender, ser parte de algo, ter significado."

A FIFCO começou a incluir outros envolvidos nos trabalhos voluntários, incluindo acionistas, fornecedores, clientes e outros parceiros. A companhia cuida de toda a logística: os voluntários chegam às 8h, a empresa proporciona transporte, equipamento de segurança e refeições. Consumidores, acionistas, fornecedores e empregados trabalham lado a lado, estreitando laços, gerando boa vontade e fazendo uma verdadeira diferença no mundo.

O programa voluntário agora se chama "Escolhi Ajudar 4.0" e oferece a todos os envolvidos uma experiência emotiva de conexão compartilhada com um propósito maior.

Ramon continua a estabelecer metas ambiciosas, desafiando seu pessoal a atingir o impossível. Até agora, ele sempre teve sucesso e, no processo, empoderou as pessoas a se tornarem agentes de cura. Ele foi da redução do sofrimento a curar e levar alegria, de não causar danos a realmente fazer o bem, passando de impactos negativos a positivos em todas as dimensões.

• • •

Quando Ramon Mendiola entrou para a FIFCO como membro do conselho e, depois, como CEO em 2004, ela era uma empresa tradicional estabelecida com uma receita de aproximadamente US$150 milhões, 1.800 empregados e um impacto ambiental negativo.[4] Avanço rápido para 2018. A receita é superior a US$1,2 bilhão e a empresa está prosperando com mais de 6.500 funcionários e um lucro anual superior a US$260 milhões. Seus negócios vão de cerveja, bebidas alcoólicas, uma ampla variedade de bebidas não alcoólicas a hotéis e lojas na América Central e nos EUA. Reconhecida como o melhor lugar para se trabalhar na Costa Rica, é uma das 16 companhias formalmente certificadas como "defensoras da sustentabilidade" pelo Fórum Econômico Mundial.[5] A FIFCO está entre o 1% de empresas no mundo que alocam mais de 7% de seus lucros em projetos sociais.

Ramon reflete: "Essa década mudou minha vida. Redefini meu sucesso como CEO e me aproximei de minha equipe executiva e de todos os empregados de um jeito mais significativo. Crescemos juntos, fazendo trabalho voluntário, partilhando a paixão e a empolgação de realizar empreitadas sociais e ambientais. Eu percebi qual é meu propósito hoje: usar toda a minha energia para motivar outros líderes de empresa a seguir esse caminho."

As realizações de Ramon estão sendo reconhecidas e, com frequência cada vez maior, ele é convidado a participar de importantes fóruns pelo mundo com líderes empresariais, governos e ONGs. "Tenho a honra de motivá-los e demonstrar com provas concretas que uma empresa pode dobrar ou triplicar seu valor econômico ao mesmo tempo em que se torna uma força positiva para o meio ambiente e para a sociedade."

Ramon é um visionário prático que deu ao lema nacional desse país um significado mais profundo: a *vida* de todos os interessados tornou-se mais *pura* em todas as dimensões como resultado de seus esforços. "Não podemos mais atuar sob a premissa de que os negócios podem extrair os recursos da terra só com a responsabilidade de gerar lucro, emprego e pagar impostos." Ele acrescenta: "Temos muitos problemas sociais e ambientais difíceis e nossos governos não têm os recursos ou a competência de lidar com eles. Nós, o setor privado, somos agora a principal esperança do mundo para encontrar soluções."

CEO — CHEFE DE EMPATIA OFICIAL

COMO A CULTURA DE PREOCUPAÇÃO, CONSCIÊNCIA PLENA E BEM-ESTAR DA HYATT SERVE DE MODELO A TODAS AS EMPRESAS

Em 1881, Nicholas Pritzker e sua família fugiram da perseguição do Império Russo Czarista, chegaram aos Estados Unidos, e se instalaram em Chicago.[1] Nicholas buscou o sonho americano por meio de instrução e trabalho duro, trabalhando primeiro como farmacêutico e, depois, tornando-se advogado e empresário após se formar na Faculdade de Direito da Universidade Northwestern. Ele escreveu um manual de negócios que passou aos filhos, enfatizando que o segredo da imortalidade estava em criar um mundo melhor para as gerações futuras. Seus descendentes tornaram-se empresários bem-sucedidos em vários negócios e, também, generosos filantropos. Em 1957, o neto Jay comprou o Hyatt House, motel ao lado do Aeroporto Internacional de Los Angeles — a primeira propriedade do que se tornaria a maior rede de hotéis do mundo.[2] Comentando a abordagem dos negócios da família em relação à compra de empresas, Jay Pritzker explicou: "De acordo com nossa filosofia, não compramos empresas para despojá-las de seus ativos. O importante para nós são as pessoas que as administram."

Hoje, a Hyatt Hotels Corporation é uma empresa global que vale bilhões de dólares e que emprega mais de 110 mil pessoas em 56 países que falam mais de 100 idiomas. Em 2006, a Hyatt pediu a Mark Hoplamazian, que tinha atuado junto à família em diversas funções desde 1989, a se tornar CEO, com a missão de expandir a empresa com o fortalecimento de sua cultura de preocupação.

Os pais de Mark foram a primeira geração de americanos descendentes de armênios. Os Pritzkers eram judeus que fugiram do Império Russo e os Hoplamazians eram cristãos que fugiram do Império Otomano, ambos procurando liberdade e oportunidade nos Estados Unidos da América.

A mãe de Mark lhe conferiu o espírito da gratidão e o amor pela aprendizagem que o fizeram se formar na Universidade de Harvard e, depois, concluir o MBA da Universidade de Chicago. Seus pais também o criaram com sensibilidade ao sofrimento dos seres humanos e um senso de responsabilidade e preocupação com os outros.

Mark assumiu seu papel na Hyatt sem conhecimento no setor de hospitalidade. Dotado de uma mente de principiante, ele não teve medo de fazer perguntas inocentes. Ele explica: "Minha ignorância foi um bem valioso, porque me fez fazer uma série de perguntas ingênuas e simples que geraram discussões sobre por que fazermos certas coisas do jeito que as fazemos, e isso levou a muitas mudanças positivas."[3]

Mark levou sua equipe a contemplar questões existenciais fundamentais, começando por:

O que faz a Hyatt única?

A pergunta fez a equipe refletir sobre a história da Hyatt, por que se associaram e por que queriam ficar. Quando ele conheceu as equipes do hotel em todo o mundo, muitas das quais estavam com a Hyatt há muito tempo, surgiu um consenso: a *preocupação* era essencial em sua cultura.

Assim, a próxima pergunta importante foi:

Como cuidar de nossa cultura de preocupação e reforçá-la, de modo que se desenvolva em todas as nossas filiais globais?

Considerando que ela já fazia parte do DNA da Hyatt e seus mais de 60 anos de história, foi uma questão de reconhecê-la conscientemente e torná-la mais explícita e tangível. A equipe de liderança se engajou em uma exploração dos fatores que promovem uma preocupação genuína e, também, os que a inibem. A equipe reconheceu que a preocupação começa com compreensão e empatia, mas que a empatia só se transforma em preocupação *se você fizer algo a respeito*. Ela resumiu essa percepção em uma fórmula simples: E + A = P: *empatia mais ação igual a preocupação*.

E ela esclareceu seu propósito com a seguinte declaração:

Nós nos importamos com as pessoas para que elas possam dar seu melhor.

Essas palavras têm muito significado dentro da Hyatt.

Grande parte do foco do setor hoteleiro está no atendimento, mas *preocupação* é diferente de atendimento. É possível preocupar-se com alguém sem atendê-lo. Mas é *decididamente* possível, e muito comum em muitos setores de serviços, atender pessoas sem se preocupar com elas. A Hyatt tenta unir atendimento e preocupação.

A segunda palavra-chave é "pessoa". O propósito da Hyatt não está voltado só para os hóspedes, mas também para os colegas, fornecedores, membros da comunidade, acionistas — todos os envolvidos com a empresa. Como todas as Empresas que Curam, a Hyatt compreende que, quando os funcionários experimentam preocupação e apoio, realizam um trabalho muito melhor e o resultado são hóspedes mais satisfeitos e acionistas mais ricos.

Por fim, a frase "dar seu melhor" também tem um significado preciso para a Hyatt. Como Mark diz:

Nosso foco não é fazer as pessoas sentirem uma empolgação mágica, como o da Disney. Os hóspedes estão conosco por vários motivos: casamentos, funerais, comemorações, férias, seminários, premiações, lançamento de produtos e muitas outras atividades. Experimentamos a vida com seres humanos de verdade todos os dias e, assim, ajudar alguém a dar seu melhor não é ajudá-lo a atingir um resultado específico. Ao contrário, é ajudá-lo a realmente se sentir melhor, quer esteja conosco para uma reunião de negócios ou para passar férias.

Para Mark, isso não era apenas negócios; era algo pessoal.

Seu profundo compromisso com o valor essencial da preocupação como uma expressão de empatia mais ação o levou a empregar uma série de ferramentas de avaliação para ajudar a equipe de liderança a compreender seus próprios pontos positivos e negativos. Uma das dimensões que as ferramentas procuraram revelar foi a empatia. Ao observar os próprios resultados, Mark ficou chocado ao constatar que sua pontuação era baixa em relação a outros na Hyatt. Ele se considerava um exemplo de empatia e sua reação inicial foi rejeitar os dados. Contudo, quando refletiu, ele percebeu que precisava conferi-los com quem o conhecia melhor: sua mulher e seus filhos.

Quando ele se tornou CEO, Mark organizou sua agenda de modo a poder levar as crianças para a escola todos os dias e interagir com eles e cultivar seu relacionamento. Em uma dessas ocasiões, ele contou o feedback que tinha recebido da avaliação e ficou chocado quando eles confirmaram que ele não era tão bom em empatia quanto imaginara. Eles explicaram: "Bem, a maior parte do tempo em que você está conosco está fazendo outra coisa... está ao telefone ou respondendo e-mails. No carro, temos de lhe dizer para olhar para frente, porque o sinal ficou verde e você tem de avançar." Com delicadeza, mas com firmeza, a mulher de Mark confirmou a opinião das crianças.

Embora perturbado no início, esse fato fez com que Mark fizesse uma constatação. Ele se deu conta de que empatia requer humildade, intencionalidade e presença. Mark explica: "Para exercer a empatia, você tem de estar presente e um ótimo veículo para estar presente é ter consciência."

Essa percepção fez Hyatt cultivar a consciência plena como parte central do compromisso da empresa com a preocupação e o bem-estar. Esse investimento não é só filosófico: recentemente, a Hyatt comprou a Miraval, uma empresa de spas/resorts de destino, e a Exhale, uma empresa de fitness e spa. A programação e caráter das duas aquisições se baseiam na consciência plena em nutrição, movimento, autocuidado e preocupação com os outros.

A Hyatt está alavancando esses investimentos para atender melhor a seu propósito, porque ajudar pessoas a alcançarem um estado mais elevado de bem-estar é um caminho claro para cuidar delas.

A Hyatt definiu seus esforços na área focando três aspectos do bem-estar:

1. *Sentir:* Como você se sente ou seu bem-estar emocional e mental;
2. *Alimentar:* Como você alimenta seu corpo com comida e sono;
3. *Funcionar:* Como você se move e funciona fisicamente no trabalho, na vida e no lazer.[4]

A Hyatt está fazendo investimentos tangíveis em cada uma dessas áreas e, também, colaborações estratégicas com parceiros para melhorar como todos os interessados se sentem, alimentam e funcionam quando estão em um hotel da Hyatt (assim como no resto de suas vidas).

Um aspecto importante disso é a antiga filosofia global em relação à comida, expressa como: "Comida. Criteriosamente produzida. Cuidadosamente servida." O compromisso da Hyatt é oferecer opções de comida boas para os hóspedes, a comunidade e o planeta.

Quando você tem 110 mil funcionários e eles usufruem uma alimentação mais saudável, são estimulados a aproveitar as instalações gratuitas de uma academia, e têm a oportunidade de aprender meditação, esses empregados se sentem cuidados e partilham esse cuidado com os hóspedes e outros envolvidos. Além disso, faltas ao trabalho por doença e outros custos relacionados à saúde caem consideravelmente.

Promover o bem-estar alivia o sofrimento em vários níveis. Mark sabe que muitos hóspedes que estão em uma de suas propriedades trabalham para organizações que não curam, mas machucam. O ritmo de mudança e a disrupção extraordinária em muitos setores diferentes fez muitas pessoas experimentarem uma pressão intensa. Doenças relacionadas ao estresse estão aumentando. Como sociedade, não fazemos muito para facilitar a integridade e o bem-estar, focamos o diagnóstico e a recuperação das doenças. Como Mark nos disse: "O sistema de saúde é, na verdade, um sistema que cuida das doenças e, realmente, não concentramos nosso tempo e atenção no verdadeiro bem-estar e nos meios pelos quais podemos, de fato, ajudar a promover o bem-estar no local de trabalho." Mark pretende que a permanência dos hóspedes no Hyatt ajude a inspirá-los a usufruir um maior bem-estar não só durante a estadia, mas também depois que partirem.

Gratidão, preocupação e amor são mensagens consistentemente reforçadas pelos comunicados públicos da Hyatt. Por exemplo, a empresa divulgou um anúncio na transmissão do Oscar de 2017, ao som da clássica canção de Burt Bacharach, "What the World Needs Now Is Love, Sweet Love", para enfatizar a necessidade de entender os outros no mundo atual. Foi mais do que uma campanha publicitária. A empresa assumiu uma posição de liderança nas questões ambientais e sociais, apoiando direitos dos gays e a problemática da imigração dos DREAMERS [acrônimo para Desenvolvimento, Alívio e Educação para Menores Estrangeiros, em inglês], ambos com forte identificação com seus valores, assim como com as preocupações de seus empregados e hóspedes. Como Mark diz: "Tenho a responsabilidade como CEO de falar sobre questões relevantes como nossos colegas e clientes, porque, em parte, é como definimos o significado da marca. As pessoas escolhem se associar à marca, vindo trabalhar para nós ou ficando em um de nossos hotéis. Elas precisam entender que essa não é só uma iniciativa de relações públicas, mas também que somos sérios, apoiamos o cuidado para todas as pessoas."[5]

A Hyatt toca centenas de milhares de funcionários e hóspedes todos os dias; milhões de pessoas entram em contato com a empresa todos os anos. A paixão e o amor de Mark ficaram visíveis em nossas entrevistas, e ele contou muitas histórias de como a cultura do cuidado cria vida no dia a dia nos hotéis Hyatt em todo o mundo. Tanto é assim que o chamamos de CEO: Chefe de Empatia Oficial. Aqui está uma que é emblemática:

Uma hóspede em um hotel em Nova York ligou para a recepção por causa de um problema com o ar-condicionado em seu quarto.[6] Enquanto consertava o aparelho, o engenheiro ouviu a mulher falando ao telefone e logo ficou claro que ela tinha acabado de saber naquela ligação que a mãe morrera. Ele poderia ter fingido não ter notado e continuado seu trabalho. Em vez disso, ele a viu sofrendo e, quando ela desligou, ele lhe ofereceu palavras gentis e sua presença solidária. A hóspede ficou muito emocionada por sua gentileza e mais tarde escreveu um bilhete para ele e a empresa sobre o que ele tinha feito, o quanto a tinha consolado e tocado seu coração, e como tinha sentido sua solidariedade naquele momento muito doloroso. Um ano depois, ela tornou a escrever contando de sua gratidão e surpresa por um engenheiro ter tido o trabalho de lhe enviar um bilhete tempos depois para saber como estava passando.

Mark diz: "Se realmente pudermos exercer um impacto na vida das pessoas que tocamos e dar-lhes um caminho melhor para seu próprio bem-estar ou ajudá-las ao longo desse processo de cura, então fizemos algo maravilhoso."

Mark esclarece: "Nossa visão é clara e simples: alcançar um estado em que elevamos o nível de compreensão e cuidado no mundo." Os descendentes de imigrantes que fugiram de impérios para perseguir o sonho de liberdade e prosperidade se uniram para criar um sacerdócio de solidariedade e bem-estar. Esse é o verdadeiro Sonho Americano e a visão de nosso mundo. Essa é a visão de uma Empresa que Cura.

PARTE 3

O CAMINHO POSSÍVEL: TORNANDO-SE UMA EMPRESA QUE CURA

TRÊS PRINCÍPIOS QUE DEFINEM UMA EMPRESA QUE CURA

Oferecemos uma ampla variedade de exemplos de Empresas que Curam, abrangendo setores diversos como tecelagem de tapetes, hospitalidade, moda, energia, maquinário industrial, alimentos, mercado editorial, consultoria e construção, indo de algumas centenas a mais de cem mil funcionários. Algumas atendem apenas uma cidade, estado ou região, enquanto outras estão espalhadas pelo globo. Algumas começaram recentemente, e outras têm estado em atividade há mais de um século. Algumas começaram com o intuito de atender às necessidades reais das pessoas, aliviando seu sofrimento e aumentado a alegria em suas vidas desde o primeiro dia. Outras começaram principalmente como empreendimentos para ganhar dinheiro, mas depois descobriram o poder, a beleza e a alegria de se tornarem catalisadores para a cura nas vidas que atingem.

Qualquer que seja o setor, a localização, a duração ou o processo, Empresas que Curam partilham certas qualidades e crenças fundamentais. Todas operam com a profunda compreensão do que significa estar "nos negócios", com base em uma profunda compreensão do que significa ser humano. Elas se recusam a aumentar a fealdade do mundo; em vez disso, elas refletem os aspectos mais intensos do que significa ser humano, que é integrar e manifestar os ideais platônicos da Bondade, da Verdade e da Beleza. Elas reconhecem e celebram a bondade, elas têm um compromisso inabalável com a verdade e tratam as pessoas de forma maravilhosa. E todas constatam que operar dessa forma gera mais abundância.

Diferentes empresas formulam e articulam esses princípios de modo diverso, mas, no final, partilham os valores e os princípios que revisaremos e resumiremos nesta Parte 3.

O mais fundamental desses aspectos foi articulado com perfeição por Herb Kelleher:

O negócio dos negócios são as pessoas — ontem, hoje e sempre.[1]

Essa é uma declaração notavelmente simples e poderosa. Tudo o mais, incluindo os lucros, deveria ser encarado como um meio e permitir o desenvolvimento das pessoas e do planeta.

Bob Chapman manifestou um conceito semelhante com outras palavras:

Nós medimos o sucesso pelo modo como afetamos as vidas das pessoas.

Herb e Bob compreenderam que, quando definimos o sucesso como a conquista de poder, dinheiro e posição para nós mesmos, sempre infligimos sofrimento significativo e desnecessário aos outros.

Empresas que Curam estão centradas nas pessoas "Verdadeiramente Humanas", para citar o termo de Bob Chapman. Em outras palavras, elas *colocam o fator humano à frente dos números*. Elas não sacrificam valores elevados por outros menores. Para Empresas que Curam, a fidelidade aos valores é fundamental e as métricas do sucesso se concentram na concretização de medidas para todos os interessados a longo prazo. A lucratividade é importante, mas é encarada mais como um epifenômeno do que uma *raison d'etre*.

Identificamos três princípios essenciais que distinguem as Empresas que Curam. Eles são:

1. Assuma a responsabilidade moral de evitar e aliviar o sofrimento desnecessário;
2. Reconheça que os funcionários são seus principais participantes;
3. Defina, comunique e viva um Propósito de Cura.

ASSUMA A RESPONSABILIDADE MORAL DE EVITAR E ALIVIAR O SOFRIMENTO DESNECESSÁRIO

O pesquisador pioneiro em liberar o potencial humano F. M. Alexander escreveu: "Para fazer a coisa certa, primeiro você deve parar a coisa errada."[2] O primeiro princípio de empoderar a cura é estar ciente das formas pelas quais a sua empresa pode estar causando ou exacerbando sofrimento desnecessário e *parar*.

Nosso principal propósito na vida, segundo o Dalai Lama, é ajudar os outros. Sua Santidade acrescenta: "Se não puder ajudá-los, pelos menos não os prejudique."[3]

Primum non nocere é o juramento em latim feito por muitos médicos que significa *primeiro, não prejudique*.[4] Comprometa-se a não causar sofrimento desnecessário por meio da empresa. E, até onde for possível, evite investir em empresas que exploram os empregados, prejudicam os clientes, enfraquecem as comunidades e dessacralizam a terra.

O reality da televisão *Chefe Espião* mostra em seus episódios líderes que ficam chocados ao constatar o sofrimento que ocorre em suas empresas. Não espere que uma equipe de filmagem apareça para procurar sofrimento desnecessário e o alivie.

A fim de transformar esse princípio em cura real, precisamos estar atentos para descobrir as lacunas entre nossas aspirações positivas e a situação atual. Como Fred Kofman escreveu em *Consciência nos Negócios*: "Não há campos de extermínio nas corporações, mas muitas empresas aparentemente bem-sucedidas ocultam um grande sofrimento em seus porões."[5] As Empresas que Curam acendem a luz no porão; elas compreendem que não é só porque não o veem que o sofrimento não existe.

Muitas pessoas têm dificuldade em pedir ou aceitar ajuda. Elas não querem parecer pouco profissionais ou necessitadas, então lidam em silêncio, às vezes com heroísmo, com cargas esmagadoras.

Esse estoicismo é uma qualidade admirável, associada à coragem e determinação, elementos necessários na vida. Porém, às vezes, essa atitude evita que as pessoas peçam ajuda quando realmente precisam. Concentre-se em procurar o verdadeiro sofrimento e cultivar um ambiente em que as pessoas se sintam à vontade de buscar apoio junto à equipe.

John Ratliff, da Appletree Answers, ficou chocado e desanimado ao descobrir que um de seus funcionários de período integral não tinha onde morar. Sua consciência foi despertada e ele começou, como Bernie Glassman, fundador da Greyston Bakery, declarou, a *dar testemunho*. E como Glassman ensinou, quando estamos totalmente presentes e somos solidários: "Não temos de procurar soluções com antecedência... as ações de amor se manifestam."[6] As ações de amor de Ratliff — incluindo a criação de um programa interno de Formule-um-Desejo para os funcionários necessitados que fez profunda diferença em suas vidas — nasceram naturalmente quando ele ficou ciente e receptivo aos desafios enfrentados por seu pessoal.

A consequência do *Primum non nocere* é *Malus Eradicare, elimine o mal* em latim. Alguns exemplos simples de fazê-lo são:

Elimine Normas e Práticas Prejudiciais

Muitas vezes, normas rígidas, microgerência e sistemas draconianos de monitoração de empregados são a causa de sofrimento desnecessário. Quando Bob Chapman adquire uma empresa, uma de suas primeiras iniciativas é eliminar práticas degradantes e desumanas como revista de funcionários ao fim do dia de trabalho para impedi-los de roubar. Como pode haver uma atmosfera de confiança se as políticas e os procedimentos pressupõem que os empregados não são confiáveis?

Herb Kelleher enfatizou: "Se criar um ambiente do qual as pessoas realmente participem, não precisa de controle. Elas sabem o que precisa ser feito e o fazem."[7] Evite políticas que castiguem 99% do pessoal que não é oportunista a fim de impedir que os poucos que são tirem vantagem. Por exemplo, The Motley Fool não tem uma política para faltas por doença. Como Tom Gardner nos disse, ele não se preocupa com que as pessoas abusem dessa não política. Ele explica: "Confiamos nos Bobos que contratamos; eles são adultos. O verdadeiro problema das empresas orientadas por um propósito é que as pessoas querem vir trabalhar mesmo estando doentes. Não queremos isso. Se você está doente, fique em casa. Também não temos uma política de férias. Desejamos uma cultura de confiança mútua. Nós nos concentramos em desempenho e deixamos nosso pessoal gerenciar seu tempo."

Empresas que Curam visam substituir normas por valores partilhados. Richard Sheridan, da Menlo Innovations, explica: "Levamos uma suposição positiva sobre nosso pessoal para o trabalho todos os dias. Partimos do pressuposto da intenção nobre e confiamos em que todos estão fazendo o que é melhor pra a empresa, sua família e a comunidade."

Minimize a Hierarquia e Não Incentive o Mau Comportamento

Excesso de hierarquia se torna opressiva e inibe a inovação e a criatividade. Ele proporciona poder excessivo aos que estão no topo do sistema sobre os que estão nos escalões inferiores. Isso geralmente causa um efeito semelhante ao Experimentos sobre Prisões realizado por Zimbardo, de Stanford.

Como explica Bob Sutton, professor de Stanford: "Uma série imensa de pesquisas — centenas de estudos — mostra que, quando as pessoas são colocadas em posição de poder, elas começam a falar mais, tirar o que querem para si mesmas, ignorar o que as outras pessoas dizem ou querem, ignorar como pessoas com menos poder reagem a seu comportamento, agir com mais grosseria e, geralmente, tratar qualquer situação ou pessoa como meio para satisfazer as próprias necessidades — e isso colocado em posições de poder as deixa cegas ao fato de que estão agindo como idiotas."[8]

Se o sistema de incentivo e remuneração de sua empresa recompensa exclusivamente pelo desempenho financeiro, sem relação com seu impacto cultural, é provável que ela esteja reforçando o comportamento prejudicial.

Como a Menlo Innovations, que transformou o modelo de criação de software e de recompensas da dependência de "torres de conhecimento" em uma abordagem de equipe rotativa, todas as empresas que estudamos mostram um esforço contínuo em se estruturar de modo a promover a colaboração e o trabalho em equipe. Todas procuram abordagens inovadoras para garantir que todos, em todos os níveis, partilhem o sucesso financeiro da companhia. Isso não é fácil e exige monitoramento contínuo e pensamento criativo. Fique atento para certificar-se de que não está incentivando as pessoas a se comportarem de maneiras que não curam.

Nunca Permita o Abuso

O trabalho de Jane Dutton, Monica Worline, Bob Sutton e muitos outros demonstrou com clareza que um sociopata em uma posição de poder pode destruir a cultura de toda uma empresa. *Para disseminar a liderança de cura em toda a empresa, nunca tolere sociopatas.* Como Bob Sutton explica: "Assim como acredito em tolerância e justiça, nunca perdi um minuto de sono por ser extremamente intolerante com qualquer um que se recuse a mostrar respeito por quem o cerca."[9] E Herb Kelleher acrescenta: "Eu desculpo todas as fraquezas humanas, menos a egomania e a dissimulação."[10]

Isso significa separar-se de "líderes" tóxicos irredutíveis que acreditam que gerar números elevados torna aceitável depreciar os outros. Às vezes, exige a reestruturação de toda abordagem aos negócios. Quando Nand Kishore Chaudhary criou a Tapetes Jaipur, viu que mulheres eram maltratadas e exploradas. Ele se deu conta de que todo o sistema tinha de mudar. Contra grande resistência de outros membros da casta, expulsou os exploradores do empreendimento e transformou a vida de 40 mil mulheres e suas famílias.

Não se Conforme com a Neutralidade:
Lute para Exercer um Impacto Positivo em Todas as Dimensões

O código de conduta original do Google mostrava um lema que se tornou icônico e, no caso de muitas empresas, ainda representaria um grande salto para frente: "Não seja mau." Originado em 2001, essa era a expressão da tentativa da empresa de promover o comportamento ético sem parecer excessivamente corporativa. O idioma oficial do código do Google foi recentemente mudado e o novo lema é: "Faça a Coisa Certa." Naturalmente, isso pode não soar tão moderno, mas é melhor pensar de modo positivo. Na linguagem de Steven Covey sobre os hábitos clássicos de pessoas altamente eficientes: *Seja Proativo*.

A FIFCO, por exemplo, conscientizou-se dos efeitos negativos de seu processo de produção sobre o maravilhoso ecossistema da Costa Rica. Primeiro, eles focaram consertar o mal que estavam causando, mas compreenderam que poderiam realmente ir do negativo ao neutro e ao positivo em todos os impactos, como água, carbono, resíduos de embalagens e saúde.

RECONHEÇA QUE OS FUNCIONÁRIOS SÃO SEUS MAIORES INTERESSADOS

Em 1909, Harry G. Selfridge, fundador da loja com o mesmo nome em Londres, lançou um conceito revolucionário: "O cliente tem sempre razão."[11] Em uma época em que *caveat emptor* (cuidado comprador) era a mentalidade dominante em transações de varejo, isso deu a Selfridge uma vantagem no mercado e o slogan foi logo adotado por muitas outras empresas.

Desde então, aprendemos muito sobre inspirar e proporcionar um atendimento excepcional ao cliente. Acontece que, como Danny Meyer descobriu, supor que eles estão sempre "certos" nem sempre é o modo mais inteligente ou útil de tratar problemas com os clientes. Danny enfatiza que as preocupações dos clientes são prioridades significativas, mas que os empregados devem sentir que têm apoio pela empresa no caso de conflitos.

A Southwest Airlines adota uma orientação de atendimento ao cliente altamente responsiva: eles ouvem todas as queixas com atenção e visam gerar satisfação. Contudo, uma passageira frequente os estava levando ao limite com uma inundação de cartas depreciando todos os aspectos de suas operações, desde a política de não marcação de assentos ao tipo de amendoins servidos. Desesperada, a equipe de atendimento ao cliente encaminhou o arquivo a Herb Kelleher, que imediatamente lhe escreveu um bilhete simples:

> Cara Sra. Crabapple,
>
> Sentiremos sua falta.
>
> Abraços, Herb.

Ao focar primeiramente os empregados, as Empresas que Curam geram um cuidado excepcional ao cliente. Elas sabem que, quando os funcionários se sentem protegidos, eles oferecem um atendimento melhor, principalmente porque serão apoiados ao lidar com clientes difíceis ou agressivos.

Assim, crie uma cultura de pessoas que cuidem e se ajudem mutuamente. Desperte um verdadeiro senso de altruísmo na organização: pessoas fazendo coisas para os outros sem expectativa de receber algo em troca. Encoraje expressões criativas de cuidado e utilize a criatividade infinita que existe nas pessoas envolvidas com sua empresa, a fim de estimular a descoberta de outros meios de reduzir o sofrimento e aumentar a alegria. Dê às pessoas um senso de segurança psicológica para que elas possam assumir riscos razoáveis e serem honestas consigo mesmas.

Muitas empresas hoje praticam a defesa do consumidor. Por exemplo, se acreditarem que o interesse do cliente será melhor atendido com a oferta de um concorrente, elas o encaminharão a essa oferta. Também precisamos praticar a defesa do funcionário: ter pessoas dentro da organização que cuidem dos melhores interesses dos empregados.

Algumas das melhores práticas de defesa do empregado que descobrimos em nosso estudo de Empresas que Curam são:

Inclua Famílias entre os Interessados

A cura começa em casa, na vida dos empregados e de suas famílias. Pense nos cônjuges e filhos dos funcionários e, se aplicável, pais idosos que possam precisar de cuidados, como interessados. Na Sounds True e na Menlo Innovations, até animais de estimação são considerados interessados. Procure feedback de todos esses participantes. (Bem, sabemos o que os bichinhos vão dizer: Mais petiscos!") Em uma Empresa que Cura, "trabalho" e "vida" não são entidades separadas que competem entre si e precisam ser "equilibradas". Elas precisam ser integradas em um todo harmonioso. Quando as pessoas têm um senso de propósito, significado e cuidado no trabalho, e quando as empresas nas quais trabalham priorizam seu bem-estar e autoexpressão, o trabalho se torna uma das experiências mais nobres e felizes da vida.

Procure Todas as Oportunidades para Levar Alegria, Diversão e Amor ao Local de Trabalho

Richard Sheridan não hesitou em dizer: "Traga seu bebê para o trabalho", quando uma de suas funcionárias ficou sem a creche para o filho. Agora, as pessoas vêm do mundo todo para descobrir como a Menlo Innovations consegue criar softwares excelentes no prazo com uma baixa rotatividade de empregados e elevada lucratividade. Eles podem fazê-lo porque criaram uma cultura que "estimula as pessoas a se entregarem totalmente ao trabalho e a aplicarem todo o seu potencial, energia e talento".

Promova uma Competição Interna Saudável

A história de Caim e Abel deu espaço a uma discórdia entre irmãos em muitas famílias e uma competição nociva em muitas empresas. Em vez disso, inspire a "concórdia entre irmãos" como faz o fundador da USHG, Danny Meyer, para canalizar a competitividade natural de modo saudável. Rejeite abordagens como "produz ou sai", ou "melhores, medianos e descartáveis" — modos de ser de soma zero em que apenas alguns podem ter sucesso e outros precisam fracassar.

Invista na Cura do Jeito que Você Investiria em Marketing ou P&D

Muitas iniciativas de cura não são gratuitas. Elas exigem investimento, mas o retorno provavelmente será muito maior do que qualquer outra coisa que você possa fazer. Esteja preparado para alocar recursos para medidas que realmente importam e farão uma grande diferença.

Possibilite às Pessoas Crescer e Evoluir Continuamente

Ajude as pessoas a evoluírem e superarem padrões disfuncionais. Decida deixar as pessoas melhores do que quando as conheceu, em todas as dimensões: mental, física e emocional. Proporcione oportunidades contínuas para que cresçam e evoluam como seres humanos, não apenas como empregados. Todas as experiências de aprendizado que o Instituto de Liderança Barry-Wehmiller oferece são planejadas para ajudar as pessoas a lidar com a maioria dos desafios pessoais importantes que enfrentam — o que também os ajuda muito no trabalho.

DEFINA, COMUNIQUE E VIVA COM UM PROPÓSITO DE CURA

Qual é o propósito dos negócios? Não é, como Peter Drucker escreveu: *"Adquirir e manter um cliente"*, e não é, como Milton Friedman declarou: ter lucro. Adquirir e manter clientes e ter lucro são medidas de sucesso importantes que, muitas vezes, são confundidas com propósito. O propósito de um negócio, agora mais do que nunca, deve ser aliviar o sofrimento e aumentar a alegria, atendendo as necessidades de todos os interessados, incluindo empregados, clientes, comunidades e meio ambiente.

Empresas que Curam adquirem e mantêm clientes e geram lucro a fim de continuar a crescer e levar a cura a mais partes do mundo. Elas estão organizadas ao redor de um claro senso de propósito que partilha algumas características comuns. Nós expressamos várias delas aqui: Heroísmo, Evolução, Ação, Amor, Inspiração, Natureza e Fundamentação.

Heroísmo

"Chegou a hora para que todos ajudemos a criar e usufruir uma nova 'psicologia da libertação'." escreve o Dr. Philip Zimbardo em um ensaio: "Por que o Mundo Precisa de Heróis."[12] Para Zimbardo, o herói ajuda a melhorar a condição humana "por meio de atos de bondade, generosidade de espírito e uma visão que sempre busca fazer os outros se sentirem especiais, dignos, compreendidos e aceitos como iguais." Crie um propósito para sua vida e sua empresa que exerça um impacto transformacional positivo no mundo, afetando não só os interessados na empresa, mas também o setor e, talvez, a sociedade como um todo.

Evolução

Uma empresa que cura alinha seu propósito com os impulsos evolucionários da época. À medida que avançamos na jornada em direção à consciência e ao despertar da consciência, as empresas terão de se adaptar e elevar seus propósitos para continuar em harmonia com nossas aspirações e motivações. Eileen Fisher, por exemplo, atende e apoia a evolução da expressão da energia feminina positiva, e a Hyatt visa cobrir a lacuna entre nossa crise atual no sistema de saúde e a evolução da compreensão de que podemos fazer uma grande diferença em nossa saúde cultivando hábitos que sustentam o bem-estar.

Ação

Crie um propósito que possa ser transformado em ação, para que "O que" você faz todos os dias esteja diretamente ligado a sua compreensão do "Por que" você o faz. Milagres podem acontecer quando as pessoas relacionam suas ações cotidianas a um propósito maior. Quando a DTE Energy definiu sua declaração de propósito — "Servimos com nossa energia, a força vital de nossas comunidades e a máquina do progresso" — e a partilhou com seu pessoal nas centrais elétricas, os funcionários se emocionaram até as lágrimas. O CEO Gerry Anderson reconta: "Aprendi uma incrível lição de liderança. Descobri do que as pessoas são capazes quando realmente acreditam em algo."

Amor

Um propósito organizado ao redor do amor e cuidado cria um campo de força poderoso e vital em toda a empresa. Ele está em harmonia com a mais profunda essência do que significa ser humano. Esse trecho da Bíblia de 1 Coríntios I (13:4 — NVI) expressa lindamente esse elemento do Propósito da Cura:

> O amor é paciente, o amor é bondoso. Não inveja, não se vangloria, não se orgulha. Não maltrata, não procura seus interesses, não se ira facilmente, não guarda rancor. O amor não se alegra com a injustiça, mas se alegra com a verdade. Tudo sofre, tudo crê, tudo espera, tudo suporta. O amor nunca falha.

Herb Kelleher acredita que: "A empresa fica mais forte se estiver ligada ao amor, e não ao medo." Bob Chapman constatou que o amor nunca falha em ajudá-lo a recuperar empresas agonizantes. Aconselha que se deve tratar todos os interessados como se fossem "filhos queridos". Bob não compra empresas para salvá-las e obter lucro rápido; ele investe nelas e, então, "adota-as" para sempre. O amor persevera e um propósito de amor é definitivo.

Inspiração

Quando as pessoas se inspiram por um propósito partilhado, elas se alinham na mesma direção. Na falta dele, os interessados ficam literalmente diante de objetivos contrários; os acionistas querem o máximo de dinheiro possível, os funcionários querem trabalhar pouco e ganhar muito, os clientes querem sempre preços baixos, fornecedores querem maximizar suas margens e economizar, e a sociedade quer que as empresas paguem o máximo de impostos possível. Todos se tornam tomadores do sistema.

O poder alinhador e inspirador de um propósito significativo impede muitos dos conflitos que costumam surgir entre os interessados e possibilita a descoberta de resoluções criativas em que todos ganham no caso de haver conflitos.

Um propósito de cura inspira todos os interessados na empresa a serem *doadores* do sistema, superando as limitações autoimpostas e lutando pelo aparentemente impossível. Os interessados mantêm suas funções e identidades distintas, mas também se tornam parte de um todo sincronizado e harmonioso voluntariamente. Isso energiza e estimula a empresa e lhe confere um senso de urgência e foco.

Natureza

Um propósito de cura reflete uma mentalidade de viver em harmonia com a natureza em vez de querer conquistá-la ou dominá-la. O micologista Paul Stamets observa: "Estamos juntos neste planeta, neste tempo e espaço. Todos morreremos. Todos que conhecemos morrerão. Voltaremos à estrutura da natureza de onde saímos. Acho que a estrutura da natureza se baseia na extensão da bondade."[13] Estenda a bondade integrando a consciência e a gestão ecológica a seu propósito.

Fundamentação

Um propósito de cura está fundamentado no pensamento estratégico, no planejamento financeiro cuidadoso e na atenção aos detalhes. O 26º presidente dos EUA, Theodore Roosevelt, aconselhou: "Mantenha os olhos nas estrelas, mas lembre-se de manter os pés no chão."[14] Bob Chapman chama isso de "otimismo fundamentado". Ele acrescenta: "Liderar é gerir as vidas confiadas a nós." Você está preparado para ser um gestor de vidas? Líderes de cura demonstram a coragem de ser idealistas e solidários diante das muitas pressões para serem céticos e egoístas. Examine sua alma e descubra seu próprio propósito maior e, então, ache um meio de lançar seus fundamentos no modo como conduz a empresa.

Depois de definir o propósito para si mesmo e para a empresa, revele seu compromisso com a cura e com os valores essenciais de modo explícito e tangível a todos os interessados.

Empresas que Curam constatam que colocar as pessoas em primeiro lugar lhes proporciona uma forte vantagem. Como Chris Hillmann explica, seu negócio geralmente é muito sensível ao preço, então ele ficou chocado ao descobrir que "comunicar nossa paixão pelo cuidado desperta algo nos clientes que os faz querer fazer negócios conosco e os dispõe a nos pagar mais". A Tapetes Jaipur constatou que os clientes estavam dispostos a pagar muito mais pelos tapetes fabricados e assinados pelas artesãs do que economizar comprando de empresas que exploravam escravos contratados. Eileen Fisher acha que investir em sustentabilidade e comércio justo inspira uma fidelidade entusiasmada pela marca que ajuda a gerar lucro consistente.

TORNANDO-SE UM LÍDER DE CURA

A transformação de nobres ideais de cura em realidade requer liderança. Não se pode ter uma Empresa que Cura sem líderes que curam. A liderança de cura requer um compromisso contínuo com a própria cura. Ao se curar, você pode estender a cura aos outros.

Os indivíduos incríveis que tivemos o privilégio de conhecer e apresentar neste livro evoluíram por meio de suas experiências de vida e chegaram a um claro senso de si mesmos e do que estão tentando manifestar no mundo por meio de suas empresas. Em muitos casos, esses líderes acharam significado no próprio sofrimento e procuraram usar o cenário de suas empresas para criar algo que reflita o bem, a verdade e a beleza como passaram a entendê-los.

Uma lição que todos aprenderam foi ficar ciente sobre atitudes, suposições e hábitos que causam sofrimento desnecessário e mudá-los primeiro.

Líderes que curam reconhecem que morrer com a maioria dos brinquedos não os torna heróis e que o vencedor de uma corrida de ratos ainda é um rato. São necessários apenas alguns momentos de reflexão para que se perceba que, em nosso leito de morte e depois, nosso legado será medido pela inspiração, bondade, cura e amor que partilhamos — e, nos negócios, pela contribuição que fizemos a colegas, clientes, fornecedores e comunidades.

Depois do despertar da consciência, o maior passo para muitos na jornada para se tornar um líder de cura é compreender que *é possível* aliviar o sofrimento e aumentar a alegria por meio dos negócios; e uma das melhores formas de cultivar essa compreensão é estudar as histórias de indivíduos que personificam a liderança de cura. Neste livro, contamos histórias de alguns líderes de cura excepcionais que conhecemos e há muitos mais. Alguns são lendários, como Jim Sinegal, fundador e ex-CEO da Costco, que pagou a seus funcionários quase o dobro do salário que seus concorrentes diretos e ofereceu ótimos benefícios. Ele se recusava a aplicar um markup maior que 14% a qualquer produto que a Costco vendia, o que significa que, em alguns medicamentos genéricos, seu preço era 90% menor do que o dos concorrentes. Quando pressionado pelos analistas de Wall Street para aumentar as margens de lucro desses produtos, ele respondeu: "Bem que poderia usar heroína."[1] Do mesmo modo, Howard Schultz, da Starbucks, resistiu a todos os pedidos de Wall Street e até de seu conselho de diretores para reduzir a generosa cobertura de seguro saúde, que ele ampliou a fim de incluir empregados de meio período. Howard tinha vivido diretamente, quando criança, o impacto arrasador que não ter um seguro saúde poderia exercer em uma família. John Mackey, do Whole Foods Market, dedicou-se a criar uma empresa que melhoraria a saúde dos clientes, o sistema alimentar e o planeta. Ele estendeu sua mentalidade de cura para o âmbito do bem-estar animal, criando a Global Animal Partnership, que definiu parâmetros para o tratamento humano dos animais no sistema alimentar.

Sinegal, Schultz e Mackey são bem conhecidos e há muitos outros que estão mudando silenciosamente concepções fundamentais sobre a natureza dos negócios. Cada setor desenvolve suas normas, valores e práticas padronizadas, que então criam uma reputação no mercado entre clientes e funcionários em potencial. Pense no comércio de carros usados, vendas de timeshare e revestimento de alumínio de antigamente. A má reputação no setor torna-se um estigma que se associa a todos os participantes da atividade, até aos novos. Mas, quanto pior a reputação da indústria, maior a oportunidade para uma empresa com uma consciência de cura diferente de se destacar e atrair clientes, empregados e investidores que estão procurando algo melhor. No setor de construção notoriamente hierárquico e, muitas vezes, brutal, Michael Hammes e Barry Dikeman, da Ram Construction, em Bellingham, Washington, colocaram a segurança e a gentileza no centro de tudo o que fazem e o resultado é uma empresa lucrativa que é amada pelos funcionários, pelos clientes e pela comunidade.

A Power Home Remodeling, em Chester, Pensilvânia, está comprometida em mudar o jeito como o setor é visto por todos os interessados, começando pela maioria de funcionários millennials. Mesmo em setores que não contam com uma boa reputação, o ramo de reformas residenciais é visto com muita desconfiança. Ele tem a reputação de se aproveitar dos proprietários. É prática comum iniciar um serviço, receber o pagamento e não terminar o trabalho. Ou receber o pagamento, iniciar o serviço e, depois, pedir mais dinheiro para terminá-lo. Os clientes são enganados, tratados com desdém, os fornecedores não são pagos conforme prometido e as contas chegam cheias de custos inesperados. Asher Raphael, coCEO da PHR nos contou: "Nossa meta número 1 é criar uma mudança positiva na vida dos clientes, dos funcionários e do planeta." A Power se esforça para ser uma empresa que "realiza sonhos", para os clientes e para os empregados. Ela tem sido citada como um dos Melhores Lugares para se Trabalhar, segundo a Glassdoor. Os coCEOs da empresa, Corey Schiller e Asher Raphael, foram indicados pela Glassdoor para a lista dos Dez Melhores CEOs pelo quarto ano consecutivo. A Power criou uma cultura na qual as pessoas começam a acreditar em si mesmas, adoram seu trabalho, ganham bem e se tornam muito mais bem-sucedidas em todas as dimensões do que imaginaram ser possível.

A empresa oferece oportunidades de crescimento e desenvolvimento a todos seus funcionários, não apenas para os gerentes. Ela criou uma cultura de inclusão e confiança, em que as pessoas se sentem psicologicamente seguras e livres para serem elas mesmas. Por exemplo, um empregado se levantou na primeira Conferência de Diversidade e Inclusão e, com lágrimas nos olhos, disse: "Essa é a primeira vez em que falei sobre ser gay e a primeira vez em que estou realmente feliz. Nunca pensei que poderia ser tão feliz antes de trabalhar aqui."

Líderes de cura estão transformando as empresas em várias esferas que não são conhecidas por sua abordagem humanista. The Breakers [Ondas muito fortes], há muito conhecido como reduto de famílias extremamente ricas da era dourada, foi frequentado pelos Rockefellers, Vanderbilts, Astors, Andrew Carnegie e J. P. Morgan, juntamente com a nobreza europeia em férias e uma sucessão de presidentes norte-americanos. O hotel foi originalmente construído por Henry Flagler (1830-1913). Quando perguntaram a John D. Rockefeller se a criação do imenso monopólio que se tornou a Standard Oil tinha sido ideia dele, ele respondeu: "Não, senhor. Gostaria de ter tido a inteligência de pensar nisso. Foi Henry M. Flagler." Flagler foi o gênio que ajudou a elaborar uma estratégia com base em aquisições agressivas e no controle do transporte ferroviário para dominar o comércio global de energia. Depois de reunir uma das maiores fortunas por meio da colaboração com Rockefeller, Flagler voltou sua atenção para promover o desenvolvimento do estado da Flórida. Como os outros barões ladrões, Flagler dedicou grande parte de sua energia nos últimos anos a deixar um legado mais positivo. Ele ajudou a financiar a Faculdade de Administração da Universidade da Carolina do Norte — que ainda leva seu nome — e acreditou que tornar a Flórida um estado viável e funcional ajudaria a fortalecer o comércio com a América Central e apoiar a prosperidade mútua entre os EUA e seus vizinhos do sul. Parte de sua estratégia para transformar a Flórida foi construir hotéis de luxo fabulosos que atrairiam hóspedes ricos que então investiriam na infraestrutura local. Além de construir seu próprio patrimônio extraordinário, ele abriu o The Royal Poinciana Hotel e, então, o Palm Beach Inn, que logo mudou o nome para The Breakers, uma referência ao modo com que as ondas do oceano Atlântico quebravam na praia nesse local maravilhoso.

Ao longo dos anos, o hotel foi reformado após incêndios e furacões, mas sua maior transformação começou em 2003, quando os herdeiros de Flagler se comprometeram a transformar sua cultura. Antes de 2003, a rotatividade anual de funcionários era de 100%. Em outras palavras, as pessoas ficavam em média apenas um ano! Hoje, a rotatividade é de apenas 17%, uma das melhores do setor hoteleiro. Como conta o CEO Paul Leone: "Nós nos esforçamos para ser uma organização de consciência e ação, uma cultura de cuidado e bem-estar. Em última análise, nossa motivação para ter sucesso em nossos vários negócios é alimentada por nosso compromisso de atender e estimular nossa equipe, de construir um ambiente em que os funcionários possam crescer e se sentir inspirados a viver uma vida de realização, e ajudar nossa comunidade e meio ambiente a prosperar também. Isso está profundamente arraigado em nosso sistema de valor e, assim, constantemente focamos a qualidade de vida de nossos empregados, o engajamento da comunidade e os serviços aos que necessitam, e o respeito à preservação e sustentabilidade do meio ambiente."

A vice-presidente de Recursos Humanos, Denise Bober, acrescenta: "Colocamos o bem-estar da equipe no centro de nossa estratégia... é isso que impulsiona a satisfação dos clientes e usuários." Cerca de vinte anos depois de embarcar nessa jornada de cura, The Breakers viu mudanças drásticas e positivas em todos os aspectos de sua cultura e suas operações. Ele é um dos hotéis mais bem-sucedidos nos EUA e pôde aumentar a média de suas diárias cerca de três vezes mais do que os concorrentes. Os hóspedes do resort são alguns dos mais satisfeitos e felizes do mundo, como atestam os níveis de satisfação (90%) e repetição de negócios (94%).

Há muitas outras histórias como essas. O principal elemento para se tornar um líder de cura é mergulhar nessas histórias e contá-las aos outros. Quando contamos para um amigo que é CEO de uma empresa de fabricação global a história do programa Formule-um-Desejo para funcionários da Appletree Answers, ele ficou tão inspirado que, imediatamente, começou a implementar uma iniciativa semelhante em todas as suas fábricas.

Há muitos guias maravilhosos sobre liderança que você pode ler para se inspirar e desenvolver as habilidades de que todos os líderes de cura precisam, incluindo ouvir com empatia, atenção plena, criatividade, gestão de conflitos e negociação. Não precisamos reiterá-las todas aqui. Em vez disso, apenas falaremos sobre a orientação com base em dez elementos característicos nos líderes de cura com quem conversamos para este livro.

Se você quiser ser um líder de cura.

ADOTE A INOCÊNCIA E A HUMILDADE

Ser um líder de cura não exige que você tenha todas as respostas, mas requer que você esteja disposto a fazer muitas perguntas. A inocência é poderosa, porque deixa que você faça perguntas aparentemente ingênuas e infantis, o que pode ser muito útil para você. Quando Mark Hoplamazian assumiu o cargo de CEO dos Hotéis Hyatt, ele não sabia muito sobre o negócio. Por estar ciente de sua ignorância e estar curioso para aprender, ele fez perguntas simples que abriram novas perspectivas. Elas encorajaram um profundo engajamento por parte da equipe — levando, por fim, a muitas mudanças positivas e inovações de cura. A inocência não tem só a ver com não saber ou assumir; também tem a ver com nunca intencionalmente e sem justificativa ferir alguém. N. K. Chaudhary vê a si mesmo e a seus 40 mil tecelões como esses inocentes; ele acredita que "a esperteza dos outros é nossa maior oportunidade". Essa qualidade é o que é citado nas bem-aventuranças como "submisso" ou "puro de coração" e é o princípio essencial do poder de cura.

TRANSFORME SEU PRÓPRIO SOFRIMENTO

Todos passamos por traumas na vida, alguns mais sérios que outros. Para a maioria das pessoas, os efeitos desses traumas perduram por toda a vida, distorcendo suas percepções, moldando seu comportamento e extraindo a satisfação e a felicidade de suas vidas. Líderes de cura reconhecem que você não pode mudar o passado, tampouco pode esquecê-lo, mas pode aprender com ele para se curar e ajudar os outros. Eles procuram encontrar significado no sofrimento que vivenciaram anteriormente e romper o ciclo de vitimização. Eles podem oferecer o que nunca tiveram. Eileen Fisher, por exemplo, tinha pouca autoconfiança, então criou uma empresa que cria roupas que ajudam mulheres a se sentir à vontade e criou uma cultura organizacional que apoia os membros da equipe em se sentirem completos e conectados. Danny Meyer lutou com conflitos e disfunções na família, e, assim, criou um ambiente de trabalho que apresenta vários dos melhores elementos de um sistema familiar saudável.

Líderes de cura organizam o que fazem em torno dos princípios de cuidado e generosidade. Como Daniel Lubetzky, eles sabem a diferença entre a gentileza superficial e a generosidade genuína. Eles reconhecem que estão, juntamente com suas equipes, em uma jornada interminável para incorporar seus maiores ideais. "Eu não sei se vivemos nossos princípios por inteiro, mas ter esses ideais nos aproxima deles", comenta Danny Meyer.

SEJA VERDADEIRO CONSIGO MESMO

Está bem procurar modelos de comportamento, mas cedo ou tarde nos daremos conta de que precisamos descobrir nosso caminho especial. Outras pessoas podem nos inspirar e nos ajudar a compreender o que é possível, mas, no final, precisamos encontrar nossa essência original e viver de acordo com nossas verdades mais profundas. Como Tami Simon nos contou: "Afinal, não há ninguém que seja você. Ninguém tem exatamente seu DNA, seus pais, sua exata combinação de promessas que fez quando chegou aqui para entregar ao mundo."

Ser verdadeiro consigo mesmo torna-se mais desafiador à medida que as empresas crescem e, principalmente, quando abrem seu capital. Há numerosas forças que exigem conformidade e oferecem um excelente prêmio a sua alma. À medida que você se torna mais bem-sucedido, a tentação de vender a alma fica maior. Florence Butt desafiou as convenções, frequentou a faculdade, foi a única mulher em sua classe a se formar e, então, fundou uma empresa. Ela conseguiu transmitir ao filho e ao neto os meios necessários para manter e ampliar o "Espírito de Doação" que torna a H-E-B uma Empresa que Cura exemplar.

Fique atento e focado em sua verdade e na verdade do propósito mais elevado de seu empreendimento. Como Tami Simon explica: "Existe uma linha tênue que posso percorrer para que minha alma fique intacta. Se eu me desvio dela, os resultados não são bons para mim. Tenho de me manter firme. Quando isso ocorre, a vida transcorre de um modo maravilhoso." Tamy acrescenta: "No fundo, acho que todos sabem do que precisam para que sua alma continue saudável."

SEJA O MODELO DOS VALORES E COMPORTAMENTOS QUE A EMPRESA DEVE TER

Embora todos sejamos únicos e precisemos descobrir nossa originalidade, podemos garantir que, quando em uma posição de liderança, os outros irão seguir seu exemplo, no melhor e no pior. Assim, manifeste tudo o que quer imprimir em sua empresa de modo impecável. Como David Gardner nos disse: "Nossos filhos aprendem a amar com o amor, os bebês aprendem a sorrir com os sorrisos. Nossos pais nos ensinaram a confiar confiando. Pessoas que mentem começam a acreditar que os outros estão mentindo para elas. Pessoas que fazem coisas ruins no mundo temem que outras pessoas ajam de modo semelhante com elas."

Ao longo dos anos, Eileen Fisher interrompeu várias reuniões para atender às necessidades do filho autista. Ao colocar a família em primeiro lugar desse modo publicamente, ela possibilitou que outras pessoas na empresa fizessem o mesmo.

A boa notícia é que cura gera cura. Ela movimenta um ciclo virtuoso. Sendo um modelo de solidariedade, você inspira os outros a serem solidários. Ao ajudar os outros, você ajuda a si mesmo. Ao criar um ambiente de cura, você também cura a si mesmo.

Como líder, sempre pergunte: "Estamos fazendo o suficiente — a cada um de nós e a todos os interessados?" Os líderes adotam uma abordagem de "melhoria contínua" em direção a uma orientação de cura; eles nunca esquecem que *sempre há um jeito melhor*.

PENSE COM CRIATIVIDADE E LIDERE A INOVAÇÃO

A criatividade é a arte de gerar novas ideias com valor subjetivo, e inovação é o processo de transformar essas ideias em valor objetivo, ou seja, produtos ou serviços que atendam às necessidades das pessoas de uma forma lucrativa e sustentável. Líderes de cura são orientados para soluções, pensadores criativos que inspiram e guiam os outros a encontrar soluções criativas, desse modo alimentando uma cultura que apoia a inovação. Como Daniel Lubetzky, eles entendem como transformar desafios em oportunidades para ir além de construtos limitantes do tipo um ou outro (*um* saudável *ou* delicioso) e, em vez disso, aplicar soluções do tipo ambos/e (saudável *e* delicioso).

TORNE-SE UM CONTADOR DE HISTÓRIAS INSPIRADOR

A Empresa que Cura é um novo sonho, uma história atual, um mito sobre empresas em evolução. Como o xamã Numi explicou a John Perkins: "Vocês só precisam mudar o sonho. Isso pode ser alcançado em uma geração. Vocês só precisam plantar uma semente diferente, ensinar seus filhos a sonhar novos sonhos."[2]

Contar histórias é o modo pelo qual novas sementes são plantadas para que um novo sonho surja e prospere. Contar histórias define ou redefine a cultura da empresa e reforça seus valores e seu propósito. Todos na Barry-Wehmiller conhecem "A História do Casamento". Eles também sabem como Randy Fleming se tornou Randall Fleming. As histórias sobre o que a H-E-B fez depois do furacão Harvey são lendárias. O título do fundador da Menlo Innovations, Richard Sheridan, é *Diretor Contador de Histórias*.

LEMBRE-SE DE QUE MEIOS E FINS SÃO INSEPARÁVEIS

Todos os nossos líderes de cura entenderam que o *jeito* como se faz as coisas é tão importante quanto o que você faz. Eles querem que os funcionários e suas famílias prosperem, porque isso é o certo para eles, não para que possam extrair mais deles. Eles reconhecem que não há um fim real; cada "fim" é apenas o meio para chegar a algo mais. Como Bhagavad Gita explica:

> Você tem direito ao trabalho, mas jamais aos frutos dele. Os frutos do trabalho não devem ser seu motivo, e você nunca deverá ser inativo.[3]

Em outras palavras: "Os sábios não estão presos ao desejo de obter recompensas." Como Tami Simon declarou: "Os meios, o caminho em si, devem sempre ser vitais."

HARMONIZE AS QUATRO ENERGIAS ARQUETÍPICAS

Os líderes com que conversamos são homens e mulheres, jovens e velhos, héteros e gays, mas todos procuram harmonizar as quatro energias arquetípicas em si mesmos e em suas empresas. Todos manifestam a energia mais velha organizando suas empresas ao redor de um propósito mais elevado baseado na sabedoria universal. Elas equilibram a energia masculina e feminina com a integração poderosa de uma orientação voltada para ação analítica e assertiva com paciência, cuidado e imaginação. E todos celebram a energia infantil encorajando um jeito de ser divertido e alegre no trabalho.

PENSE À FRENTE POR SETE GERAÇÕES — NO MÍNIMO!

Os chefes da Confederação Iroquesa entendiam que nossos pensamentos e ações de hoje abrem o caminho para o mundo que nossos filhos e netos e todos os nossos descendentes herdarão. Um líder de cura considera o impacto multigeracional das decisões tomadas hoje sobre o futuro da humanidade.

Nas palavras do lendário investidor Warren Buffett: "Alguém está sentado à sombra hoje porque alguém plantou uma árvore há muito tempo."[4] Se você é americano, então (a menos que seja de uma tribo original) deve agradecer a seus pais, avós, bisavós e ancestrais mais distantes que tiveram a coragem e a visão de emigrar para que você pudesse ser livre para usufruir os benefícios da democracia e do capitalismo.

Trinta anos atrás, em Vermont, foi criada uma empresa "para inspirar uma revolução de consumo a fim de cultivar a saúde durante as próximas sete gerações." A Seventh Generation foi formada porque um grupo de empresários dedicados olhou para o mundo a sua volta e o viu avançando "na direção errada". Como explica o CEO Joey Bergstein: "Havia ar poluído em excesso e pouca água potável, toxinas demais e nenhuma alternativa real, muito lixo e pouca sabedoria."

Recentemente adquirida pela Unilever, a empresa assumiu uma missão de cura ainda maior: "Demonstrar que não causar mal é só o começo. A verdadeira meta pode e deve ser que todos nós vivamos e trabalhemos de um jeito que, de fato, deixe o mundo melhor do que quando chegamos."

SEMPRE FUNCIONE COM AMOR

Os líderes de cura que entrevistamos vêm de muitas tradições espirituais diferentes — cristãos, judeus, muçulmanos, budistas, hindus e ateus/humanistas — mas todos acreditam que o amor, e não o medo, deve estar no centro de nossas vidas e nossas empresas. Como Nand Kishore Chaudhary afirma: "Líderes motivados pelo amor trarão sustentabilidade e cura à empresa e também a si mesmos."

Eles partilham um senso de que nosso planeta é um sistema e que nossos destinos estão interligados. Eles compreendem, como Leonardo da Vinci observou há mais de 500 anos, que: "Tudo está conectado a todo o resto."[5]

As consciências dos líderes de cura que entrevistamos despertaram quando vivenciaram ou testemunharam sofrimento ou um extravasamento de abundância que leva a um derramamento de gratidão. Em todos os casos, seu trabalho se tornou uma expressão de Amor.

Trabalho como uma Expressão de Amor

(adaptado de O *Profeta*, de Kahlil Gibran)[6]

E quem ama a vida através do trabalho compartilha de seu segredo mais íntimo.

E todo trabalho é vazio, salvo quando há amor, pois o trabalho é o amor visível.

E quando trabalhais com amor, estais unindo-vos a vós próprios, e uns aos outros, e a Deus.

O que é trabalhar com amor?

É tecer o pano com o fio de vosso coração, como se vosso bem-amado fosse mesmo trajá-lo (como Eileen Fisher e a Tapetes Jaipur).

É construir uma casa com afeto, como se vosso bem-amado fosse mesmo habitá-la (como a Hillmann Consulting e a Hyatt).

É plantar as sementes com ternura e fazer a colheita com alegria, como se vosso bem-amado fosse mesmo comer as frutas (como a KIND Healthy Snacks e a USHG).

É impregnar tudo que fazeis com o sopro de vossa própria alma (como a revista *Conscious Company*, a H-E-B, a DTE — de fato, todas Empresas que Curam).

Nossa capacidade de dar e receber amor é o que nos define como seres humanos, criaturas divinas dotadas de inteligência, imaginação e livre-arbítrio. Se desejarmos, ele pode permear nossas vidas com doçura, beleza e alegria. Contudo, muitas vezes, confinamos e limitamos o amor. Nós o doamos com cautela e mesquinhez, como se estivéssemos dividindo recursos extremamente limitados. Como resultado, nossas vidas se tornam mecânicas, áridas e destituídas de alegria.

Nós lhe pedimos, com insistência: sempre funcione com amor!

Foi o que Ramon Mendiola fez quando prometeu que nenhum de seus empregados sofreria as agruras da pobreza. Foi o que Gerry Anderson fez quando começou a disseminar a cura que tinha criado na empresa para a região devastada de Detroit. É o que Eileen Fisher faz quando apoia seus funcionários no crescimento pessoal e cura interior.

O amor mantém a esperança viva, mesmo para pessoas cujas circunstâncias parecem irremediáveis. Há um cântico espiritual afro-americano que diz:

> Há um bálsamo em Gilead
>
> Para curar os feridos;
>
> Há um bálsamo em Gilead
>
> Para curar a alma doente de pecados.

O bálsamo é o amor. E você não precisa viajar a Gilead para encontrá-lo. Agora, enquanto você inicia a jornada em que se dá conta de que a empresa *pode*, *deve ser* e, fundamentalmente, *está destinada a ser* um meio de cura, faça deste seu mantra: *Funcione com Amor*.

EPÍLOGO

IMAGINE UM MUNDO NOVO

A premissa de uma Empresa que Cura é simples:

> Quando entendemos e atendemos às necessidades *reais* das pessoas, ajudamos a curá-las, ao mesmo tempo em que curamos a nós mesmos e geramos prosperidade. Em vez disso, quando revelamos e damos vazão a nossos anseios, desejos, medos e dependências, nós a prejudicamos e, por fim, prejudicamos a nós mesmos, nossos filhos e nosso planeta.

Inspiradas pela Declaração de Independência dos EUA, a Organização das Nações Unidas adotou uma Declaração Universal dos Direitos Humanos em 1948. O Artigo 1º diz:

> Todos os homens nascem livres e iguais em dignidade e direitos. São dotados de razão e consciência e devem agir em relação uns aos outros com espírito de fraternidade.

Imagine o que aconteceria ao mundo se transformássemos nossa forma de pensar sobre os negócios de modo a baseá-lo em um espírito de fraternidade que elevasse a razão e a consciência e promovesse liberdade e igualdade.

Imagine um mundo em que as empresas fizessem do desenvolvimento humano sua prioridade número um.

EPÍLOGO

Imagine o que isso significaria para o bem-estar mental, físico, emocional e espiritual das pessoas no trabalho — e para seus filhos, famílias e comunidades.

Imagine as consequências para a qualidade do ar que respiramos, da água que bebemos e da terra e do mar que sustentam nossas vidas.

À medida que mais empresas adotarem o caminho da cura:

Acreditamos que os casos de depressão, ansiedade, dependência e suicídio cairão e se tornarão raros.

Acreditamos que os muros que separam mão de obra e gerenciamento ruirão quando todos compreendermos que a colaboração solidária criativa gera mais realização e bem-estar para todas as partes.

Acreditamos que nossas divergências políticas se abrandarão à medida que os valores que nos unem — liberdade, prosperidade, dignidade, justiça oportunidade e amor — integrarão nosso local de trabalho.

A hora da Cura é *agora*.

Agora é a hora de redefinir o sucesso para que inclua e promova os valores e características que apreciamos. Para que isso ocorra, precisamos contar as histórias de empresas que curam e celebrar os verdadeiros heróis, em vez de glorificar predadores.

O ex-presidente dos EUA Franklin D. Roosevelt observou:

A bondade humana nunca enfraqueceu a energia ou suavizou a fibra de pessoas livres. Uma nação não precisa ser cruel para ser dura.[1]

Nem as empresas.

O ex-procurador-geral dos Estados Unidos, Robert F. Kennedy, apresentou um ponto de vista que continua atuante 50 anos depois de seu assassinato:

Poucos terão a grandeza de mudar a própria história, mas cada um de nós pode trabalhar para mudar uma pequena parte dos acontecimentos. É a partir de inúmeros atos de coragem e convicção que a história humana é moldada. Cada vez que um homem se levanta por um ideal, age para melhorar a sorte dos outros ou luta contra a injustiça, ele emite pequenas ondas de esperança que, ao se cruzarem com outras ondas provenientes de diferentes centros de força e coragem, formam uma corrente que pode derrubar os mais fortes muros da opressão e resistência.[2]

O JURAMENTO DA EMPRESA QUE CURA.

Encaramos este livro como parte de um movimento para mudar o mundo dos negócios repleto de amor e cura, em vez de medo e sobrevivência. Se você quiser participar dele, comece fazendo o Juramento da Empresa que Cura.

Coloque a mão esquerda sobre o coração, erga a mão direita e proclame:

Primum non nocere (Primeiro, não prejudique).

Vou administrar minha empresa de modo a não prejudicar os outros ou a terra.

Malus eradicare (Erradique o mal).

Nunca permitirei ou pactuarei com abuso e exploração. Serei um herói diário que defende a justiça, a verdade, a beleza, a integridade e a simples bondade.

Amor vincit omnia (O amor conquista tudo).

Vou funcionar com amor. Medirei o sucesso pela realização, abundância e alegria que eu proporcionar aos outros.

NOTAS

PRÓLOGO

1. Jagdish N. Sheth, Rajendra S. Sisodia, e Adina Barbulescu, "The Image of Marketing", em Jagdish N. Sheth e Rajendra S. Sisodia (eds.), *Does Marketing Need Reform? Fresh Perspectives on the Future* (Nova York: Routledge, 2006).
2. "The Harder Hard Sell: The Future of Advertising", *The Economist*, 24 de junho de 2004.
3. Elisabeth Leamy, "How to Stop Junk Mail and Save Trees—and Your Sanity", *Washington Post*, 14 de fevereiro de 2018.
4. Para uma lista mais completa, veja https://www.consciouscapitalism.org/boardofdirectors [conteúdo em inglês].

INTRODUÇÃO

1. https://en.wikiquote.org/wiki/Homer [conteúdo em inglês].
2. Charles Dickens, *Um Conto de Duas Cidades* (1859).
3. "Homer vs. the Eighteenth Amendment", *The Simpsons*, Temporada 8, Episódio 18. Originalmente exibido no dia 16 de março de 1997.
4. https://similarworlds.com/32-Personal-Thoughts-Feelings/1738203-Im-not-going-to-stop-torturing-myself-until-I [conteúdo em inglês].
5. A Dra. Eger falou em Sages & Scientists 2014, https://www.chopra foundation.org/speakers/edith-eva-eger-phd/.
6. Emi Suzuki e Haruna Kashiwase, "New Child Mortality Estimates show that 15,000 Children Died Every Day in 2016", *The World Bank Data*

NOTAS

     Blog, 19 de outubro de 2017, https://blogs.worldbank.org/opendatanew-child-mortality-estimates-show-15000-children-died-every-day-2016.

7. Alexa Lardieri, "World Bank: Half the World Lives on Less Than $5.50 a Day", *U.S. News & World Report*, 17 de outubro de 2018, https://www.usnews.com/news/economy/articles/2018-10-17/world-bank-half-the-world-lives-on-less-than-550-a-day.

8. https://www.paloaltoonline.com/news/2017/03/03/cdc-releases-final-youth-suicide-report; https://www.nationalgeographic.com/adventure/adventure-blog/2016/05/16/why-are-ski-towns-suicides-happening-at-such-an-alarming-rate/.

9. "Wise Words: Leonardo da Vinci Quotes", Dinar Recaps, 20 de dezembro de 2011, https://www.dinarrecaps.com/wise-words/wise-words-leonardo-da-vinci-quotes.

10. Walter Sullivan, "The Einstein Papers. A Man of Many Parts", *New York Times*, 29 de março de 1972.

11. David Loye, "To Darwin: A Birthday Manifesto", *AntiMatters* 3:1 (2009), https://antimatters2.files.wordpress.com/2018/04/3-1-loye.pdf.

12. Muhammad Yunus, "Redesigning Economics to Redesign the World", *The Daily Star*, 18 de novembro de 2014, https://www.thedailystar.net/redesigning-economics-to-redesign-the-world-50798.

13. Louis Menand, "Karl Marx, Yesterday and Today", *The New Yorker*, 10 de outubro de 2016, https://www.newyorker.com/magazine/2016/10/10/karl-marx-yesterdayand-today.

14. "Guolaosi", Schott's Vocab: A Miscellany of Modern Words and Phrases, *New York Times*, 18 de agosto de 2010, https://schott.blogs.nytimes.com/2010/08/18/guolaosi/.

15. Anahad O'Connor, "The Claim: Heart Attacks Are More Common on Mondays", *New York Times*, 14 de março de 2006, https://www.nytimes.com/2006/03/14/health/14real.html.

16. Jeffrey Pfeffer, *Morrendo por um Salário: Como as Práticas Modernas de Gerenciamento Prejudicam a Saúde dos Trabalhadores e o Desempenho da Empresa — E o que Podemos Fazer a Respeito* (Alta Books, 2019).

17. Horace Mann, *Twelve Sermons Delivered at Antioch College* (Boston: Ticknor and Fields, 1861), p. 182.

18. Henry Cabot Lodge, *The Life of George Washington*, vol. 1 (Boston: Houghton Mifflin, 1920), p. 52.
19. Charmaine Li, *Confronting History: James Baldwin*, https://kinfolk.com/confronting-history-james-baldwin/.
20. www.LifeGuides.com; personal communication from Mark Donohue.
21. Charles Eisenstein, *The More Beautiful World Our Hearts Know Is Possible* (Berkeley: North Atlantic Books, 2013).
22. Robert Wright, *Nonzero: The Logic of Human Destiny* (Pantheon, 1999).
23. Margaret Moodlan, "Lessons of Compassion from the Dalai Lama", The Blog, Huffpost, 24 de julho de 2015, https://www.huffingtonpost.com/margaret-moodian/lessons-of-compassion-fro_b_7868940.html.
24. Dickens, *Um Conto de Duas Cidades*, livro 3, capítulo XV.
25. Dickens, *Um Conto de Duas Cidades*, livro 4, capítulo XV.

SONHANDO O SONHO AMERICANO DE NOVO

1. "America Is a Nation with the Soul of a Church", *The Apostolate of Common Sense* (blog), 30 de abril de 2012, https://www.chesterton.org/america/.
2. "Iroquois Confederacy", site das Tribos Indígenas Norte-americanas, Siteseen Limited, 20 de novembro de 2012 (atualizado no dia 16 de janeiro de 2018), https://www.warpaths2peacepipes.com/native-american-indians/iroquois-confederacy.htm.
3. Molly Larkin, "The History of the U.S. Constitution We Weren't Taught in School", publicação no blog, 2 de julho de 2012, https://www.mollylarkin.com/the-history-u-s-constitution-we-werent-taught-school/.
4. "Iroquois Constitution: A Forerunner to Colonists' Democratic Principles", *New York Times*, 18 de junho de 1987, https://www.nytimes.com/1987/06/28/us/iroquois-constitution-a-forerunner-to-colonists-democratic-principles.html.
5. Louis Jacobson, "Viral Meme Says Constitution 'Owes Its Notion of Democracy to the Iroquois,'" PolitiFact, 2 de dezembro de 2014, https://www.politifact.com/truth-o-meter/statements/2014/dec/02/facebook-posts/viral-meme-says-constitution-owes-its-notion-democ/.

NOTAS

6. Esse encontro foi descrito na biografia de Benjamin Franklin escrita por Walter Isaacson, *Benjamin Franklin: An American Life* (Nova York: Simon & Schuster, 2004).

7. Rob Wile, "The True Story Of The Time JP Morgan Saved America From Default By Using An Obscure Coin Loophole", *Business Insider*, 13 de janeiro de 2013, https://www.businessinsider.com/morgan-1895-crisis-and-1862-gold-loophole-2013-1; "Panic of 1907: J.P. Morgan Saves the Day", https://www.u-s-history.com/pages/h952.html.

8. Peter Krass, *Carnegie* (Hoboken: Wiley, 2001).

9. Do documentário *The Men Who Built America*, primeira temporada, episódio 7, "Taking the White House", numerador 00:03:48.

10. Megan Day, "Andrew Carnegie Once Hired a Militia and Converted Factories into Makeshift Forts to Battle Striking Workers", Timeline, 8 de fevereiro de 2018, https://timeline.com/dale-carnegie-militia-battle-striking-workers-c0fdc8a 75527.

11. "The Strike at Homestead Mill", *Andrew Carnegie: The Richest Man in the World*, American Experience site, PBS/WGBH, https://www.pbs.org/wgbh/americanexperience/features/carnegie-strike-homestead-mill/.

12. Robert Sobel, "Coolidge and American Business", Calvin Coolidge Presidential Foundation, 1988, https://www.coolidgefoundation.org/resources/essays-papers-addresses-35/.

13. https://www.azquotes.com/author/13714-Alfred_P_Sloan.

14. "'Warrior' Spirit", Southwest blog, 18 de março de 2008, https://www.southwestair community.com/t5/Southwest-Stories/quot-Warrior-quot-Spirit/ba-p/43921.

15. John Perkins, *The World Is As You Dream It: Teachings from the Amazon and Andes* (Rochester, VT: Destiny Books, 1994).

16. C. J. Green, "Martin Luther King, Jr: A Tough Mind and a Tender Heart", *Mockingbird*, 16 de janeiro de 2017, https://www.mbird.com/2017/01/martin-luther-king-jr-a-tough-mind-and-a-tender-heart/.

17. Holly Hedegard, Sally C. Curtin e Margaret Warner, "Suicide Mortality in the United States, 1999–2017", National Center for Health Statistics, NCHS Data Brief No. 330, Novembro de 2018, https://www.cdc.gov/nchs/products/data-briefs/db330.htm; "Suicide Is Declining Almost

Everywhere", *The Economist*, 24 de novembro de 2018, https://www.economist.com/international/2018/11/24/suicide-is-declining-almost-everywhere.

18. George Packer, *The Unwinding: An Inner History of the New America* (Nova York: Farrar, Straus and Giroux, 2014).

19. Por exemplo: A renda per capita aumentou cerca de 1.500% desde 1800. A alfabetização cresceu de 13% a 87%. A expectativa de vida aumentou cerca de 72%. A porcentagem de pessoas vivendo em pobreza extrema caiu de 90% para menos de 9%. Veja John Mackey e Raj Sisodia, *Capitalismo Consciente: Como Libertar o Espírito Heroico dos Negócios* (Alta Books, 2019).

20. Veja detalhes em www.firmsofendearment.com [conteúdo em inglês].

EVOLUINDO DE IMPÉRIOS A SACERDÓCIOS, DE CONQUISTAR A CUIDAR

1. Steven Pinker, *Os Bons Anjos da Nossa Natureza* (São Paulo: Companhia das Letras, 2011).
2. Colin Dodds, "Kevin O'Leary: Most Influential Quotes", Investopedia, n.d., https://www.investopedia.com/university/kevin-oleary-biography/kevin-oleary-most-influential-quotes.asp.
3. Colin Dodds, "Kevin O'Leary."
4. Jim Collins, *Empresas Feitas para Vencer: Por que Algumas Empresas Alcançam a Excelência... e Outras Não* (Rio de Janeiro: Alta Books, 2018).
5. "Heavy Smokers Cut Their Lifespan by 13 Years on Average", Central Bureau voor de Statistiek (NL), 15 de setembro de 2017, https://www.cbs.nl/en-gb/news/2017/37/heavy-smokers-cut-their-lifespan-by-13-years-on-average; "Tobacco", World Health Organization, 9 de março de 2018, https://www.who.int/news-room/fact-sheets/detail/tobacco; "Diseases Linked to Smoking Cost the World $422 Billion in Health-related Expenses", American Cancer Society, 31 de janeiro de 2017, https://www.cancer.org/latest-news/diseases-linked-to-smoking-cost-the-world-422-billion-in-health-related-expenses.html.

NOTAS

6. https://english.stackexchange.com/questions/444923/is-there-a-common-saying-in-english-that-means-its-just-business-i-dont-feel/444944.
7. https://www.unilever.ca/about/.
8. Kim Bhasin, "Unilever CEO: The Very Essence of Capitalism Is Under Threat", *Business Insider*, 22 de junho de 2012, https://www.businessinsider.com/unilever-ceo-paul-polman-the-very-essence-of-capitalism-is-under-threat-2012-6.
9. Daniel Roberts, "Here's What Happens When 3G Capital Buys Your Company", *Fortune*, 25 de março de 2015, http://fortune.com/2015/03/25/3g-capital-heinz-kraft-buffett/.
10. Roberts, "Here's What Happens."
11. Jo Confino, "Unilever's Paul Polman: Challenging the Corporate Status Quo", *The Guardian*, 14 de abril de 2012, https://www.theguardian.com/sustainable-business/paul-polman-unilever-sustainable-living-plan.
12. Leila Abboud e Camilla Hodgson, "Unilever Chief Paul Polman to Step Down", Financial Times, 29 de novembro de 2018, https://www.ft.com/content/4fd75572-f3a6-11e8-9623-d7f9881e729f.
13. Jon Ronson, "Your Boss Actually Is a Psycho", *GQ*, 19 de dezembro de 2015, https://www.gq.com/story/your-boss-is-a-psycho-jon-ronson.
14. John A. Byrne, *Chainsaw: The Notorious Career of Al Dunlap in the Era of Profit-at-Any-Price* (Nova York: HarperBusiness, 1999).
15. Byrne, *Chainsaw*.
16. Matt Egan, "5,300 Wells Fargo Employees Fired Over 2 Million Phony Accounts", CNN Business, 9 de setembro de 2016, https://money.cnn.com/2016/09/08/investing/wells-fargo-created-phony-accounts-bank-fees/index.html.
17. Sam Harris no podcast *Armchair Expert*, apresentado por Dax Shepard, Episódio 58, exibido em 22 de novembro de 2018.
18. Yunus, "Redesigning Economics to Redesign the World."
19. Stanley Milgram, *Obedience to Authority: An Experimental View* (Nova York: HarperCollins, 1974).
20. https://www.youtube.com/watch?v=wdUu3u9Web4.

21. Philip Zimbardo, "The Psychology of Evil", TED talk, fevereiro de 2008, https://www.ted.com/talks/philip_zimbardo_on_the_psychology_of_evil?language=en.
22. Zimbardo, "The Psychology of Evil."
23. Saul McLeod, "The Milgram Shock Experiment", Simply Psychology (atualizado em 2017), https://www.simplypsychology.org/milgram.html.
24. https://condenaststore.com/featured/im-neither-a-good-cop-nor-a-bad-cop-mick-stevens.html.
25. Zimbardo, "The Psychology of Evil."
26. https://www.heroicimagination.org/.
27. Christian Violatti, "Ashoka the Great", Ancient History Encyclopedia, 11 de abril de 2018, https://www.ancient.eu/Ashoka_the_Great/.
28. Vincent Arthur Smith, *Asoka: The Buddhist Emperor of India* (Nova York: Oxford University Press, 1920).
29. Nayanjot Lahiri, *Ashoka in Ancient India* (Boston: Harvard University Press, 2015), pp. 20–21.
30. Lahiri, *Ashoka in Ancient India*, pp. 20–21.
31. https://en.wikipedia.org/wiki/Herbert_Spencer.
32. Joseph Frazer Wall, *Andrew Carnegie* (Pittsburgh: University of Pittsburgh Press, 1989), p. 386.

O PODER DA INOCÊNCIA

1. Veja, por exemplo, Maria Gonzalez, *Mindful Leadership: The 9 Ways to SelfAwareness, Transforming Yourself, and Inspiring Others* (Mississauga: Jossey-Bass, 2012).

O EFEITO ZEN DOS BROWNIES

1. https://zenpeacemakers.org/2017/03/sixty-year-journey-2014-dharma-talk-bernie-glassman-eve-marko/.
2. Dan Clark, "How Many U.S. Adults Have a Criminal Record? Depends on How You Define It", Politifact, 18 de agosto de 2017, https://www.

NOTAS

politifact.com/new-york/statements/2017/aug/18/andrew-cuomo/yes-one-three-us-adults-have-criminal-record/.

A PARÁBOLA DO BURACO

1. Anna Bahney, "40% of Americans Can't Cover a $400 Emergency Expense", CNN Money, 22 de maio de 2018, https://money.cnn.com/2018/05/22/pf/emergency-expenses-household-finances/index.html.

CRIANDO ESPAÇO PARA SONHOS

1. Dados fornecidos pela PayActiv.
2. Barbara Ehrenreich, "Preying on the Poor: How Government and Corporations Use the Poor as Piggy Banks", *The Nation*, 17 de maio de 2012, https://www.thenation.com/article/preying-poor/. Originalmente publicado em TomDispatch.com.

ONDE ESTÃO OS IATES DOS CLIENTES?

1. Fred Schwed, *Where Are the Customers' Yachts?: or A Good Hard Look at Wall Street* (Nova York: Simon & Schuster, 1940).
2. Laura Blumenfeld, "Voodoo Economics: A Financial Planner Turns Shaman to Manage His Clients' Money and Their Souls", *Washington Post Magazine*, 7 de dezembro de 2008.

NÃO "SÓ" COM FINS LUCRATIVOS

1. Andrew Ross Sorkin e Michael J. de la Merced, "Snickers Owner to Invest in KIND, Third-Biggest Maker of Snack Bars", *New York Times*, 29 de novembro de 2017.

COMO *SE* CHEGA AO CARNEGIE HALL?

1. http://www.consultingmag.com/top-25-consultants/.

HOSPITALIDADE CONSCIENTE

1. https://www.unionsquarecafe.com/page/restaurant/.
2. Lisa Fickenscher, "How to Close a Restaurant", *Crain's New York Business*, 31 de outubro de 2010, https://www.crainsnewyork.com/article/20101031/SMALL BIZ/310319978/how-to-close-a-restaurant.
3. Thomas Oppong, "Pygmalion Effect: How Expectation Shapes Behavior for Better or Worse", Medium, 1º de agosto de 2018, https://medium.com/@alltop startups/pygmalion-effect-how-expectation-shape-behaviour-for-better-or-worse-11e7e8fa7f4b.
4. https://www.gramercytavern.com/about/.
5. Brandon Gaille, "23 Greatest Danny Meyer Quotes", *Brandon Gaille Small Business & Marketing Advice*, 5 de novembro de 2015, https://brandongaille.com/23-greatest-danny-meyer-quotes/.

DA MARCHA DA MORTE AO PASSEIO DA ALEGRIA

1. David Laws, ed., "1971: Microprocessor Integrates CPU Function onto a Single Chip", *The Silicon Engine*, Computer History Museum, https://www.computer history.org/siliconengine/microprocessor-integrates-cpu-function-onto-a-single-chip/.
2. "Edison's Patents", Thomas A. Edison Papers, Rutgers, Universidade Estadual de Nova Jersey, última atualização em 28 de outubro de 2016, http://edison.rutgers.edu/patents.htm.

DA ELEGIA À EXULTAÇÃO

1. J. D. Vance, *Era uma Vez um Sonho: A História de uma Família da Classe Operária e da Crise da Sociedade Americana* (Rio de Janeiro: Leya, 2017).

NOTAS

O ESPÍRITO DE DOAÇÃO

1. https://careers.heb.com/our-culture/.
2. https://abc13.com/science/crushing-weight-of-harvey-flood-pushed-houston-down/2413363/; https://www.worldvision.org/disaster-relief-news-stories/hurricane-harvey-facts.
3. Chip Cutter, "The Inside Story of What it Took to Keep a Texas Grocery Chain Running in the Chaos of Hurricane Harvey", https://www.linkedin.com/pulse/inside-story-what-took-keep-texas-grocery-chain-running-chip-cutter/.
4. https://therivardreport.com/charles-butt-takes-the-pledge-its-the-right-thing-to-do/.
5. https://www.expressnews.com/business/local/article/H-E-B-to-give-employees-an-ownership-stake-6605442.php.
6. https://www.bizjournals.com/houston/news/2018/01/24/7-houston-companies-named-on-forbes-new-best.html.

OS MEIOS E OS FINS SÃO OS MESMOS

1. Joe Herring Jr., "Florence Thornton Butt — A History of HEB Grocery", *Comanche Trace Blog*, 1º de agosto de 2011, http://www.comanchetrace.com/florence-thornton-butt-a-history-of-heb-grocery.

LEVANDO MAIS PUREZA À VIDA CORPORATIVA

1. https://www.govisitcostarica.com/travelInfo/nationalParks.asp.
2. "Country Facts", Permanent Mission of Costa Rica to the United Nations, https://www.un.int/costarica/costarica/country-facts.
3. Da entrevista com Ramon Mendiola Sanchez, 5 de novembro de 2018.
4. Entrevista com Ramon Mendiola Sanchez.
5. Jessica I. Montero Soto, "Fifco lidera ranking de mejores lugares para trabajar en Costa Rica", *El Financiero*, 5 de maio de 2017, https://www.elfinancierocr.com/gerencia/fifco-lidera-ranking-de-mejores-lugares-para-trabajar-en-costa-rica/56WHT7TJE5DFFHX5IHQG7AF4Q4/story/.

CEO = CHEFE DE EMPATIA OFICIAL

1. https://www.britannica.com/topic/Pritzker-family.
2. https://about.hyatt.com/en/hyatthistory.html.
3. David Gelles, "Mark Hoplamazian of Hyatt Hotels on Airbnb and Why Stupid Questions Are Smart", *New York Times*, 19 de outubro de 2018, https://www.nytimes.com/2018/10/19/business/mark-hoplamazian-of-hyatt-hotels-on-airbnb-and-why-stupid-questions-are-smart.html.
4. Gelles, "Mark Hoplamazian of Hyatt Hotels."
5. Damanick Dantes, "Hyatt Hotels CEO: Kindness and Empathy 'Translate Into Good Business,'" *Fortune* (Members Only series), 1º de agosto de 2018, http://fortune.com/2018/08/01/hyatt-hotels-ceo-mark-hoplamazian/.
6. Entrevista com Mark Hoplamazian, 19 de dezembro de 2017.

TRÊS PRINCÍPIOS QUE DEFINEM UMA EMPRESA QUE CURA

1. Linda Rutherford, "Farewell to Southwest's Founder", *Southwest Stories Blog*, 3 de janeiro de 2019, https://www.southwestaircommunity.com/t5/Southwest-Stories/Farewell-to-Southwest-s-Founder/ba-p/84481.
2. Frank Pierce Jones, "Dewey and Alexander", *Freedom to Change: The Development and Science of the Alexander Technique* (Berkeley: Mornum Time Press, 1997). Originalmente publicado como *Body Awareness in Action* (1976), http://www.alexandercenter.com/jd/alexandertechniquejones.html.
3. https://twitter.com/dalailama/status/1082222631816818688?lang=en.
4. Tony Landau, "Primum Non Nocere: Latin for 'First, Do No Harm'", *Forbes*, 24 de janeiro de 2019, https://www.forbes.com/sites/impactpartners/2019/01/24/primum-non-nocere-latin-for-first-do-no-harm/#dccf6e266014.
5. Fred Kofman, *Consciência nos Negócios: Como Construir Valor Através de Valores* (Rio de Janeiro: Campus, 2007).

NOTAS

6. "Remembering Spiritual Masters Project: Bernie Glassman", Spirituality and Practice website, https://www.spiritualityandpractice.com/explorations/teachers/bernie-glassman/quotes.

7. Peter Economy, "17 Powerfully Inspiring Quotes from Southwest Airlines Founder Herb Kelleher, *Inc.*, 4 de janeiro de 2019, https://www.inc.com/peter-economy/17-powerfully-inspiring-quotes-from-southwest-airlines-founder-herb-kelleher.html.

8. Robert I. Sutton, "Are You a Jerk at Work?", revista *Greater Good*, 1º de dezembro de 2007, https://greatergood.berkeley.edu/article/item/are_you_jerk_work.

9. Robert I. Sutton, *Chega de Babaquice: Como Transformar um Inferno em um Ambiente de Trabalho Sensacional* (Rio de Janeiro: Campus, 2007).

10. https://www.southwestmag.com/herb-kelleher/.

11. Debankan Chattopadhyay, "The Customer Is Always Right. Hmm, Really?" CCE, 6 de junho de 2017, http://www.cadcam-e.com/blogs/10/Customer_Is_Always_Right.aspx.

12. Philip Zimbardo, "Why the World Needs Heroes", *Europe's Journal of Psychology* 7(3), 402–7, reimpresso em https://www.facebook.com/notes/heroic-imagination-project/why-the-world-needs-heroes/10150215562879229/.

13. Paul Stamets sobre o Podcast de Tim Ferriss, 11 de outubro de 2018, https://tim.blog/2018/10/11/paul-stamets/.

14. Theodore Roosevelt, "Address at the Prize Day Exercises at Groton School", Groton, Massachusetts, 24 de maio de 1904.

TORNANDO-SE UM LÍDER DE CURA

1. Brendan Byrnes, "An Interview with Jim Sinegal, CoFounder of Costco", The Motley Fool, 31 de julho de 2013, https://www.fool.com/investing/general/2013/07/31/an-interview-with-jim-sinegal-of-costco.aspx.

2. Perkins, *The World Is As You Dream It*.

3. S. Radhakrishnan, *The Bhagavadgita* (Nova York: Harper & Row, 1973).

4. Como citado em *Of Permanent Value: The Story of Warren Buffett* (Birmingham: AKPE, 2007) de Andrew Kilpatrick.
5. "Wise Words: Leonardo da Vinci Quotes", Dinar Recaps, 20 de dezembro de 2011, https://www.dinarrecaps.com/wise-words/wise-words-leonardo-da-vinci-quotes.
6. Kahlil Gibran, "On Work", Katsandogz.com, http://www.katsandogz.com/on work.html.

EPÍLOGO

1. "Franklin D. Roosevelt, Day by Day: October 1940", FDR Presidential Library, Marist University, http://www.fdrlibrary.marist.edu/daybyday/event/outubro-1940-10/.
2. Robert F. Kennedy, "Day of Affirmation Address", University of Capetown, Cidade do Cabo, África do Sul, 6 de junho de 1966, da Biblioteca e Museu Presidencial John F. Kennedy, https://www.jfklibrary.org/learn/about-jfk/the-kennedy-family/robert-f-kennedy/robert-f-kennedy-speeches/day-of-affirmation-address-university-of-capetown-capetown-south-africa-june-6-1966.

ÍNDICE

Símbolos

3G Capital, 26, 41

A

Abordagem
   colaborativa, 160
   criativa, 89
   holística, 106, 193
   positiva, 149
   responsiva, 149
   sistemática, 59
   transcendental, 119
Accenture, 166
Adam Smith, 8–9, 19
   A Riqueza das Nações, 8–9
   A Teoria dos Sentimentos Morais, 9
Alfred Sloan, 15
   obsolescência planejada, 15
Andrew Carnegie, 141
Ankur Gopal, 165
Appletree Answers, 94, 214, 229
Aprendizado, 155, 179
   acelerado, xxvi
   colaborativo, xxviii
   contínuo, 139
Asher Raphael, 227
Ashoka, 35–37
Autoconfiança, 52, 84, 185, 230
Autoconsciência, 126, 130
Autoexpressão, 82, 219

B

Barbara Ehrenreich, 95–102
Barões ladrões, 228
Barry Dikeman, 227
Barry-Wehmiller, 233

Bem-estar, 25, 42, 59, 85, 194, 221, 240
   animal, 226
   da comunidade, 74
   da equipe, 229
   das pessoas, 183
   do empregado, 113
   emocional, 85, 157, 240
   físico, 85, 157, 240
   humano, xxxii, 109
   mental, 240
   social, 168
Benjamin Franklin, 5
   Plano de União, 5
Ben & Jerry's, 78
Bernie Glassman, 71–78, 214
Bhagavad Gita, 234
Billy Crystal, 79, 86
BlackRock, 106
Bob Chapman, 39, 40–44, 41, 43, 212, 222–223
Bob Sutton, 215
Boomers, 107
Brian Betkowski, 134

C

Capitalismo, xlii, 235
   consciente, xxiv, 118, 130
   de livre mercado, xxxii
   moderno, 3, 38
Carnegie Steel, 10
Charles Darwin, xxxv, 19
Charles Dickens, xlii
Chris Hillmann, 109–116, 224
Chris Reinking, 134
Clarissa Pinkola Estés, 181

ÍNDICE

Confederação Iroquesa, 5, 235
   Conselho de Mulheres, 6
   sachems, 6
Confeitaria Greyston, 71-78, 74
   Contratação Aberta, 77
Conscious Capital Wealth Advisors HQ, 106
Conscious Company, 129, 237
Corey Schiller, 227
Craig Boyan, 174
Crash do NASDAQ, 158
Credit Default Swaps, 103
Criadores de Cestos Podres, 33
Criatividade, 3, 84, 119, 141, 163, 215, 233
Crise financeira de 2008, 103, 145
Cultura, 57, 85, 152, 175, 202
   colaborativa, 159
   corporativa, 59
   da humanidade, 21
   da organização, 183
   de cuidado, 229
   de cura, 93, 153, 163
   de empatia, 92
   de mediocridade, 64
   de pertencimento, 152
   de preocupação, 114, 202
   de Wall Street, 103
   empresarial, 158
   organizacional, 90, 230
Custo humano, xxxvii, 134, 140

D

Dalai Lama, 213
Daniel Lubetzky, 117, 122, 231, 233
Danny Meyer, 143, 217, 219, 230
Darwinismo Social, 38
Denise Bober, 229
Desenvolvimento
   coletivo, xxxii
   humano, 239
   pessoal, 128
DTE Energy, 64-70, 68, 221, 237
Dunlap, 28-29

E

Efeito Rosenthal ou Pigmaleão, 147
Eileen Fisher, 80-86, 85, 221, 224, 230, 232, 236
Empatia, xxxv, xxxix, 57, 92, 190, 203
Escola Superior de Desaprendizado, 57
Estado agêntico, 33
Estresse, 127, 205
   financeiro, 98
Exhale, 204

F

Feedback, 90, 149, 184, 190, 204, 219
Florence T. Butt, 177, 231
Florida Ice and Farm Company (FIFCO), 187, 199, 217
F. M. Alexander, 213
Forças situacionais, 35
Franklin D. Roosevelt, 240
Frederick Winslow Taylor, 141
Fred Kofman, 214
Fred Schwed, 103

G

General Motors, 12, 66
Geoffrey James, 23
George Carlin, 143
George Packer, 17
Gerry Anderson, 64-70, 222, 237
Grande
   Depressão, 12
   Lei da Paz, 5-6, 9
   Recessão de 2008, 68
Greyston Bakery, 75, 214
Guerra Civil, 9

H

Hal Rogers, 166
Harphool, 51-54, 61
Harry G. Selfridge, 217
H-E-B Partners, 171, 177, 231, 237
Henry Flagler, 228
Herb Kelleher, 212, 215, 222
Hillmann Consulting, 111, 113, 236

Howard Edward Butt, 171
Howard Schultz, 226
Hyatt Hotels Corporation, 202, 204, 221, 230, 236

I

Iluminismo, 4, 21
Indiegogo, 125
Instituto de Liderança Barry-Wehmiller, 220
Interapt, 166

J

Jabian Consulting, 134, 139
Jane Dutton, 216
Jay Pritzker, 201
J. D. Vance, 165
Jean Kilbourne, 79
Jeffrey Pfeffer, xxxvii
Jim Collins, 24, 42
Jim Sinegal, 226
Joey Bergstein, 235
John D. Rockefeller, 228
John Mackey, 124, 126, 226
John Perkins, 14, 233
John Ratliff, 87–92, 214
John Stumpf, 29
Joseph Campbell, 143
Justen Noakes, 174

K

Kahlil Gibran, 236
Ken Blanchard, 120
Kickstarter, 125
KIND Healthy Snacks, 117, 119, 236
Kristine Jordan, 136

L

Larry Fink, 106
Lawrence Ford, 105
Lee Burbage, 104
Liderança
  consciente, 58, 126, 158
  de cura, 225
  eficiente, 157
  humana, 40
  inovadora, xxvi
Louis Menand, xxxvi

M

Mandala Greyston, 74, 77
Maren Keely, 123
Mark Hoplamazian, 202, 230
Martin Luther King Jr., 16
Matt Bevin, 166
Meghan French Dunbar, 123, 128
Meio ambiente, 192, 220
Menlo Innovations, 159, 215, 219, 233
Mentalidade
  criativa, 119
  de crescimento, 139
  de soma zero, 12
Metas, 58, 126, 193
Michael Hammes, 227
Mike Brady, 77
Millennials, 107, 198, 227
Milton Friedman, 220
Miraval, 204
Monica Worline, 216
Muhammad Yunus, 30

N

Nand Kishore Chaudhary (NKC), 49, 52, 216, 236. *Consulte* NKC
Nathan Havey, 128
Natureza lupina, 181
Nicholas Pritzker, 201
Nigel Zelcer, 134
Numi, 233

P

Padrão
  de consumo, 190
  de pensamento, xxxiv
Paul Leone, 228
P&D da Interface Systems, 158
PeaceWorks, 118
Pensamento criativo, xxvi, 16, 216
Peter Drucker, 157, 220

ÍNDICE

Peter Senge, 157, 183
Philip Zimbardo, 32
Power Home Remodeling, 227
Processo
   criativo, 159
   de cura, 207
Propósito, xxiv, 16, 43, 56, 100, 107, 113, 127, 130, 143, 159, 175, 193, 203, 220
   de cura, 223

R

Ram Construction, 227
Ramon Mendiola, 188, 199, 237
Randall Fleming, 41–42, 233
Responsabilidade
   ambiental, 190
   moral, 30, 35, 213
   social, 176, 190
      corporativa, xxxix
Richard Sheridan, 155, 215, 219, 233
Robert F. Kennedy, 240

S

Safwan Shah, 99–102, 102
   Infonox, 99
   PayActiv, 101–102
Scott McClelland, 174
Seventh Generation, 235
Shanti, 50–54, 61
Sounds True, 177, 184, 219
Southwest Airlines, 13, 218
Standard Oil, 228
Stephanie Cesario, 114
Steven Covey, 217
Sustentabilidade, 80, 123, 236
   financeira, 104

T

Tami Simon, 177, 231
Tapetes Jaipur, 49–62, 51, 57, 216, 224, 236
Taxa
   de rotatividade, 88, 98, 219, 228
   financeira, 98, 102
The Breakers, 228
The Motley Fool, 215
Theodore Roosevelt, 223
Tim Sloan, 29
Tom e David Gardner, 104
   The Motley Fool, 104
Tom Peters, 157

U

Unilever, 26–28, 35, 59, 78, 235
Union Square Hospitality Group, 143, 144, 236

W

Walmart, 43
Warren Buffett, 235
Washtenaw County Breastfeeding Coalition, 161
Wells Fargo, 24, 29, 33
Whole Foods Market, 226
Willie Nelson, 169

Z

Zimbardo, 215, 221

CONHEÇA OUTROS LIVROS DA ALTA BOOKS

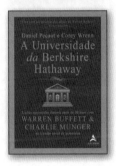

Todas as imagens são meramente ilustrativas.

CATEGORIAS
Negócios - Nacionais - Comunicação - Guias de Viagem - Interesse Geral - Informática - Idiomas

---

SEJA AUTOR DA ALTA BOOKS!

Envie a sua proposta para: autoria@altabooks.com.br

Visite também nosso site e nossas redes sociais para conhecer lançamentos e futuras publicações!

www.altabooks.com.br

ALTA BOOKS
E D I T O R A

[O]/altabooks • [f]/altabooks • [y]/alta_books